普通高等学校武术与民族传统体育专业教材

中国武术导论

国家体育总局科教司 组编

王 岗 主编

中国教育出版传媒集团
高等教育出版社 · 北京

内容提要

本书为国家体育总局科教司组织编写的武术与民族传统体育专业教材，也是普通高等学校武术与民族传统体育专业系列教材之一，是国家体育总局“高校体育专业教材与在线学习平台建设项目”中“中国武术导论”在线课程的配套教材。本教材共分12章，内容包括中国武术的基本概说、内容与分类、功能作用、技法原理、基本精神、美学特征、哲学意涵、伦理道德、军事渊源、健康智慧、教育传承、文化传播。本教材力图使武术与民族传统体育专业本科生形成对中国武术的整体认识。

本教材为新形态教材，根据普通高等学校武术与民族传统体育专业学生的学习需求编写，可作为武术与民族传统体育专业学生的必修课程教材，也可作为武术爱好者了解中国武术、学习中国武术、研究中国武术的参考书。

编委会

顾　　问：邱丕相　蔡仲林
主　　编：王　岗　武汉体育学院
副 主 编：陈　青　河北体育学院
　　　　　陈振勇　成都体育学院
编委会成员：（按姓氏笔画排序）
　　　　　丁传伟　首都体育学院
　　　　　丁昊阳　武汉体育学院
　　　　　丁保玉　天津体育学院
　　　　　王柏利　河南理工大学
　　　　　王巾轩　北京体育大学
　　　　　孙　健　武汉体育学院
　　　　　朱　雄　武汉体育学院
　　　　　刘帅兵　南京体育学院
　　　　　吴　松　苏州大学
　　　　　李　臣　长江大学
　　　　　张长念　首都体育学院
　　　　　金玉柱　西安电子科技大学
　　　　　赵海涛　山西师范大学
　　　　　袁金宝　西安体育学院
　　　　　温　博　韩山师范学院
　　　　　蔡　纲　上海体育大学

前 言

“文化是一个国家、一个民族的灵魂”。中华民族在绵长的历史中孕育和发展了诸多灿烂辉煌的传统文化，这其中不仅有“经、史、子、集”的“文化”内容，还有“礼、乐、舞、武”的“武化”内容。这些“文化”与“武化”的内容，不仅“积淀着中华民族最深沉的精神追求，代表着中华民族独特的精神标识，为中华民族生生不息、发展壮大提供了丰厚滋养”，而且在今天已经成为中华民族向世界展示中华文化魅力、传播中国声音、彰显中国力量的文化精粹。

中国武术文化作为最为典型的“武化”内容，其在历史长河中“历久弥新”。这种生命状态，验证了武术“源于中国，属于世界”。尽管，武术作为学科、专业还不足百年，但作为中华民族文化却是历史悠久、源远流长的。

众所周知，由原始人类为保全生命和财产安全发展而来的人类技击格斗能力的展示、应用和提高，并形成风格迥异的诸多“武技”文化，这是世界范围内普遍存在的一种文化现象。而在这种普遍的文化现象背后，由于世界各地区、各民族所形成的思维方式、价值追求、审美取向的不同，使得原本同源的“以战胜对手为目的”的人类“武技”文化，开始在不同的人类文明价值取向作用下，走向“文化意义上的分野”。文化的分野促进了多姿多彩的人类身体行为文化的形成，并为人类文化的版图添姿增色。大而言之，就有了“西方文化”与“东方文化”之不同；小而观之，就有了“西方体育”与“东方体育”之迥异，有了“域外体育”与“本土体育”之存在。这种不同、迥异的存在，从今天的体育专业分类来看，“武术与民族传统体育专业”就是对“本土”与“民族”文化价值意义的肯定和标榜。

所以，编写这本关乎“武术与民族传统体育专业”理论起点的《中国武术导论》教材时，编写组从一开始就牢牢树立起文化自信立场，建构教材的整体结构与框架，并以编撰出具有“中国特色、中国风格、中国气派”，建构民族传统体育学“学科体系、学术体系、话语体系”的通识性教材为责任与使命。

基于此，编写组在深入研究“武术与民族传统体育专业”人才培养方案和课程体系，按照“导论就是将涉及内容很广的学科做概括性介绍，一般不会有非常深入的分析，但对历史和未来都有精简扼要的介绍，使读者对这门学科有一个概括的了解”的要求，展开对中国武术知识的精简总结和扼要呈现，力求使本教材能够全面展示中国武术的独特魅力和文化品格。按照“深入挖掘中华优秀传统文化蕴含的思想观念、人文精神、道德规范，结合时代要求继承创新，让中华文化展现出永久魅力和时代风采”的要求，在本教材的框架建构设置上，坚守“中国武术”主体阐释意识，标榜武术是中国特有的身体行为文化，是具有中华民族特色和文化品位的，是有别于世界其他体育形态文化模式，以此来发现、提炼、揭示出中国武术独特的存在样态、文化思想和精神价值。

编写组从中国武术历史演进的全过程入手，对中国武术从起源到成型的历史进程进行概要式的陈述，帮助读者对中国武术形成的历史文化背景，建立起正确的认知。在此基础上，对中国武术所具有的“体育文化知识体系”进行总结和梳理，以体育学的视角论及中国武术的内容分类、功能作用、技法原理，形成中国武术显著的“体育学意义”的知识建构。

对于本教材的知识内容体系建构，编写组在深刻领会习近平总书记关于新时代文化发展的一系列重要论述的精神实质基础上，总结和揭示中国武术所积累的中华民族所特有的智慧，守正创新，以中国武术讲好中国故事，传播好中国声音、强化中国话语，建构起包含“中国武术的基本精神、伦理道德、兵学思想、健康智慧”内容体系。基于此，展示深藏于中国武术文化中的文化基因，彰显中国武术文化的生命力量。

文化的继承和发展的重要途径为教育、传承、传播。在中华民族漫长的历史发展过程中，中国武术一直都是中华民族教育体系的重要有机构成，其知行合一，且具有鲜明、生动、活态的特质。如何在第二个百年的历史进程中，通过各级各类学校开展武术文化理论与实践的学习，激发学生的内生动力，做好中国武术的教育、传承与传播，也是本教材编写的重要使命之一。

本教材是在邱丕相、蔡仲林两位先生的指导与关怀下，汇聚了全体编写专家的心血。本教材由王岗教授担任主编，陈青教授、陈振勇教授担任副主编，孙健博士担任编写组秘书。各章具体分工如下：前言，王岗；第一章，陈青；第二章，蔡纲、丁保玉；第三章，温博、朱雄；第四章，丁传伟；第五章，王柏利、王岗；第六章，吴松、赵海涛；第七章，金玉柱；第八章，袁金宝、丁昊阳；第九章，张长念；第十章，陈振勇；第十一章，刘帅兵、王巾轩；第十二章，李臣、王岗；二维码拓展知识链接，孙健、马岩。此外，还要感谢武汉体育学院武术学院武术理论与养生教研室的袁威、袁点老师对教材部分章节的完善所做出的贡献。

最后，希望广大读者提出宝贵意见，以便我们不断修改完善。

编写组

2023年2月

目　录

第一章
中国武术的基本概说

本章导读

本章从历史的角度阐述了武术缘起、发展、成熟的大体脉络，帮助学习者明确这种特殊文化的形成背景。通过对武术概念的梳理，使学习者能较深入地理解和掌握武术概念。以比较的方式介绍了武术的属性，并通过对武术特征的分析，使学习者能够了解武术固有的属性和特征。在基本掌握本章内容后，学习者可以明确武术与其他文化的区别，以此增强对中华民族优秀传统文化的自豪感和自信心。

第一节　中国武术的缘起

武术在我国有着悠久的历史，它缘起于古代人民的生活和生产。生活和生产中的诸多因素共同构成武术缘起和发展的诱因，这些因素主要包括劳作、生活、搏斗、军事、武舞、娱乐、教化、习俗、进仕、谋生、养生、强身等。这些因素在不同的时代，对武术产生的影响各不相同。

1. 劳作、生活因素

“搏兽于敖”“骨腾肉飞”释义

武术源于生产劳动，它是适应人的生活和生存需要而产生的。“上古之世，人民少而禽兽众”（《韩非子·五蠹》），人兽相斗，互竞生存。人竭尽全力通过搏杀来保卫自己的食物和领地。人类早期的狩猎、采集野生植物、捕鱼等活动主要是人与自然的生产劳动形式。在劳作中，经常会有与野兽搏斗的情况，需要人运用搏斗本能战胜野兽、保护自己。山顶洞人的穴居遗址里就发现了大量兽骨，这些兽骨可能是先民与野兽搏斗后所收获的。先秦古籍中的“暴虎，徒搏也”“搏兽于敖”“骨腾肉飞”“手搏兽”等记载，都反映了先民与野兽的搏斗情况。为了生存而搏斗的本能需要促进了古人对身体机能与搏击技巧的关注和探索。

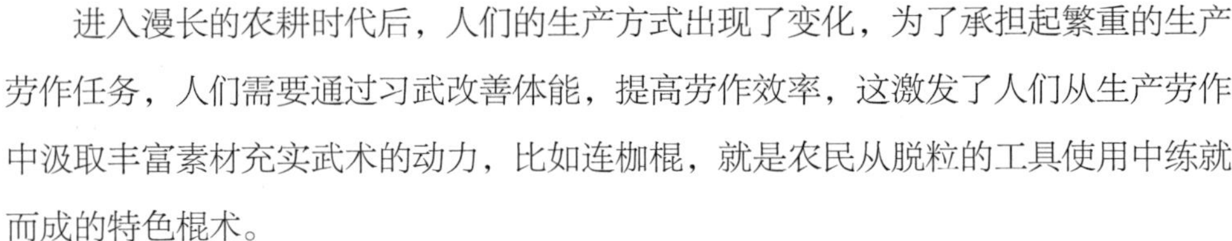

进入漫长的农耕时代后，人们的生产方式出现了变化，为了承担起繁重的生产劳作任务，人们需要通过习武改善体能，提高劳作效率，这激发了人们从生产劳作中汲取丰富素材充实武术的动力，比如连枷棍，就是农民从脱粒的工具使用中练就而成的特色棍术。

2. 搏斗、军事因素

武力是人类社会解决人与人、群体与群体冲突的主要手段。当人类进入氏族社会阶段，每个氏族都需要有自己的生存领地来繁衍生息。随着人口数量的不断增加，原有领地范围内的资源已经不能满足氏族生存的需要，这迫使他们不断开辟新的领地。拓疆扩域中，可能会遇到其他部落、氏族，当利益发生冲突时，一言不合就会出现对抗，解决对抗和冲突的方法大多是攻伐，攻击能力强大的氏族战胜弱小的氏族，最终强大的氏族获得了生存的资源。

军事战争不仅是武术的重要缘起之一，更是推动武术发展的重要催化剂。在中国历史上，据统计每3年左右发生一场小战役，每20年左右爆发一场大战争，刀光剑影的战事时常出现。为了能够在冷兵器时代保持军事优势，统治集团引导民众习武，这引发了民众的自觉习武行为，与武术技法息息相关的“习手足”“便器械”“积机关”便成为民众必备的技能。

3. 武舞、娱乐因素

搏斗特有的危险性、悬念性、刺激性很早就成为人类的一种重要娱乐方式。汉代扬雄的《长杨赋》中有“纵禽兽其中，令胡人手搏之”的记载，记录了一次大规模的集体斗兽表演。汉代的百戏，因为角抵中有丰富的游戏成分，又被称为“角抵戏”。军事训练与舞蹈结合的“武舞”，既是军事训练的手段，同样也是一种娱乐形式。娱乐催生了武术套路，套路演练的水平又对武术发展产生作用。唐代“三绝”中的裴旻将军就是套路演练的高手。《独异志》记载裴旻骑在疾驰如飞的马上，手舞利剑，振臂一挥，宝剑飞起数丈高，随即从高空直坠，裴旻将军举鞘接剑，宝剑滑落入鞘，观者惊叹不已。裴旻的剑术与实战的技术有较大的差异，带有明显的娱乐化、艺术化特征，所以能够吸引观众。一脉相承、不断承续的技法成就了武术套路的悠久历史，现今套路中依然有各种抛接器械的内容。

4 教化、习俗因素

武术不仅仅是人们娱乐的对象，更是社会教化的工具。西周培养贵族子弟的学校把射箭列为必学的“六艺”之一，要求贵族子弟学习。射箭课要求很严格，射箭既要射得有力量，又要准确。射箭主要有五种不同的射法，即白矢（射透箭靶）、参连（三箭快速连续发射）、剡注（水平箭）、襄尺（射时手臂平稳不动）和井仪（四箭命中箭靶并且射成井字形）等（《周礼·地官·保氏》）。在这种射箭活动中，射术已经不是重点，而蕴含其中的礼才是射箭所瞄准的“靶子”。在这类活动影响下，周朝社会尚武的习俗很浓，谁家生了男孩，也要用射箭来表示祝福。成年男子如果不会射箭或射得太差是十分丢脸的事儿，宁愿以身体不适来推托（《礼记·王制》）。[1]“武术人的‘锻炼行道，练以成人’不仅完成其‘由社会人而武术人’的成人过程，而且还以其区别于常人、军人、文人的动作方式，作为文化标识之所在、文化认同之基础。”[2]习武人通过掌握武术技术的内在控制过程，实现人的自我教化。

---

1 任海. 中国武术史话［M］. 北京：中国国际广播出版社，2020：15.

2 戴国斌，刘祖辉，周延. “锻炼行道，练以成人”：中国求道传统的武术文化实践［J］. 体育科学，2020（2）：24-31.

习练武术不仅需要坚韧和毅力，也需要心智配合。在对技术追求精益求精的过程中，习武人懂得了学无止境的道理，而且知道了要时刻保持自强不息的精神，不断地钻研技术动作，直到娴熟地掌握技术。习武人的坚韧品质形成后，便成为其自身的意志组成，发挥着自我约束的作用。同时，武戒、武礼、武德等教化方式，通过外在的方式内容，多渠道地训导、教化、滋养习武人，激发其内在的优良品质。

5. 进仕、谋生因素

一个民族的体质和意志，不仅关系到个体的健康，更与国家的命运相联系，无论是尚武的先秦，崇武的隋唐，还是成武的明清，统治集团都会施行各种推动武术发展的举措。比如，武则天于长安二年（702年）设置了选拔武勇之士的武举制，即以枪术、射术和力量测试为主体，通过长垛、马射、步射、平射、简射、马枪、翘关、负重、身材等系列考核，为习武人提供了一条进仕升迁之路。此外，不断演变的社会生活为习武人提供了新的谋生机遇和空间，与武术相关的行业进一步独立、成熟，包括为商人的人身及财产提供安全保障的镖局，以市井耍拳卖艺为谋生手段的演武，以教授武术为职业的武师行业等。在宋代，就有关于“瓦舍”“勾栏”的记载，随着市民阶层的出现，城市中有了瓦舍这类综合性娱乐场所，身怀绝技的习武人，在瓦舍中围出一个勾栏，在此卖艺谋生。进仕、谋生和行业发展的需求进一步促进了民间传统武术的发展与壮大。

6. 养生、强身因素

随着人们对生命质量、种族延续的重视，养生类型的拳种、方式及技术理论逐渐形成和完善，丰富了武术技术，形成了养生、强身的独特体系。其中值得一提的是，葛洪提出了把肢体活动和练意行气等各派养生方法结合起来进行全面练习的思想，这对后来中国武术形成内外兼修、形神兼顾的特点起到重要作用。南北朝时还出现了一本名叫《黄庭经》的书，对以后内家武术的出现产生了深远影响。[1]

7. 其他因素

武术不仅仅是习武人之间相互交流切磋、打擂比试的载体，在祭祀仪式、走镖护院、节庆表演等各项社会活动中也扮演着重要角色。在这些社会文化活动中，武术得到了文化的滋养，表现出越发鲜明的中国传统文化特色。地理条件造就了武术

1 任海. 中国武术史话［M］. 北京：中国国际广播出版社，2020：29.

拳种南拳北腿、东枪西棍的自然状态，人文背景则强化了武术流派众多、门户林立的社会格局。特别值得一提的是，武术受到中华文化的长期熏陶，在拳理、技法、表现等方面都深刻体现着中华文化的印记。同时，武术又是解释阴阳、太极、五行、八卦等中国传统哲理的身体语言，中华文化正是通过这种生动鲜活的语言丰富地诠释着这些哲理。

武术发展到这一步，已经超出了单纯的技击功能，具备了娱乐、教化、交往、健身、营生、节庆、表演、竞技等丰富的结构和功能，这是其他民族的搏击项目所难以具备的特征。正是由于武术这种形态与特征所表现出的明显、独特的中华民族文化价值，而令国人感到自豪和自信，令世人感到敬佩和仰慕。

第二节　中国武术的概念

一、中国武术概念的发展变化

拓展阅读：武术一词的由来

从早先的拳勇、技击、武艺、相扑、角力、手搏、击剑、打拳、使棍、把式、国术等叫法中可以发现，武术始终没有一个完整的概念。在武术自成体系后，其在自身技术、流派、理论等方面都具备了独立的状态，名称的指向性也越来越明确。根据武术概念的变化情况，可以帮助我们了解武术发展的脉络。

1932年，《国民体育实施方案》中表述："国术原我国民族固有之身体活动方法，一方面可以供给自卫技能，一方面可作锻炼体格之工具。"这个阶段，虽然武术还称为"国术"，但开始强调这是中华民族固有的、有一定攻防技能的活动，同时看到了武术具有的体育功能。

1961年，体育学院本科教材《武术》中认为："武术是以拳术、器械套路和有关的锻炼方法所组成的民族形式体育。"这个描述倾向于武术的表现形式，此处没有提及攻防技能，但依然认可武术的民族体育的属性。

1978年，体育院系通用教材《武术》对武术的认识是："以踢、打、摔、拿、击、刺等攻防格斗动作作为素材，按照攻防进退、动静疾徐、刚柔虚实等矛盾相互变化的规律编成徒手和器械的各种套路。它是一种增强体质、培养意志、训练格斗技能的民族形式的体育运动。”这个概念具体地说明了武术共性的技术表现，其中包含攻防技能，更强调其是民族形式的体育运动。

1983年，体育院系通用教材《武术》中对武术的表述变为：“以踢、打、摔、拿、击、刺等技击动作作为素材，遵守攻防进退、动静疾徐、刚柔虚实等规律组成套路，或在一定条件下遵照一定的规则，两人斗智斗勇，形成搏斗，以此来增强体质、培养意志、训练格斗技能的体育活动。”其中格外强调了武术的“技击”性，没有了“民族”的表述，只强调其是体育活动。

1988年，在全国武术专题论文研讨会上提出：武术是“以技击动作为主要内容，以套路和格斗为运动形式，注重内外兼修的中国传统体育项目”。这个概念言简意赅，表述了武术的基本结构，强调了其民族体育的属性。

2009年，国家体育总局武术运动管理中心在河南登封召开武术定义和武术礼仪研讨会，会议对武术的定义是：“武术是以中华文化为理论基础，以技击方法为基本内容，以套路、格斗、功法为主要运动形式的传统体育。”这个概念突出了武术的中华文化背景，阐明了武术的存在形式，体现出武术的传统归属，然而没有说明其目的。

从不同时期对武术概念的表述来看，人们对武术的认识逐渐全面和深刻。由此，我们可以这样界定武术：武术是以中华文化为理论基础，以技击方法为基本内容，以套路、格斗、功法为主要运动形式，旨在塑造人的传统体育。

二、中国武术的属性

每一种事物都有自己的属性，这些属性决定了它与其他事物的区别。事物的属性大都受到事物成长的环境影响，属性表现着环境镌刻在它身上的种种印痕。

武术萌生、发展于中国大地，在中华民族传统文化的滋养下成长，在中华文明的发展中壮大。想要知道武术的属性是如何被塑造的，需要先了解一下文化的概念。

文化是我们每天都在接触的既具体又抽象的东西。关于文化，有几百种定义。其实，文化并不复杂，按照张岱年的说法，文化就是人化。如果再加上费孝通的补充，文化可以理解为当“化人”不充分的时候，“人为”地进行“人化”，以便于更好地“为人”的过程或结果。大家知道，一块石头，在自然的风化中形成一定的形状，此时这块石头仅仅是自然状态的石头，而当人们对这块石头进行雕琢加工后，这块石头便可成为供人鉴赏的艺术品，此时这块石头就不再只是自然的石头了，而成为一件文化作品。武术的形成发展同样如此，早期野蛮的、本能的搏杀形式不能称为武术，只有经过人们长期雕琢后，武术才能够成为一种文化呈现于世。所以，对武术的英文翻译，公认的是martial arts。这个翻译中包含艺术的概念，更能够深刻地表达武术的人化色彩。

具体来说，在不同人群、不同时代的人化过程中，武术所表现出的特定化倾向和阶段化属性主要反映在以下几方面。

（一）体育的武术

（1）武术的技击属性。在中国古代冷兵器时期，武术被当作一种实用的格斗技能，拥有这样技能的人，可以防身自卫、保家卫国。武术在这种功能作用下，表现出以对抗、杀伐为主要技术特征的属性，即武术的技击属性。从上述武术的缘起中，也可以看到武术在形成初期，被广泛地运用于个人之间的私斗、群体之间的战斗、国家之间的战争之中。这个时期，武术的属性以技击为主。

（2）武术的技能属性。习武人经过长期的习练，其身体技能得到较大提升，他们身体的灵敏、协调、力量、速度都能够达到较高水平，有效完成常人难以完成的任务。这种属性可以称为武术的技能属性。在很长的一段历史时期内，武术的技能成为习武人生存和发展的重要手段。无论是伸张正义的游侠，还是游走江湖的镖师、看家护院的家丁、卖艺谋生的艺人、授徒教拳的拳师、学校的武术教师等，他们都是将武术技能作为自己谋生的工具。武术技能作为一种需要人为特殊磨炼的身体活动，突出表现出人化的色彩。

（3）武术的竞技属性。人的社会活动总是离不开竞争。用什么方式进行竞争就成为人们经常考虑的问题，中国人通过比武的方式把原本血腥的竞争变得合情合理。三国时期，曹丕和邓展用甘蔗作剑进行比试，就是一种体育竞技的形式。对此，这种属性可以称为武术的竞技属性。武术的这种属性得到了快速发展，竞技活动非常普遍，竞技水平也相当高超。竞技促使武术不断地提高技术，也使得武术成为需要人们花时间去磨炼的“功夫”。这种由精湛技术构成的武术一旦被人们普遍掌握就难以遗忘，由此构成了代代相传的文化记忆。

（二）文化的武术

武术成长于中国，受到中华民族文化全方位的影响。武术在发展过程中不断地吸收传统哲学、伦理学、养生学、兵学、中医学、美学等传统文化的思想和观念，不断地将这些思想和观念转变为自己的文化构成，这使得武术能够在漫长的历史中不被时代所淘汰。这种具有丰富文化底蕴的武术属性，可以称为武术的文化属性。武术的文化属性决定了武术在中国的发展，与其他国家和民族的搏击类项目相比具有很大的文化优势。比如习武先习德，伦理、道德的文化力量帮助习武人以德性赢得人心，这种立德树人、立德育人的身体文化自然有极大的生存价值。武术在文化属性作用下，从练就身体走向身心兼修的历程，这是武术对人类文明的重大贡献，需要传承之，更需要弘扬之。

关于武术属性的划分，仅仅是为了理论分析而进行的区分。实际上，武术属性是相互融合、交织在一起的，难以彼此严格地分割。在不同的时代，某种武术属性表现可能会突出一些，在另一个阶段，则是另一类属性比较活跃。武术属性不是自然的本能流露，而是人化的结果，所以说武术是文化的武术。

（三）文明的武术

文化具有民族性特征，是人类族群内一切社会现象和内在精神的既有、传承、创造、发展的总和，它使得人与人、民族与民族变得不一样。而文明则不同，文明代表了人类发展和进步的程度，它可以使人与人、民族与民族的差异性逐渐减少，表现着人类普遍的行为和成就。人类共同生活在这颗小小星球上，就应该在不同的、色彩斑斓的文化中，逐步地实现文明的共享，共同地、友好地生活在一起。所以文明的社会是人类努力争取的目标。

文明代表了一种对人类普遍有序、有益、成熟、普世的标准和规则。在人类社会中，不是所有的文化都对人类有益，比如军事和战争文化，在某种程度上给人类带来了灾难和伤害，从人类文明进步的角度来说，一切带有侵略性质的战争文化都是不值得提倡的。

武术在发展过程中，由于其技击属性的实用功能弱化，加上其“内外兼修”的主张及健身、娱乐的多元价值开发，使武术以一种更文明的形态被世人普遍接纳。武术只有不断地向着文明的方向发展，才能使人们通过武术共同享有有效的健身手段，促进健康水平，实现人类的可持续发展。文明的武术，主要是包含着道德修养、蓄能健身、哲理竞争等要素的武术形态。这三个要素相互独立，却又共同构成一个相对稳固的文化平台。另外，这三个结构要素中的每个要素都是关系到人类持续发展的核心要素，是人类共同享有的健康平台，是通往和谐社会的通道。高尚的修养，是人类始终追求的品质；健康的体魄，是人类在发展中不容忽视的生命载体；合理的竞争，是人类文明不断演化的内在动力源泉。正所谓："中国武术是一门'成人'的深厚学问，习武人通过对中国武术的不断修习，能够逐渐达到由感知到内省、由身体到品行，内化为内在人格的养成，人生境界的提升。"[1]

道德修养的要素，主要指的是武术习练中所推崇的习武先习德、习武须修心的精神。高尚的道德修养是人类共同追求的优良品质。法治可以规范社会成员的行为，却不易管理人内在的意识。人若有内在高尚的道德修养，便能够自觉、自发地遵纪守法，因为道德修养是比遵纪守法更高的精神境界。

蓄能健身的要素，主要是指习武过程是养精蓄锐的过程，习练后使人神清气爽是习武人的普遍感受。这种符合人体运动和生命活动规律的武术习练，可以有效地促进人的健康，因此受到人类普遍的欢迎。

哲理竞争的要素，强调在人类的竞争中，不能完全依赖于物理式的量化竞争。用秒表、尺子、磅秤来衡量运动员水平的体育竞赛就是物理属性的量化竞争，这只是人类竞争的一种形式，但不一定是最佳形式。还有一种竞争，需要在过程中运用智慧，采用思辨的方式，用审视、推测、辩证、谋略等方法战胜对手，这才是人类文明的竞争。武术属于这种类型的竞争，这种竞争不是直白、立竿见影的较量，而是充满智慧、令人回味的博弈。

第三节　中国武术的特征

特征是一种事物不同于其他事物的独特之处。一般来说，特征通过比较才会

1 王岗. 中国武术：一门"成人"的学问［J］. 武汉体育学院学报，2019（11）：57-63，100.

表现得更加鲜明，中国武术与世界上其他同类的人体文化相比，呈现出以下几种特征。

一、中国武术的攻防技击特征

攻防技击特征是中国武术的主体特征，这种特征与人类社会同类的搏击项目有相同之处，更有其自身独到的地方。人类的搏击技术大多是采取攻击人体薄弱部位的策略，一般采取的手法、身法或腿法都是直接的、简单的。比如拳击技术非常简洁，即使历经长期的发展，明快的直、摆、勾拳法始终不变。而武术在长期的发展过程中，将这种攻击和防守方法进行了富有智慧和想象的创造，使得武术的技击方式和方法格外丰富。比如远踢、近打、贴身摔；打法中的手法就可以演变出冲、劈、挑、砸、贯、抄、盖、鞭、崩、钻、扫、挂、撩、栽等多种方法。如此丰富的攻防技击技术是武术的主要技术构成，也是武术区别于其他搏击项目的主要技术特征。

武术的攻防技击特征之所以如此丰富，在一定程度上与武术文化目的指向性变化有很大的关系。因为武术在发展过程中，逐渐从不断培养以自身充当攻防的武器，向着以自身作为健身、娱乐、交往的对象方面变化，从而使武术原来真实的攻防对象，逐步变成假设的、虚拟的攻防对象。也就是说，随着武术在军事活动中的作用逐步减弱，人们逐步调整了武术的技击目的指向性，使其更多应用于人们的健身、娱乐、表演中，而且这种趋势越来越明显。在这种趋势的作用下，武术的技击特征逐渐弱化，并被娱乐性的身体艺术所掩盖。

无论如何演化，踢、打、摔、拿、击、刺等动作依然是武术的核心技术。由于长期习练武术，习武人具有比普通人更加灵活地运用攻防技术的能力，并且能够自如运用这种方法进行防身自卫。所以，武术至今依然是军队、警察进行训练时的有效攻防技术，也是各级各类学校锻炼学生防身自卫能力的手段。

二、中国武术的形神兼备特征

武术的形神兼备有着具体、特殊的表现形式。比如，武术中的各个拳种都非常讲究“内练精气神，外练筋骨皮”，凡是优秀的武术习练者所表演的武术套路，不仅有规范、洒脱、精湛的技术动作，更有一种以意塑形、以形喻势的气势。从习武人的眼神中能看到不同的眼法与不同技术动作的配合；不同的身法与套路意境存在的种种联系；不同的节奏与套路技术的处理技巧，不同的拳种风格象征的意义。不同的武术套路，在形与神的巧妙配合下，表现出极其丰富的风格，刀走黑、剑走青，棍打一片、枪扎一线，正是武术形神特征独特的表现。

武术的形神兼备特征追求的目标是有机体内外的和谐。人体是一个和谐的整体，一个人运动能力的高低，不仅受到运动系统功能发挥的影响，还受到内在神经系统、呼吸系统等各方协调的影响。特别是武术技术动作运动强度较大，必须充分地将有机体协调一致，才能有效地完成技术动作，这是人体生理要求的，是人体运动的必然规律。而武术更存在着内在的意识、神韵与外在的形体、动作之间的微妙关系，如何处理这种关系直接影响着武术技术水平的高低。手与足合、肘与膝合、肩与胯合、心与意合、意与气合、气与力合的“内外六合”等高度概括了有关内外相合的习武要求。只有达到这样的相合境界，武术技术动作才能协调、灵活、劲力充足。由于武术技术结构的特殊性，习武过程中还格外追求“形断意连，势断气连”，只有这样才能形成一个完整的套路，从起势到收势，势势相承，气脉不断，形成一个连贯的技术体系。武术套路特别讲求以形喻势，这种形象的比喻可以生动、有效地帮助习练人理解和掌握内与外协调的方法，比如“形如游龙，视若猿守，坐如虎踞，转似鹰盘”，当达到这种状态的时候，武术内在的意向就和外在的动作相统一了，并且表现出拳种应有的风格。

三、中国武术的多元文化特征

人们常用“博大”形容武术流派众多、拳种繁杂。武术拳种的繁多与习武人的身体素质、身体感受、身体创造有很大关系，毕竟人不同于机器，武术也不是机械化的生产，不同的人可能形成不同的演练水平和风格。这是武术拳种众多的身体原因。

当然，武术拳种和流派众多与中国幅员辽阔的地理因素也存在密切的关系，自然地理因素对武术会产生一定的影响。“东枪西棍、南拳北腿”就是说的这个现象。的确，在不同的地方，人们习以为常的行为和意识会影响他们对武术技术的理解和掌握。除了自然地理环境，人文社会因素也能够对武术产生深刻影响。

文化对武术的影响，首先包括直接的影响，比如中国传统文化中的太极、五行、八卦等直接影响拳种的命名和对拳理的阐释，最为典型的是太极拳、形意拳、八卦掌等拳种。其次包括间接的影响，比如中华文化的环境，特别是家族文化间接地影响着武术传承的师徒关系——拟血缘关系，所谓"一日为师终身为父"，这种关系虽然无法取代血缘关系，但是却牢固地维系着师父和徒弟的人际互动。无论文化对武术的影响是直接的还是间接的，武术始终处于中华民族文化的大熔炉中，在延续性的文化中，武术被锻造成中华民族文化的一种身体符号。比如，武术套路的四段象征着周而复始的四季，套路的起势居右虚左表示谦虚，左右开弓的技术意味中和，内外兼修以求练就"内圣外王"等。文化的烙印深深地印刻在武术的技术和习武人的身体之中，使得习武人在习练武术技术的过程受到文化潜移默化的影响。

中华民族文化不仅历史悠久，而且博大精深，在这种文化的土地上成长起来的武术，必然是丰富多彩的。先秦尚武造就了行侠仗义的侠士阶层，魏晋崇文使得武术"击有术、舞有套、套有谱"。在农耕文化中，武术的技术表现多为拳脚功夫；在游牧文化中，武术的技术表现则是弓马技能。在太平盛世，拳种追求养生；刀光剑影中，拳种渴望技击。武举制使习武人扬眉吐气，禁武令让习武人潜心修行。在不同的时期，不同的文化背景下，武术受益于多元文化，表现出色彩斑斓的多元景色。在中华民族文化影响下的武术，是中华民族文化的名片，更是中华民族文化的瑰宝。

四、中国武术的艺术审美特征

历经千年演变，武术已由一项生存技能上升为艺术。生活为人提供了丰富的审美素材。在艺术活动中，人类超越了被局限的客观因素，人类精神在艺术中得到解放。人们通过艺术沟通天、地、人，沟通思想与情感。艺术美化了人的生活，也美化了人类自身。艺术具有三重功能：认识、教育、审美。其中，审美作用是最重要、也是最根本的功能。

艺术美不同于自然美，它首先必须是人类劳动和智慧的创造物。人体是美的源泉，是美的主体。中国人将人体活动赋予美的意蕴，特别是将富有技击性的人体活动演变成人体艺术，可以说是中国人智慧的象征。正如钱穆先生所认为的中国文化是一种审美文化，而且是"善于将技术艺术化"的文化。武术是中国审美文化的受益者，武术又是人体艺术的创造者。

艺术能给人以精神上的愉悦感受，因此具有审美价值。在武术的人体艺术特征中，作为动态艺术创造和静态艺术修为的演绎，武术主要表现出形式美、意蕴美、生命美等。其一，形式美。武术表现出中国特色的对立统一的协调之美，对称的动作、呼应的招法、均衡的组合、完整的套路无不淋漓尽致地表达着中国传统文化的审美追求及美学价值。当习武人将一个套路演练到出神入化的状态时，其套路技术的动与静、起与落、快与慢、高与低、刚与柔、轻与重等节奏处理必然呈现出和谐的美感，这时美的存在与审美心理高度吻合，艺术便自然流露。其二，意蕴美。武术蕴含着深厚的中国传统文化的自强不息、厚德载物、贵和尚中、浩然之气等成分。武术通过形神兼修的方式，以特定的练习方法，将中国传统文化的精神深深地印刻在武术技术之中，不断地内化成习武人形神兼备的行为和意识。长期的武术习练，使人能够切实地感受到只有自强不息，才能掌握繁复的武术技术；只有厚德载物，才能达到不战而屈人之兵的境界；只有贵和尚中，才能理解人性之美；只有养浩然之气，才能以身报国。武术作为一种有效地体验传统文化、实施审美的载体，切实地塑造了习武人的内在意蕴之美。其三，生命美。武术在发展历程中，不断地对不利于身体健康、生命塑造的成分进行改造或抛弃，逐步形成了一整套有利于身体健康、有益于生命塑造的“养生”“修心”技术体系。由此，武术成为一种尊重生命的人体艺术。在人类丰富的身体活动中，武术特有的尊重生命的价值表现得非常突出。尊重生命是人类最美的文化，是人类渴望共享的文明成果。

思考题

1. 武术是在什么环境中成长起来的？
2. 武术的概念是什么？
3. 武术独有的特征是什么？
4. 武术的发展趋势是什么？

第二章

中国武术的内容与分类

本章导读

本章主要介绍中国武术内容与分类的基本知识，通过对历史上不同时期分类方法的阐述，展现武术拳种的丰富多样，揭示各流派的基本技术特征和内在属性。本章分两节进行讲述，分别介绍地域、流派、拳种技理、姓氏分类以及套路、格斗和功法的概况，从而让学生对中国武术的内容与分类有一个比较全面和深入的了解。

第一节　古代和近代武术的内容与分类

中国武术历史悠久，源远流长，拳种繁多，内容丰富。要全面地、深入地认识与理解武术，有必要对武术内容进行分类。科学分类有助于从宏观上把握武术的内容，了解武术的基本技术特征，找出武术运动的内在属性，有利于全方位、深层次、系统地认识武术，最终揭示武术运动的内在规律和所属技术间的相互关系，构建有利于武术运动发展的、科学的体系，从而指导武术活动的开展，促进武术运动的健康发展。

对中国武术进行分类在历史上早已有之，纵观武术发展史，人们曾使用多种概念尝试划分武术内容类别。战国初期的《司马法・天子之义篇》中，已有长兵、短兵的兵械分类概念，“兵不杂则不利。长兵以卫，短兵以守。太长则难犯，太短则不及”[1]；明代戚继光在《纪效新书》中介绍拳法时，提到长拳、短打的概念，同时在提炼拳技时，总结了打、踢、跌、拿四种分类概念；清初黄宗羲所撰的《王征南墓志铭》中提出了内家拳、外家拳的武术拳种概念；清代凌扬藻在《蠡勺编》中提到了“南派”“北派”的分类概念；民国初年，《中国精武会章程》使用了“长江流域派”“黄河流域派”的分类概念。历史上的这些分类方法，对人们研究武术的技法特征、了解武术的分布区域起到了一定的促进作用。

一、按照地域特征分类

中国地大物博、幅员辽阔，在长期的文化基因沉淀与传承中，形成了地域性文化特征。从宏观地理环境看，武术体现出鲜明的中国特色；从小区域地理环境的多样性看，武术呈现出丰富多样的地方特色。在广袤的地理空间内，南北之差、东西之异悬殊，不同的地理环境必然形成不同风格、不同内容的武术运动项目。所以中国有“南拳北腿、东枪西棍”之说，产生了黄河流域、长江流域和珠江流域等多种体现地域特色的武术类别，并且形成了依山川而名的少林派、武当派、峨眉派等不

1 陈曦，陈铮铮. 司马法［M］. 北京：中华书局，2017：6.

同流派。

（一）南派、北派

清人凌扬藻在《蠡勺编》中提道："技击之有南北二派，实由于天时地利之关系，出诸天演之自然，非人力之所能为也。"[1]民国徐哲东在《国技论略》一书中谈道："今世通语，谓长江一带拳术，架式小而势紧促者为南拳，亦曰南派；以豫鲁一带拳术架式大而势宏敞者为北拳，亦曰北派。"[2]南派和北派的分类方式在民间广为流传。南派拳种以福建、广东为中心，广泛流传于长江以南地区。南派拳种较北派拳种整体动作幅度小，上肢及手法尤富于灵活变化，同时特别重视下盘的稳定性和步法灵活性，既能使拳法迅疾施变，又能使身体灵活转向。在技击方面，南派拳种以"以巧打大""一寸短，一寸险"为攻防指导思想，在技术运用上擅长短拳，发挥贴身靠打的优势，表现出拳势威猛迅疾、劲力刚硬的特点。南派拳种主要有洪拳、蔡李佛拳、五祖拳、咏春拳等。

北派拳种以河北、河南、山东为中心，广泛流传于长江以北地区。北派拳种具有动作舒展大方、朴实无华、形健劲遒的运动风格，在技术运用上以下肢攻防动作见长。拳术套路的运动风格突出表现为动作大开大合、运动幅度大、擅长力量和蹿蹦跳跃等技术动作。在技击方面，北派拳种充分发挥臂长腿长的优势，讲究"一寸长，一寸强""手是两扇门，全凭腿打人""手打三分，脚打七分"的攻防技击思想。北派拳种主要有查拳、华拳、炮拳、少林拳、弹腿、戳脚等。

（二）少林派、武当派、峨眉派

少林派是中国武术中影响范围最广、历史最长、拳种最多的武术流派，以出于中岳嵩山少林寺而得名。少林武术是在长期的僧众习武中逐渐自发形成的，少林武技名显于世，始于隋末。少林派不只是少林寺的功夫，而是以少林寺武术为代表的整个外家功夫的集大成者。之所以如此，一方面是因为少林寺僧从民间引进不少拳术；另一方面是因为少林寺也招收俗家弟子，这使少林武术流传民间。目前流传较

---

1 凌扬藻．蠡勺编［M］．北京：中华书局，1985：56.

2 徐哲东．国技论略［M］．上海：商务印书馆，1930：20.

广的拳路有大洪拳、小洪拳、炮拳、罗汉拳、朝阳拳等，另外，还有一百多种器械、对练等，以及与养生功、医学、气功有关的内容也流传较广。少林派拳术刚健有力、刚中有柔、朴实无华、利于实战，招式非打即防，没有花架子。练习少林拳不受场地限制，其风格主要体现在“硬”字上，招式攻防兼备，以攻击为主。拳势不强调外形的美观，只求技击的实用。步法进退灵活、敏捷，有冲拳一条线之说。在出拳上，要求手法曲而不曲，直而不直，进退出入，一切自如。步法要求稳固而灵活，眼法讲究以目视目，运气要气沉丹田。其动作迅如闪电，转似轮旋，站如钉立，跳似轻飞。少林武术分南北两派，南派重拳，北派重腿，每派还分许多小派。

武当派武术历史上又称内家拳，源自湖北武当山，起于宋而兴于明。现今则有人将流传于武当山一带的武术统称为武当派武术。

武当派是以道家思想为理论指导的拳种流派，强调内功修炼，讲究以静制动、以柔克刚、以短胜长、以慢击快、以意运气、以气运身，偏于阴柔，主呼吸，用短手。武当功法不主进攻，然而亦不可被轻易侵犯。武当派内家功夫自成一派，经历代积累和发展，已形成较多种类，可归纳为拳法类、器械类、功法类和暗器类等。武当拳法类有武当纯阳拳、太乙五行拳、松溪短打、太极长拳、武当太乙绵掌等；武当器械类有武当剑、太乙拂尘、玄武棍、太极枪、松溪棍等，还有三合剑对练和八卦转刀对练等；武当功法类有武当明目功、武当活血功、铁布衫功法、武当神功二指禅、武当粘衣十八跌、五行养生秘功、易经运身功等；武当暗器类有绳镖、脱手镖、单筒袖箭、柳叶飞刀、金钱镖等。此外，武当武术还讲究阵法，包括九宫八卦阵、三才剑阵等。武当武术把技击与健身强体融为一体，形成了讲究人体经络穴位，注重练好坚实内功根基，由内气练人而达到外强的内外统一的功夫。武当武术擅长以气发力，借力打力，以柔克刚，以静制动，具有刚柔相济、避实就虚、灵活圆转等内家拳术特点。

峨眉派武术是起源于四川峨眉山并广泛流传于整个四川乃至西南地区的武术总称。峨眉派武术在明末清初时，属道家正统，遵清静无为作风。到清代初年，峨眉山僧道并存，遂形成佛道一家的僧道武术——峨眉派武术。峨眉派武术可分为五大流派，八大门类，其素有“一树开五花，五花八叶扶”的说法，一树指的是峨眉派武术；五花指的是五个地区流派，即丰都的青牛派、通江的铁佛派、开县的黄陵派、涪陵的点易派、灌县的青城派；八叶则指的是僧、岳、杜、赵、洪、会、字、化八大门，其中僧门最为显赫，为峨眉派八大门之首。

峨眉派武术有所谓“动功十二桩”——天、地、之、心、龙、鹤、风、云、大、小、幽、冥；又有所谓“静功六大专修功”——虎步功、重捶功、缩地功、悬囊功、指穴功、涅槃功；还有“三大器械”——剑、簪（峨眉刺）、针（暗器）。其功法介于少林阳刚与武当阴柔之间，亦柔亦刚，内外并重，长短结合，攻防兼具，“拳不接手，枪不走圈，剑不行尾，方是峨眉”“化万法为一法，以一法破万法”[1]，是以弱胜强，真假虚实并用，融汇了武当、少林等众家之长。峨眉派武术拳系主要有僧门拳、赵门拳、杜门拳、岳门拳、洪门拳、化门拳、字门拳、会门拳。峨眉派武术各门各派特点不一、风格各异。峨眉派武术除具有中国武术的普遍性之外，还独具有手法细密、一法多变、掌指兼用、身灵步活、拳脚生风、刚柔相济、内外兼修等特点。打法则具有偏侧滚进、单边攻防、以巧制化、以小制大等特点。这种打法在继承中国武术固有的攻防技击性和运动形式基础上，发挥四川人拳术技艺的独特打法，使之扬长避短，具有地方拳术的特殊属性。

（三）黄河流域派、长江流域派、珠江流域派

中华民国初年，《中国精武会章程》使用了“长江流域派”“黄河流域派”的说法，以江河流域进行武术派别划分，后来还将流传于岭南地区的武术归为“珠江流域派”。珠江流域一带的武术，多是短小精悍、刚硬有力、讲究小步、固守待进的，流传较广的拳法有莫家拳、客家拳、岳家拳、南枝拳、白眉拳、昆仑拳等。长江流域和长江以南地区流行的武术手法多、桩步稳、拳势烈，并常以发声吐气协助动作发劲，需要场地较小，素有“拳打卧牛之地”的说法。黄河流域是我国古文化的发源地，因而武术形式也多种多样，其运动特点多为舒展大方、柔和飘逸，形式上讲究蹿蹦跳跃、跌扑滚翻等。例如，华拳、查拳、炮拳、洪拳等拳法以及形意、八卦、八极等，在形式上虽有不同，但在内容上都以技击为主，需要场地较大，有“拳打四方”之说。

---

1 孟宪超. 峨眉拳全书［M］. 北京：中国广播电视出版社，2007：3.

二、按照技法特征分类

人们在长期的习武实践中，不断总结和提炼，创造出各具特色的武术技法体系。在这个过程中，由于人们生活在不同的空间，对事物的认识各不相同，加之身体素质的差异，每个习武群体所创造的武术技法会出现一定的差异，这种差异导致了武术技法的个性特征，并由此形成了根据不同习武群体所创武术技法的总体特征所划分出的武术流派。这种分类便于人们了解各种武术技法的自身特点及其区别。

（一）内家、外家

黄宗羲撰写的《王征南墓志铭》提道："少林以拳勇名天下，然主于搏人，人亦得以乘之。有所谓内家者，以静制动，犯者应手即仆，故别少林为外家。"明清时期，内家拳只是一个拳种，外家拳也仅指少林拳，到中华民国时期发展成"凡主于搏人""亦足以通利关节"者，概称为"外家拳"；凡注重"以静制动""得于导引者为多"者，概称为"内家拳"。内家与外家的区别特征归纳起来有三个：其一，"以静制动""后发制人"的拳术为内家；"主于搏人""先发制人"的拳术为外家。其二，"以柔克刚"，主柔的拳术为内家；主刚的拳术为外家。其三，讲究"内功"，善于调理内在气息运行的拳术为内家；注重锻炼外在形体素质的拳术为外家。后人又有把太极拳、八卦掌、形意拳归为内家拳，在太极拳、八卦掌、形意拳之外的拳术统称为外家拳的说法。这一分类方法沿用至今，一些人士仍习惯于把以太极拳、形意拳、八卦掌等为代表的武术拳种称为内家拳，而把以少林为代表的动作刚健有力、蹿跳闪躲灵便的通背拳、六合拳、八极拳等统称为外家拳。

（二）长拳、短打

明代戚继光在《纪效新书》中介绍的当时流行的拳法有"长拳""短打"的分类，并记载了"势势相承"的宋太祖三十二式长拳，还记载了"张伯敬之打""李半天之腿""千跌张之跌""鹰爪王之拿"等不同类别。明代程宗猷《耕余剩技·问答篇》记载"长拳有太祖温家之类，短打则有绵张任家之类"。后来人们将遐举遥击、进退急速、大开大合、松长舒展的拳术称为长拳；而将贴身近战、势险节短、动作幅度小、短促多变的拳术称为短打。其实很多拳种都是长短兼备、可近可远的，只是不同的流派侧重点不同、推崇的拳理技法有别，这才形成了长拳、短打的分类区别。如八极拳是北方拳种少有的短打功夫，具有贴身短打、远近俱备的特点；螳螂拳分为南螳螂和北螳螂两大宗派，北螳螂是长拳，南螳螂是短打；洪拳也是这样，北派洪拳也就是少林的大小洪拳是长拳，南方洪拳是短打。长拳，延续了冷兵器长攻远打的特点，讲究一寸长一寸强，务求打击路线长、攻击距离远，以运动战为主，讲究闪转腾挪、少格挡，臂腿和身体各关节活动幅度大以延长击打点。短打，相对长拳来说出手更快、打击距离更短。短打主要是以阵地战为主，打法别具一格，来留去送，穿插进步，出手较短，多用寸劲，注重下盘稳固，讲究硬进硬打、步步紧逼、只挡不躲，动作更加紧凑密集。

（三）拳种、流派

拳种是指流传有序、内容系统、独具运动特点的武术拳系。我们常见的各主流传统拳种如少林拳、查拳、太极拳、形意拳、八卦掌等，是根据这些拳种不同拳理、不同技法特点划分为不同的门类。流派主要是按起源传承进行分类的总称，如崆峒、武当、少林、峨眉、昆仑等。中国武术拳种丰富、流派众多，1993年出版的《中国武术拳械录》将武术分为129个拳种，可见其种类之多。中国武术拳种、流派的发展大致有三种情况：其一，类同合流，壮大拳派。流派在发展过程中，将一些技法特征相同或相类似的拳种归为一类，形成较大的拳派，传统的少林拳派就属此类情况。其二，繁衍支系，发展拳种。各式太极拳的繁衍，即属此类情况。其三，融合诸家，创立新派。如蔡李佛拳、五祖拳、形意拳、八卦掌等，这种现象尤多。武术流派的概念一般是从有组织、有机构的角度来说，其有更强的社会性；武术拳种及套路一般是从武术技法特点的角度来说，其有更强的技艺性。这两个从不同角度归纳出来的概念，是相互包容、相互交叉的。

三、按照姓氏分类

历史上，以姓氏作为某一拳种的名称，在各门各派的武术中均有体现。每个拳种门派在不同历史时期都有各自的代表人物及相应的技法体系，于是诞生了不同派别，如太极拳有陈、杨、吴、武、孙等氏（式）；再如广东南拳在清代就按流派特点及师承不同而分为洪、刘、蔡、李、莫等氏（式）。这种分类方法主要是依据特定武术拳种的创始人或者主要代表人物而命名的。一个拳种流传下来不是一成不变的，在传承过程中因为文化、思维、环境差异，后人会在前人的基础上加以改良，从而出现不同的拳法形式，并逐步形成各自独特的技术风格。不仅是太极拳、广东南拳，其他拳种也一样，比如八卦掌有尹式、程式、梁式、史式、张式等；形意拳有车式、尚式、孙式、宋式等；咏春拳分叶式、阮式、姚式等。此外还有以双姓氏来命名的，如蔡李佛拳等。冠以姓氏是为了区分或后代尊崇、纪念前辈以及说明拳种的技术特色。整体而言，某一拳种的不同流派以姓氏命名，并不能反映这一拳种的全貌。

以上各种分类方法，皆属于中国武术不同发展时期的历史产物，它们大多是在特定的背景下产生的武术现象，虽然受到当时武术发展水平和人们认识能力的局限，但曾经对人们研究武术技术特征、武术分布区域和促进武术的发展与传播起到了一定作用，现今在一定范围内也仍然具有存在意义。

第二节　现代武术的内容与分类

中国武术发展到今天，它的内容和形式有了很大变化和发展，其分类方法也不尽相同，有按性质和功能进行分类的，也有按运动形式进行分类的。这些分类方法有利于展示现代武术的基本内容，区分武术技术特征，展现武术健身、防身、修身的功能与价值。

一、按照功能分类

武术按照教育功能和社会功能可分为竞技武术、健身武术、学校武术、实用武术和演艺武术五大类。这种分类是从宏观角度，运用系统论的观点，对中国武术多功能、多层次的特点进行考察。这种分类方法不仅体现了武术多内容、多类别的特点，更注重武术功能的多元化发展。

（一）竞技武术

竞技武术指为了最大限度地发挥个人运动潜能和争取优异成绩而进行的武术训练、竞赛活动，它的特点是专业化、职业化、高水平、超负荷、突出竞技性。竞技武术正式出现在20世纪50年代以后，至今已形成一个完整体系。

竞技武术大致包括竞赛制度、运动队训练体制和技术体系三大部分，以竞技武术为形式的国际武术比赛有世界武术锦标赛以及洲际武术比赛。竞技武术在国内是以全运会为最高层次，以全国武术锦标赛为龙头，以套路、散打为竞技主要内容的结构模式。套路竞技内容有长拳、太极拳、南拳、剑术、刀术、枪术、棍术和其他拳术、其他器械、集体项目等；散打竞技是按运动员体重分为11个级别进行的实战比赛。在技术发展方向上，套路以突出竞技特点、提高水平和鼓励发展创新为基本内容思想，使技术向“高、难、美、新”方向发展。散打技术的发展方向则是强化体能、技法全面、突出个性、快狠巧准。

（二）健身武术

健身武术是以普及为基础的，旨在强身健体而开展的群众性武术活动，它的特点是大众性、广泛性、自觉性、灵活性、娱乐性。在现代社会，武术的健身功能日益受到人们的青睐，人们对武术的内容和锻炼方法有了更广泛的需求，这使得健身武术呈现出丰富多彩、形式多样化的特点。健身武术涵盖的内容广泛，主要包括规范编制的各式太极拳、械及综合太极拳、械，如陈、孙、吴式二十四式太极拳、简化太极拳、八法五步、三十二式太极剑等；各类健身气功和功法，如易筋经、五禽戏、六字诀、八段锦等；流传于民间的不同风格的传统套路，针对武术普及和全民健身计划制定的“中国武术段位制”和健身养生锻炼方法。为了规范武术锻炼方法、有效开展健身活动，各地组织了群众性的拳种研究会、拳会、锻炼中心、社区和公园辅导站点等。同时，通过组织大型健身武术活动和竞赛为广大武术习练者提供展示平台。目前主要开展的群众性武术竞赛和活动有全国武术运动大会、全国传统武术比赛、全国太极拳公开赛、武术之乡武术套路比赛、太极拳健康工程系列竞赛、各级各类武术节、中国武术段位制考评等。

（三）学校武术

学校武术是以学校为传播范围，以教育、传承和普及为目的的武术活动。其选择符合学校教育特点的武术技术和知识，通过学校体育课、课外武术活动、课外武术训练和竞赛有计划、有组织地进行。学校武术的特点是素材广泛、趣味性强、简单易学、可比易评价、便于组织。学校武术的运动形式主要有武术游戏、达标、武术操、简化拳械小套路、趣味知识、小型竞赛等，这些都是适合在学校领域集体教学武术的特有方式。1961年我国中小学体育教学大纲中就列有武术内容，要求从小学、初中开始就学习武术基本功和基础套路，高中阶段安排单练或对练学习内容。直至目前，我国高等院校的公体课仍有初级长拳第三路、初级剑术和简化太极拳等武术内容。初步掌握武术的基本技术和技能，是我国大学生必备的素质之一。此外，各地纷纷建立的民办武术馆校，经过多年的整合、规范，在办学规范和教学质量上都有了显著的提高，吸引了大量的青少年学习武术，教育培养了不少武术人才。武术馆校已成为武术普及的重要力量和武术后备人才培养的重要基地。为提升教学效果与锻炼水平，传承武术文化，达到相互学习、交流技艺、增进友谊、共同提高的目的，学校武术的竞赛活动也呈现出欣欣向荣、精彩纷呈的景象，成为学校武术的一道亮丽的风景线。学校武术的竞赛活动主要分为三个层面，一是大学生武术比赛，二是中小学生武术比赛，三是武馆武校的武术比赛。大学生武术比赛主要有世界大学生运动会武术比赛、世界大学生武术锦标赛、全国大学生运动会武术比赛、全国大学生武术锦标赛、各省市组织的大学生武术比赛等；中小学生武术比赛有世界中学生运动会武术比赛、全国中学生运动会武术比赛、全国中学生武术锦标赛、全国体育传统项目学校联赛武术比赛、各省市组织的中小学生武术比赛等；武馆武校的武术比赛包括全国青年运动会武术比赛（社会俱乐部组）、全国武术学校武术比赛、各省市组织的武馆武校的武术比赛等。

学校武术教育，一方面通过适当的武术练习，培养学生对武术的兴趣并使其积极参与武术锻炼，从中获得积极和真实的体验，促进学生身体机能水平的提高，增进健康，养成运用武术技能进行锻炼的习惯。另一方面让学生在学习过程中，了解中国传统文化，培养民族意识和民族精神以及合作礼让的道德品质。

（四）实用武术

实用武术是以部队和公安武警为对象而开展的武术活动。从20世纪50年代以“擒敌拳”“捕俘拳”以及擒拿格斗等实用技术进入部队和公安武警部门开始，至今多种类、多形式的武术技击术已广泛开展，有效推动了军警徒手和使用器械的格斗技术发展，形成了规范的培养特警部队、防爆警、公安、安保等系统后备力量和实用警力的教学内容和训练体系。实用武术主要内容有擒拿术、摔跤术、擒敌拳术及器械的实战格斗技术，其中擒拿术将散打规则中的禁止部位作为重点攻击点，擅长狠招，以实用为主。实用武术的特点是简单实用、一招制胜。

（五）演艺武术

演艺武术是通过艺术手段集中或带有夸张性的手法来表现技击术的武术活动，以赢得社会认同，使武术拥有更广泛的社会基础。武术除竞技与健身功能外，在舞台上和大型活动中同时还有公益性和商业性的演艺功能，具有很高的表演价值。演艺武术的风格、内容和形式是多样的，有武打影视、舞台剧、综艺表演、艺术小品、动漫网游以及纯技艺展演等形式。近年来武术演艺活动也越来越多，如少林寺功夫表演团排演的“风中少林”“少林武魂”，北京天创国际演艺制作交流有限公司的舞台剧《功夫传奇》，中央电视台的春节联欢晚会上国家武术队的“中国骄傲”，河南塔沟武校的“行云流水”，山东宋江武校的“狗娃闹春”等表演节目，通过中国武术独特的艺术表现形式和具有感染力的艺术形象把武术的演艺功能展现得淋漓尽致，使人获得美的享受。从城市的经济发展特点和文化氛围来看，在以北京、上海等为首的经济发达的大都市中，演艺武术发展较为兴盛，而在传统武术文化氛围浓厚的著名旅游城市中，如河南、河北、山东，演艺武术的发展又相对具有得天独厚的优势。

竞技武术是龙头，传统武术是资源，健身武术是武术发展的出发点和落脚点，演艺武术是宣传媒介，实用武术是特殊领域的应用，学校武术则是各领域的大后方，担负着利用教育资源为武术培养后备人才的重任。上述几类武术之间既有区别又有内在联系，只有充分发挥各自功能，根据当今社会各领域的特点考虑武术自身的改革，武术整体才能得以健康持续发展。

二、按照运动形式分类

中华人民共和国成立后，鉴于当时武术开展的情况，其内容只限于套路这一单一形式，武术着重于对各拳术技术特点的分类。武术格斗于20世纪70年代末开始恢复，为单一形式的武术注入了新的活力。20世纪80年代，依据“练拳不练功，到老一场空”的古训，武术功法逐步兴起，武术分类又有了新的变化，在新的武术定义的界定下，武术按照运动形式可分为套路、格斗和功法，这也是当前普遍采用的主流分类方式。

（一）武术套路

武术套路是指以踢、打、摔、拿、击、刺等技击动作为素材，按照攻守进退、动静疾徐、刚柔虚实等矛盾运动变化的规律编成的整套练习形式。根据不同的分类标准，武术套路有不同的分类形式。按照套路创编的时代，武术套路可分为传统套路和现代竞赛套路；按照是否持有器械，武术套路可分为拳术套路和器械套路；按照人数及演练形式，武术套路又可分为单练、对练和集体演练。以下具体介绍按人数及演练形式划分的武术套路。

1. 单练

单练指单人演练的套路，包括拳术和器械。

（1）拳术

拳术是徒手演练的套路，包括自选拳、规定拳、传统拳术。主要拳种有长拳、太极拳、南拳、形意拳、八卦掌、八极拳、通背拳、劈挂拳、翻子拳、查拳、华拳、少林拳、地趟拳、戳脚、象形拳等。

（2）器械

器械是演练时使用的器具或兵器的总称。器械的种类很多，包括短器械、长器械、双器械和软器械四种。武术竞赛表演的器械项目中，短器械主要有刀、剑、匕首等，长器械主要有棍、枪、大刀等，双器械主要有双刀、双钩、双枪等，软器械主要有三节棍、九节鞭、绳镖和流星锤等。

2. 对练

对练是两人或两人以上，按照设定的攻防动作进行的假设性实战演练。其中包括徒手对练、器械对练和徒手与器械对练。

3. 集体演练

集体演练是集体进行的徒手、器械或徒手与器械的演练，在竞赛中通常要求六人或六人以上参与，可变换队形、图案，也可用音乐伴奏，要求队形整齐，动作协调一致，如集体拳、集体刀、集体枪、集体剑、集体鞭、集体大刀等。

（二）武术格斗

武术格斗是指两人或多人按照一定的规则，进行斗智、斗力、斗技的对抗实战。武术格斗包括徒手格斗和器械格斗两大类，徒手格斗主要包括散打和太极推手，器械格斗目前主要开展的项目是短兵、长兵。

1. 徒手格斗

（1）散打

散打是两人按照一定的规则，使用踢、打、摔等攻防技法制胜对手的格斗项目。散打以直拳、摆拳、勾拳、鞭拳为基本拳法，以蹬腿、鞭腿、踹腿、摆腿为主要腿法；摔法则使用快摔的方式制服对手，主要包括抱腿摔、别腿摔、过背摔、扛摔等技法。散打是中国武术的重要竞赛形式。

（2）太极推手

太极推手是两人遵照一定的规则，使用掤、捋、按、采、挒、肘、靠等技击方法制胜对手的格斗项目。太极推手在步法上有定步推手和活步推手；在手法上有单手推手和双手推手。太极推手讲究双方在黏沾连随、不丢不顶的状态下，运用肘、腕、掌、指的本体感觉来判定对手肌肉力量上所发生的细微变化，根据不同的变化而避脱，或借劲发劲将对手推出或推倒，并以此决定胜负。

2. 器械格斗

（1）短兵

短兵是两人手持一种似短棒的器械，在直径8米的圆形场地内，按照一定的规则，使用劈、砍、刺、崩、点、斩等方法进行决胜负的格斗项目。

（2）长兵

现代长兵竞赛一般在直径10米左右的圆形场地进行，运动员身着护具，头戴护面，手持白蜡木质长杆，杆端缚着软质枪头，长杆枪头所击刺的身体各部位须在规则规定范围内。在对刺过程中，采用命中积分和击倒积分相结合的方式判胜负。

随着我国经济的发展，各种商业性格斗竞赛应运而生，相对于各类全国性正式格斗比赛，商业性格斗竞赛追求观赏性、刺激性。这类竞赛一般以电视转播为媒介，先期有媒体的渲染，竞赛期间有灯光的配合等，能吸引不少观众，如“散打王”“功夫王”“中国武术职业联赛”等比赛。

（三）武术功法

武术功法是为掌握和提高武术套路和武术格斗技术，以提高身体某一运动素质或锻炼某一特殊技能为目的的练功方法。武术功法内容丰富、形式多样，明代的《易筋经》、民国年间出版的《少林七十二艺》和《练软硬功秘诀》等书籍记载有上百种不同练习形式的功法。流传至今的武术各拳种和流派也都有着各具特色的、丰富的功法练习内容。武术功法按照技法要素可分为打功、踢功、靠功、拿功、摔功；按照锻炼效果可分为柔功、硬功、内功、轻功、感知功。

1. 按照技法要素分类

（1）打功

打功是指围绕武术的打法而进行的功力训练方法。其打法泛指运用人体上肢部分完成的格斗技法，包括拳法、掌法、勾法、指法和肘法等。相应的防守技术包括格拦、挡阻等以力量为主的技术，以及闪让、引划等以技巧为主的技术。石锁功、石柱功、靠臂功等均属于打功系列。

（2）踢功

踢功是指围绕武术的踢法而进行的功力训练方法。其踢法泛指运用人体下肢部分完成的格斗技法，包括勾、蹬、踹、弹等踢法和膝法。相应的防守技术主要包括提挂、接腿、闪让等基本技术，以及利用步法移动与体位调整拉开或偏离对方的踢击方向。铁膝功、踢桩功、扫桩功等均属于踢功系列。

（3）靠功

靠功是指围绕武术的靠法而进行的功力训练方法。其靠法泛指运用人体躯干部分完成的格斗方法，包括运用肩、胸、背、臀、髋的靠撞技法。相应的防守技术主要包括闪让、引划等避其势或借其力的技术，以及利用步法移动与体位调整使其力不能及的技术。拍靠功、木人功、搂贴撞靠功等均属于靠功系列。

（4）拿功

拿功是指围绕武术的拿法而进行的功力训练方法。其拿法泛指运用拧、托、压、搬、缠、锁、扣、切等技法，使对方失去战斗力的格斗方法。相应的防守技术主要包括滑脱、反缠、以打踢靠摔破解等技术。拨桩功、锁指功、一指禅等均属于拿功系列。

（5）摔功

摔功是指围绕武术的摔法而进行的功力训练方法。其摔法泛指通过手脚配合、旋身变向等技法迫使对方失去重心和平衡而跌倒的格斗方法。相应的防守技术主要在于化解对方控制，使对方无法形成绊、摔等动作或失去把握而不能发力。搓窝功、勾子功、别子功、抱腿功、穿裆靠功等均属于摔功系列。

2. 按照锻炼效果分类

（1）柔功

柔功是指锻炼肢体关节活动幅度和肌肉舒缩能力，提高柔韧性的武术功法。在武术中，不论要达到一定的拳式规格，表现一定的运动幅度、速度和力度，还是要在搏斗时击中对手和闪避对手的攻击，都直接受到肢体关节活动幅度和肌肉舒缩能力的影响。因此，柔韧是习武人最基本的身体素质之一。

柔功的内容主要包括肩部柔功、腕部柔功、胸背部柔功、腰部柔功、腿部柔功和足踝部柔功。柔功的锻炼形式有静压和动转两类。静压又分为以自身内力进行练习的“主动压”和借助外力进行的“被动压”。动转是肢体以某关节为轴进行的屈伸、收展或绕环运动。在柔功练习中，静压和动转两种运动形式缺一不可，只有两者相辅相成，才能获得最佳效果。

（2）硬功

硬功是指增强身体抗击力和攻击力度的武术功法。硬功的种类很多，大致可分为抗击类和增力类。抗击类包括锻炼局部的铁砂掌、铁头功等和锻炼全身的排打功、金钟罩等功法；增力类包括增强指力和臂力的上罐功、拧棒功，以及增强腿力的石柱功等。硬功将内部的意气锻炼和外部的撞击练习相结合。其内练注重以意领气，意到气到，气到力发，提高在意识的支配下，将全身的劲力集中从肢体随意部位发出去的能力。其外练注重增强身体的结实和承受反作用力的能力。这种内外结合的练习，能使人体锻炼成“无一处惧打，亦无一处不打人”的所谓“金刚之体”。

武术硬功功法颇多，常见的有掌旋球功、合盘掌功、抓绷子功、抓圆锥功、拔桩功、锁指功、拈捻功、拈悬功、一指禅功、卷棒功、麻辫功、揉球功、铁牛耕地功、吊袋功、石锁功、石柱功、铁头功、抵棍功、滚铁棒功、双锁功、靠臂功、拍靠功、木人功、排打功、铁膝功、踢桩功、扫桩功等。

（3）内功

内功是指采用以意领气、以气运身、以身发力为基本锻炼手段的一种内外兼修的武术功法。内功习练的目的在于提升人体运动时，意、气、劲、形四者一动俱动、一到俱到、一止俱止的能力。习武人通过内功锻炼，可以获得内壮外勇、内外合一以及激发人体潜能的效果。

内功按锻炼形式可分为静功和动功两类。静功以桩功练习为主，也包括坐功和卧功；动功则以肢体导引为主。内功既是练内培本的武技筑基功夫，又是健身强体、延年益寿的养身功夫。内功的内容主要包括各流派的桩功、动功和坐功，以及八段锦、十二段锦、易筋经十二势、太极筑基功、八卦转旋功、形意三桩五拳功等。

（4）轻功

轻功是指以步履轻快、纵跳自如，以及攀高走脊为锻炼目的的武术功法。轻功训练主要是通过逐步增加跳跃的高度、身负重物（如沙袋、铅衣等）的重量，提高训练难度，增进自身的力量、速度和平衡能力，发掘人体潜能。传统的轻功功法有跑桩功、走砖功、梅花桩功、跑缸边功、走笸箩功、跳坑功、跑板功等。

“走笸箩功”释义

（5）感知功

感知功是提高眼、耳和皮肤等感官感知能力的武术功法，主要包括眼功、耳功和皮肤感知功等。眼功锻炼按训练形式可分为静态视静物、静态观变动、动态视静物、动态观变动四类。眼功功法主要有夜视功、观日功、不瞬功、运眸功、易筋经目功、凝神观变功、滑步辨招功等。耳功功法主要有闻钱鸣功、掩启耳门功、鸣天鼓功、左顾右盼功等。皮肤感知功是指肢体接触后身体对劲力的感知能力。皮肤接触压力后，压力刺激通过神经传导到大脑，让大脑做出判断，感知劲力的大小和方向，从而指引身体做出躲避行为。咏春的黐手、太极推手的听劲等都需要练习这种感知和化力借力的能力。

武术功力是指通过武术功法习练所获得的运动能力和专门技能所达到的程度。武术功法比赛（或称为功力比赛）一般采用功法习练所提炼出的检验武术功力的方法，并制定规范化、科学化的竞赛流程，竞赛的项目就是武术功法项目。

目前武术功力竞赛主要分为规定项目、自选项目和特邀项目三大类，主要包括流星打靶、单掌断砖、石锁上拳、长杆较力、桩上徒搏等。武术功力竞赛项目直接源于或创新于传统武术功法内容，使得众多长久以来隐匿民间、密而不传的传统武术功法拂去了神秘面纱，走向现代竞技大舞台，为世人所识。武术功力竞赛是武术功法的主要竞赛与表演形式，经过不断革新与发展，已成为除武术套路和散打之外的又一项较为成熟的竞赛形式。

思考题

1. 武术有哪些分类方法？其划分标准和特征是什么？

2. 试述现代武术套路的内容及分类。

3. 如何理解武术功法和功力？

第三章

中国武术的功能作用

本章导读

扎根于历史文化沃土、生存于传统哲学空间、彰显攻防技击本质的中国武术，蕴含着悠久的历史文化内涵和中华民族惩恶扬善的技击智慧，形成了内涵宽广、层次纷杂的庞大理论体系，二者交相辉映，得以使独具中国特色的武术表现出独特的社会功能和特殊作用。本章将结合武术的发展历程对武术的基本知识进行阐述，并对武术的功能和价值进行简要分析，进而使学生了解和感受武术所具有的特殊功能和重要作用。

第一节　中国武术的功能

一、中国武术的健身功能

中华先民在长期的武术实践中，逐步将中医理论和中国传统哲学思想融入武术中，这种健身养生思想极大地丰富了人类健康理念和手段，为世界贡献了不可多得的宝贵财富。武术的健身功能是由武术中的体育属性决定的。不同的习武人群其年龄、性别、体质不同，通过采用不同的运动形式、运动强度，结合不同的练习要求进行锻炼，能获得强身健体的效果。但武术的健身作用具有其自身的特殊性，这种特殊性有别于西方体育。

在古代，不论生产劳动，还是军事战争，人的体能都是十分重要的因素。在生产劳动中，一个人的体能高低直接决定着他所隶属群体的生产效率，除生产技巧外，人们普遍重视体能的训练。《左传》所记载的“春蒐、夏苗、秋弥、冬狩，皆于农隙讲武事也”，明确地说明在农闲之时人们进行各种与武术相关的身体活动，其并不仅仅是为了战争，在当时的条件下，“武事”也是一种强身健体的方式。为了军事目的，历朝历代的统治集团非常重视对民众的体能训练，武术是体能训练和技能提高的重要手段。古代中国人尚武、好武是有传统的。尚武的先秦自然不用说，即使到了尚文成风的魏晋，体能训练依然没有被完全忽略。例如，在南北朝时期，当时北方各国不仅普遍推行“取士选才，必先弓马”的选官制度，而且在一般平民百姓中也经常进行武艺训练和比赛，促进和完善兵农合一、军政合一的社会制度。即使在生活相对比较安定的南方，也有人建议以编户齐民的形式把所有的精壮男子组织起来，教以阵战、骑马、游水、挽强（开弓）、击刺之术，以便随时征调参战。从中可以看出武术之所以被历朝历代重视，在于武术的军事价值和社会生产价值。明代战将戚继光认为：“拳法似无预于大战之技。然活动手足，惯勤肢体，此为初学入艺之门也。”[1]这充分说明武术可以作为军事训练内容用以提高士兵的身体素质，帮助百姓提高体能。对此可以从两个方面解释古代中国人尚武、好武的原

1（明）戚继光. 纪效新书［M］. 盛冬铃，点校. 北京：中华书局，1996：165.

因，一是在军事领域中，需要一定的技术来提高士兵的素质和专项技能，使其能够更加有效地提高战场上的搏杀能力。二是在生产劳动中，生产者的体能强弱直接决定着生产效率的高低，因此武术可以作为提高技能和体能的有效方式。例如，经常练习“翘关”“扛鼎”等，能够提高练习者的力量，有益于征战时技击技术的发挥，同时可以帮助练习者提高劳动效率。普及化的习武活动对中华民族而言，不仅发挥了强身健体的功能，更发挥着强种强族的作用。

俗话说：“人食五谷，岂能无病。”人类的健康与抵御疾病的能力紧密相关，对疾病的抗争有主动性预防和被动性抵抗。武术在这两个方面都有积极效益，尤其是在主动性预防方面效果比较突出。例如，导引术、五禽戏、八段锦、易筋经、太极拳、木兰拳、保健气功等都发挥着提高人体体能、增强人体抵抗力的功效。以五禽戏为例，华佗高度评价古代导引术“引挽腰体，动诸关节”的保健养生理论，并吸取其精华创编五禽戏，使之成为中国古代人们预防疾病的有效方法之一。由于五禽戏等保健方法具有动物仿生、术势成套、内外兼修等特点，其与武术密切相关，因此构成了武术套路、功法的有机组成部分。经常性的身体活动能够帮助人们增强体质，提高对疾病的抵抗能力，正所谓“流水不腐，户枢不蠹”。长期习练具备内外兼修、身心并育的武术套路和功法，可以有效地提高人体各项素质、磨炼意志、陶冶情操，因此更加凸显了武术促进人体健康的积极作用。

作为中国人十分熟悉的强身健体方式——武术，自然成为当今社会人们喜爱的健身活动内容，武术动静结合、形神兼备、强度适中、整体协调的特点，有益于人的身心的全面发展。有研究表明，长期系统习练武术，可有效地提高人体的各项生理机能，达到强身健体的目的。

2016年国务院印发的《“健康中国2030”规划纲要》中提出要进一步加强“体医融合”和非医疗健康干预，发挥全民健身在促进、预防慢性病和康复方面的积极作用。武术作为体育健身的重要组成部分，在促进人健康发展、慢性病治疗和心理健康方面均发挥着重要作用。而且武术具备场地器材简单、运动强度适宜、练习难度相对较小、受众人群广泛的特点。因而，武术具有较高的推广价值和可行性。由此可见，“武医融合”是实现“体医融合”的重要方式之一，在健康中国建设中具有重要价值。

二、中国武术的防身功能

中国古代的军事战争比较频繁，冷兵器时期的作战主要依靠士兵的体能和武术技能。当朝代更迭时，武术备受关注，以至于自“高祖仗剑，武夫勃兴”后，时俗以为“剑者，君子武备，所以防身”，武术也不断得到发展。军事战争中的武术主要发挥的是士兵的集体协作能力，技击技术相对简单，但是非常实用，来不得半点虚假。其中，在步兵作战时，弓箭的使用非常频繁，弓箭是士兵必备的战斗武器，掌握远距离射箭技术是士兵的必修科目。在车战中，矛、戈、戟等长兵器发挥着极其重要的作用，它可御敌于丈外，免受对手攻击。正如旧唐书记载的“善使枪，追贼及之，以枪搭其肩而喝之，贼惊顾，翰从而刺其喉，皆剔高三五尺而坠”[1]，长兵器的作用可见一斑。随着骑兵出现，作战方式也发生了变革，高超的骑术和精湛的射术、刀术成为士兵军事作战能力的重点，适合于马上劈砍击刺的环柄大刀与长柄画戟成为重要的格斗武器。而在贴身肉搏战中，踢打摔拿便发挥出应用价值。

对于个体之间的各种冲突，掌握必要的攻防技术，自然能够很好地保护自身的安全。武术在军事领域和个体防卫中发挥着不可替代的作用，它不仅可以用来攻击对手，更主要是能够防身，正所谓“自保而后全胜”，只有很好地保护自己，才有可能还击对手。合理有效的进攻也是一种积极防守和自保手段，武术攻防技术是一个有机整体，缺一不可。为了能够有效防身，习武人要不断地练习技术组合或套路，并模拟实战，练就娴熟的防身技术，形成防身御敌的技能。武术至今依然能够帮助军人、武警防身制敌，以充分发挥他们维护社会治安的职能。对民众来说，掌握一定的武术技术也同样能够在非常时刻进行自卫。

三、中国武术的修身功能

在人类社会中存在着两种主要的社会控制，一种是硬控制，如法律、制度、政权等；另一种是软控制，如风俗、习惯、舆论、伦理、道德等。对社会的有效控制

1（后晋）刘昫等撰；周殿富主编. 旧唐书人物全传［M］. 北京：北京时代华文书局，2015：840.

需要软硬兼施，不可偏废。体育将人类的社会规范、文化规范有机融于身体练习之中，对人产生潜移默化的影响。西方体育侧重于规范控制，以特有的规则对人产生影响。而武术作为具有东方特色的体育项目，则十分注重对人进行道德熏陶，以中华武德对人施加影响。一个人只有具备良好的道德水准，才能够有意识、自觉地遵循社会规范。在软控制所包含的内容中，伦理、道德最具影响力，它们对人产生强大的作用，是对人的内在因素施加影响，主要作用于人的心理。在中国传统文化熏陶下发展起来的武术，对习武人的伦理、道德要求很高，“未曾习武先习德”，将道德放在一个非常重要的地位。长期习练武术可以将道德内化为人们的自觉意识和行为，因而武术的道德修养塑造功能有利于人的健康成长，有利于社会的和谐发展。

在中华民族传统文化的熏陶下，习武人以自强不息精神为动力，以厚德载物品质为保障，以“修身、齐家、治国、平天下”为己任，不断改造武术，使曾经残酷的搏杀技术被文明化，文明的习武群体日益表现出高雅的品质，呈现为君子武术[1]。通过君子武术进行修身养性，可以更加持久地享受习武带来的无穷效应。在现代社会快节奏的生活中，人们面临着来自生活、工作等多方面的艰巨挑战，心理承受的压力也越来越大。如何在高压式的生活中，寻求身心上的一片宁静天空，让心灵得到彻底的放松？武术成为最适宜的运动项目之一。以强身健体、修身养性、艺术鉴赏为目的习练武术，能够提高人们的生活能力和质量，帮助人们抵御和消除因学习、工作、生活压力带来的焦虑，提高人们的社会适应能力。进入现代社会，人类呼唤摆脱工业异化对人的束缚，追求自然化的生活。随着休闲时代的到来，自然化的生活态度成为现代人的理想。以休闲为目的，融合中华美德文化的武术作为休闲生活方式中的一个重要组成部分，充实着中国人的生活，使休闲文化中健康、积极的生活内容不断丰富、健全，营造出良好的社会环境，不断提高人们的道德修养。

四、中国武术的政治功能

在人类历史的发展进程中，军事与政治总是联系紧密。传统武术作为一项特殊的军事项目，也表现出鲜明的政治功能。原始社会末期，萌芽状态的传统武术不仅

1 邱丕相. 中国武术文化散论［M］. 上海：上海人民出版社，2007：35.

是人们征服自然的手段，也是部落自我防御、对外扩张的手段。到了奴隶社会，随着私有制的产生，拥有生产资料的统治者之间的利益不均，人与人之间、部落与部落之间矛盾不断加剧，逐渐引发了一系列大大小小的战争，冷兵器时代传统武术也成为统治者维护巩固其政权、对外扩张的重要方式之一，因此它的政治功能是为其政治需求服务的。统治者为了巩固自己的地位，维护阶级的利益，对武术的发展越来越重视。对传统武术的政治功能产生重要影响的是公元702年唐武举制的设立，这一制度对传统武术以后的传播和发展起到了巨大的推动作用。武举制为大量的士人提供了入仕途径，同时也为武术的广泛传播提供了正途。由于武举制为处于生活底层的人士提供了一个向上流动、晋职升官、改变命运的机会，它在一定程度上有效地遏制了因社会机遇流动不公所造成的社会越轨行为和社会动乱，这既能让许多武艺高强的武林人士为国效力，又维护了社会的稳定，极大地促进了武术的传播和发展。武举制的创立也为统治者更好地维护阶级统治注入了能量[1]。

步入新时代，武术同样发挥着重要的政治功能，在推动构建人类命运共同体建设中发挥着重要的价值。随着武术代表团国际出访与交流的增多，武术的外交优势日益表现出来，并成为现代政治外交的有力工具。世界文化的全球化、多元化发展趋势使各国文化之间的交流日益频繁，中国武术文化的“和合思想”不但与奥林匹克运动所宣扬的和平、团结的理念相契合，而且可以使全世界更多爱好和平的人们了解和接受“以和为贵”的中华文化。中国武术以肢体语言来阐释中国文化，人们可以在习练武术的过程中感悟、认识和理解中国文化。中国武术是中华文化的生动载体，能对提升中国社会的国际地位和中华文化在世界上的话语权作出积极贡献，有利于推动构建人类命运共同体。

五、中国武术的经济功能

古代传统武术具有促进经济发展、刺激消费的功能。自宋代“武术套子”逐渐成熟后，出现了以街头表演谋生的艺人，此外还有保镖护院的镖师、教拳的拳师

1 周长久. 中国传统武术社会功能的嬗变［J］. 搏击（武术科学），2010，7（6）：39-40，46.

等。这都是依靠武术来维持生计的。伴随着传统武术攻防格斗技术的发展，冷兵器的种类不断丰富，制作技术也不断进步，与此相关的武器制造业和武器贸易对经济发展也产生了一定的促进作用。

在20世纪20—30年代，由于社会动乱，很多人为了自保学习武术技能，担任镖师。同时，武馆大量涌现，形成了以官办武馆为主体，官助民营和民办武馆等多种形态共生发展的局面。由于在组织性质、组织结构、教学方式等方面的差异性，当时的武馆具有数量多、规模小的特色。武馆的出现为当时社会的繁荣、经济的发展起到了一定的促进作用。

在经济发展迅猛的当今社会，随着信息全球化和武术的广泛传播，传统武术的经济功能也有了更丰富的体现。随着我国社会主义市场经济的发展、社会结构的分化和整合，武术作为体育产业的有机组成部分，在体育产业化进程中所表现出的经济价值越来越显著。首先，武术能够增强体质和陶冶情操，为社会提供优质劳动力。武术内容丰富，适合于不同年龄、性别和健康状况的人进行锻炼。其次，武术的产业化发展广泛，例如，武术技术产业市场包括竞赛表演市场、健身娱乐市场、技能培训市场、劳务市场等；武术用品产业市场包括器械市场、纪念品市场、服饰市场等；武术人才市场包括高水平运动员、民间武术家、经纪人市场等；武术文化产业市场包括旅游市场、文化活动、信息市场等；武术金融市场包括彩票、基金、募捐等；武术影视生产市场包括电视剧、电影的制作出版发行等。随着改革开放的深入，从不同侧面可以看出武术产业为我国经济发展带来了新的经济增长点。

党的十八大以来，大力发展武术产业成为落实中共中央办公厅、国务院办公厅《关于实施中华优秀传统文化传承发展工程的意见》，国务院办公厅《关于加快发展健身休闲产业的指导意见》《国务院办公厅关于加快发展体育竞赛表演产业的指导意见》的客观要求，是弘扬武术传统文化、提高武术国际影响力的重要内容，对健康中国建设、提升国家文化软实力、增强国际话语权具有重要作用[1]。可见，武术的经济功能被赋予了新的使命，武术产业发展也迎来了新的机遇。

1 温搏. 双循环经济格局下武术产业高质量发展构想［J］. 武术研究，2021，6（4）：1–5.

六、中国武术的教育功能

据古籍记载，中国古代早期的校、序、庠，以及后来的国学、乡学、官学、私学等教育机构中，已经有了与武术有关的内容，如“序者，射也”。习射是重要的教育内容。之后的教育体系中，出现了文武兼修的教育内容，“礼、乐、射、御、书、数”构成其主体内容，被称为“六艺”。前四项都与武有着间接的关联。武术之所以能够成为古代教育的重要手段，是因为武术本身具备生动、形象、便捷、有效地传承民族文化、教化民众的作用。例如，不同的射礼，所奏的乐不一样，设置的侯（即箭靶）也不一样，这自然是为了区分等级，明“君臣之义”、晓“长幼之序”。不但如此，当时还要求每个射箭的人，一切动作和进退都要合乎周礼的要求[1]。由于武术的习练过程是自我规训、磨炼意志、塑造人格的过程，所以武术就超越了“术”的层面，不断向“道”的层面转化，成为传播文化、习武育人的主要手段。

武术作为一项广泛吸纳中华民族传统文化成果的社会现象，蕴含着丰富的中华优秀传统文化，彰显着特殊的教育内涵，包括文化内涵的中华性，道德教育的正己性，知识结构的智慧性，身体行为的体育性，演练展示的审美性，娴熟掌握的劳作性。其中，中国武术教育过程中“武德第一”的原则是“德育”的一种手段。中国武术传承和教育中“德行第一”的理念，在今天看来与教育“立德树人”的根本任务是一脉相承的。正所谓“拳虽小技，却涵至道”，历朝历代中国武术人的心目中早已形成了“做人第一，学拳第二”的铁律。这个铁律使得武术教育不再是单纯的攻防格斗教育，而是直接将其教育的功能指向“锻炼体魄、认识世界、体验哲理、求道和造就最高人格”[2]。“汲取了中华文化中关于文学底蕴与思想的武术，其人文价值是将培养充盈、硕健、完美的君子人格放在首位，武术关注得更多的是人的修为，人格的和谐美誉，侠义精神、正义理想的养成”，[3]并且将其贯穿

1 黄伟，卢鹰. 中国古代体育习俗［M］. 西安：陕西人民出版社，2004：15.

2 北京武术院. 海峡两岸武术家访谈录（二）［M］. 北京：北京体育大学出版社，2018：11.

3 王岗. 解密与发现：中国武术的核心竞争力研究［M］. 北京：北京体育大学出版社，2017：112.

习武的整个过程。

中国武术教育过程中“文化内涵”的体现是“智识”教育的一种途径。学校教育的核心主题是受教育者在接受教育的过程中学到系统科学的知识，并在此过程中实现“智识”的核心素养提升。武术是具有民族传统文化特质的体育项目，它的内涵与结构比一般体育项目复杂得多，作为一种文化丛，它以多个触角与哲学、军事、教育、医学、养生、竞技、娱乐、休闲、民俗等相关联，具有跨领域、跨学科、跨人群的性质，它不仅仅属于体育[1]。可见，中国武术不单单是一种身体文化和一项体育运动项目，还是中华优秀传统文化的集合体。

中国武术教育过程中“身体行为”的特征是“体育”的一种手段。由于中国武术文化是以身体为载体的文化，所以，它具有体育锻炼和增强体质的功能与价值，并凸显出“多向度”“立体式”和“整体观”的身体练习行为特征。多向度表现在技术构成不是只追求向前或者向后的运动，而是身体动作技术的完成覆盖了前、后、左、右四个方位；立体式表现在不仅有水平方向的运动，还有“求高”和“求上”、“求低”和“求下”、“求近”和“求远”并存的要求。整体观表现在不仅有“进攻”的技术，还有“防守”的技术；不仅有“极速”的强调，也有“缓慢”的要求；不仅有“刚烈”的表现，还有“轻灵”的追求。诸如此类的“矛盾呈现”构成了中国武术技术不再是类似于西方身体运动那样单纯的“一分为二”的身体行为，而呈现出显著的“合二为一”的“整体性”特征。这种“整体性的运动技术体系构架”，这种“矛盾性的运动行为设置”，这种“求全性的身体运动轨迹”，从今天生命健康促进的需要来看，都为中国武术在学校体育教育过程中“育体”目标的实现，提供了扎实的内容资源。

中国武术教育过程中“审美意蕴”的展示是“美育”的一种载体。它从自身技术诞生的源头就与“舞蹈艺术”表现出“同根同源”的状态。中国武术的学习和修炼，更是一种对“美”的追求和养成。中国武术文化中蕴藏着巨大的“美育”的知识和智慧。它有戏曲的“起承转合”的内涵，有中国书画艺术的“浓淡、枯润、疏密”的变化，还有音乐与歌曲的高亢、轻柔和抑扬顿挫。“武术套路对攻防格斗的

1 卢元镇. 中国武术竞技化的迷途与困境［J］. 搏击武术科学，2010（3）：1–2.

提炼和想象，是带有诗意的，套路在起承转合中，有格律的章法，有合韵的旋律，有体姿的起伏，有气势的跌宕，它是运动的诗”[1]的总结，都在一定意义上阐释了中国武术内隐的“美的知识”和“美的要义”。

中国武术教育过程中“务实修炼”的要求是“劳育”的一种方法。中国武术在某种程度上也是一种体力劳动，且能体现出劳动的意义和价值。“忙来时耕田，闲来时造拳”，内藏在这个过程中的种种对体力的磨砺和修炼，是劳动教育价值和意义的最好呈现。

第二节　中国武术的作用

一、提高人的身体素质

中国人千百年来的习武实践表明，武术注重内外兼修、身心一统，对提高身体素质具有重要的影响，经常习武能达到壮内强外的健身效果。例如，长拳类套路中的屈伸、回环、跳跃、平衡、翻腾、跌扑等动作，通过内在意识的专注和呼吸的配合以及人体各个运动器官的积极参与，有助于加强人体肌肉力量，提高肌肉、韧带的伸展性，加大关节运动幅度，有效地发展柔韧性。而散打对抗中的判断、起动、躲闪、格挡或快速还击等，对人体的反应速度、力量、灵巧、耐力都有良好的促进作用。[2]实践证明，武术对外能利关节、强筋骨、壮体魄；对内能理脏腑、通经脉、调精神。武术讲究调息行气和意念活动，对调节内环境的平衡、调养气血、改善人体机能、健体强身十分有益。

1 邱丕相，闫民，戴国斌．中国武术套路的文化解析［J］．体育科学．2007，（12）：10–12，19.

2 蔡仲林，周之华．武术［M］．北京：高等教育出版社，2009：17–18.

二、增强人的技击能力

武术的技击性在武术的产生之初就是其最根本的属性。通过习武可以掌握各种踢、打、摔、拿、击、刺等技击方法，提高身体的灵活性和反应能力。持之以恒地练功，还能增长劲力、抗击摔打，克敌制胜，使自身具备防身自卫的能力。[1]比如，通过练习武术套路可以有效提升攻防格斗的意识，熟悉对抗过程中的技击方式，实现从演练中提升技击能力的目标。通过练习功法可以提升实现技击能力的身体素质。通过练习搏斗能有效掌握拳打、脚踢、快摔等动作的实战运用，从而提高实战的判断能力和应变能力。这无疑能提高人们克敌制胜和防身自卫的能力，尤其对公安武警和边防指战员更具实际意义和作用。[2]

三、培养人的道德情操

武术继承和发扬了中华民族重礼仪、讲道德的优秀传统。习武人历来重视"尚武崇德"。尚武与崇德作为武术习练过程中的两个重要方面，培养了习武人良好的心理素质和尊师重道、讲礼守信、宽以待人、严于律己等高尚的道德情操。"未曾习武先学礼，未曾习武先习德"，是习武人进入武术世界的第一道大门，也是武术家终其一生收徒传武的人生信条。武术在中国几千年绵延的历史中，包含深刻广泛的道德内容，如讲礼守信、见义勇为、不恃强凌弱等。精湛的攻防技术和圆融的人生修行结合起来，是中国武术传统道德观念的体现。在社会的发展中，武德的标准和规范也不尽相同，尚武而崇德不仅能很好地陶冶情操，还会大大有益于社会精神文明建设。[3]

1 郭志禹. 武术［M］. 北京：人民体育出版社，1989：12-13.

2 司红玉，韩爱芳. 武术［M］. 重庆：重庆大学出版社，2017：6-7.

3 司红玉，韩爱芳. 武术［M］. 重庆：重庆大学出版社，2017：6-7.

四、锻炼人的意志品质

习练武术具有锤炼意志、健全人格的作用。练习基本功，要不断克服疼痛感，不断精进提升。“冬练三九，夏练三伏”，需要有恒心、坚持不懈的意志品质。套路练习，要在枯燥中突破，培养刻苦耐劳、砥砺精进、永不自满的品质。格斗练习中遇到强敌，要在恐惧中磨砺，锻炼勇敢无畏、坚韧不屈的战斗意志。长期习练武术，可以培养人们勤奋、刻苦、果敢、顽强、虚心好学、勇于进取的良好习性和意志品质。另外，武术除了“能培养习武人坚忍不拔、自强不息的意志品质，还是一种修身养性的重要手段，有益于人的全面发展”[1]。

五、丰富社会文化生活

武术具有很高的观赏价值，无论套路表演，还是攻防对抗，历来深受人们的喜爱。杜甫在《观公孙大娘弟子舞剑器行》著名诗篇中有“昔有佳人公孙氏，一舞剑器动四方。观者如山色沮丧，天地为之久低昂”的描绘。汉代打擂台，“三百里内皆来观”。这些描绘都生动地说明了观看武术比赛能给人美的享受，在观赏中品读气与力的统一、刚与柔的变化、动与静的转换、攻与防的结合。[2]影视作品中将武术运动的技术动作和除恶扬善的侠义精神紧密结合的武侠文化，更是给人们带来了强烈的视觉震撼和精神冲击，极大地丰富了人们的文化生活。[3]武术内涵丰富，技理相通，入门之后会有“艺无止境”之感。群众性的武术活动，成为人们切磋技艺、交流思想、增进友谊的手段。

随着“一带一路”倡议的提出与推进，武术在世界得到了更为广泛的传播，许多国家武术爱好者通过练武充分了解和认识了中华文化。因此，武术在加强世界各国人民友好交往中发挥着越来越大的作用。此外武术的竞技比赛、演武大会等，还

1 蔡仲林，周之华. 武术［M］. 北京：高等教育出版社，2009：17-18.

2 司红玉，韩爱芳. 武术［M］. 重庆：重庆大学出版社，2017：6-7.

3 蔡仲林，周之华. 武术［M］. 北京：高等教育出版社，2009：17-18.

可以促进经贸往来，为我国经济发展作出一定的贡献。[1]

六、满足社会娱乐需求

“万舞”释义

人类有永恒的娱乐需求，在对美不懈追求的驱动下，无论追求美的过程还是追求美的结果，娱乐总是相伴而行的。娱乐的手段囊括了从感官娱乐到精神娱乐，武术作为感官娱乐的方式备受人们的青睐。由于武术形式多样，它可以满足不同人群的娱乐需求。例如，战国时期赵文王喜欢斗剑，“日夜相击与前，死伤者岁百余人，好之不厌”；“干戚舞”“万舞”“百戏”“力士舞”“剑舞”“跳刀”“枪矛舞”等武术套路雏形的表演更是受到百姓的青睐，常常是“观者如云”“经月而罢”。宋代武术娱乐发展进入成熟期。两宋时期商业的繁荣和城市文化的发展，为以表演、娱乐为主要目的的城市武艺结社的出现创造了条件。尤其是“瓦舍”“勾栏”等纯粹娱乐游艺场的出现，为武术娱乐提供了舞台，武艺表演是这些娱乐场所的重要内容。在北宋禁军中，还有从军队和民间招来的“精通武艺、擅长杂技百戏艺人，他们名列军籍，专习技艺以供表演。”[2]这时的武术娱乐已经完全脱离实用的方向，向渲染气氛、注重表演效果的方向发展。《东京梦华录》载：“内两人出阵，对舞如击刺之状；一人作奋击之势；一人作僵扑。出场凡五六对，或以枪对牌，剑对牌之类……烟中有七人着青纱短后之衣，锦绣围肚看带，持真刀，互相格斗击刺，作被面剖心之势，谓之七圣刀。”[3]当时“瓦舍”的规模很大，有些能容纳数千人，观看表演的人很多，“不以风雨寒暑，诸棚看人，日日如是”。[4]南宋时期，此类表演也盛行不衰。“禁中教场，呈试武艺，飞枪斫柳，走马舞刀，百艺俱呈。”[5]这时军中还组成了相扑营，专供宫廷庙会表演。宋代娱乐武艺形式多样，既有个人表演、两人空手、

1 蔡仲林，周之华. 武术［M］. 北京：高等教育出版社，2009：17-18.

2 国家体委武术研究院. 中国武术史［M］. 北京：人民体育出版社，1997：209.

3 金振华，陈桂声主编；钱锡生，雷雯，蔡慧编. 文史合璧 宋金元卷［M］. 苏州：苏州大学出版社，2016：167.

4 金振华，陈桂声主编；钱锡生，雷雯，蔡慧编. 文史合璧 宋金元卷［M］. 苏州：苏州大学出版社，2016：167.

5 车吉心总主编. 中华野史 宋朝卷2［M］. 济南：泰山出版社，2000：3043.

持械对练，还有多人参加集体表演，这对武术表演的发展产生了相当大的影响。随着商业化习武卖艺蓬勃发展，城市中出现大量以练武卖艺为生的民间艺人。《东京梦华录·京瓦伎艺》记载，北宋汴京城有名艺人七十多人，其中有专门擅长相扑、棹刀、蛮牌的。[1]《武林旧事》载，南宋临安城“诸色伎艺人”八百多人，角抵艺人有四十四人；乔相扑有九人；还有使棒的、举重的、射弩的，还有称为“女飐”的女武艺人，他们以习武卖艺来取悦观众。

武术的娱乐作用是保持中国武术存续的重要内因，它能满足广大民众文化生活的需要。无论是两人或两人以上的对抗演练，还是一个人的成套武术动作的表演，都能展示武术的惊险刺激和习武人不同凡响的精神面貌，深深打动中国百姓的心。这些武术表演与民俗节气相结合，成为中华民俗的重要组成部分。历史上，上至达官贵人下至黎民百姓都对其青睐有加。在社会娱乐生活相对单一的环境中，武术成为绝好的娱乐手段。而在娱乐生活异常丰富的当今社会，武术表演依然在人们的娱乐生活中占据着一席之地，如连续五年登上中央电视台春晚舞台的河南少林寺塔沟武校的武术表演，已经成为一个标志性的文化符号。此外，武术还与文学、影视产业相结合，大大拓展了武术表演市场的空间，满足了大众多样性的娱乐需求。

思考题

1. 武术具有哪些独特的功能？
2. 武术具有哪些特殊的作用？
3. 结合自身分析武术的教化作用。

1 金振华，陈桂声主编；钱锡生，雷雯，蔡慧编. 文史合璧 宋金元卷［M］. 苏州：苏州大学出版社，2016：167.

第四章 中国武术的技法原理

本章导读

中国武术的技法原理是在武术发展的过程中经过反复实践而形成的，随着时代的发展，武术的社会价值已发生了很大改变，因而它的技法原理也发生了相应的变化。尽管如此，武术的技法原理仍是普遍存在于各种拳械技法中的共性规律，它从宏观上反映武术的技法特征，对把握规范武术动作、指导武术训练实践具有重要意义。武术的“技法”可以解释为习练武术所应掌握的技术方法和技术规范。武术的技法原理为：通过长期实践检验的、在武术应用与练习过程中掌握各种技术方法和技术规范时应遵循的、具有普遍意义的理论和规律。本章通过对技击原理的分析，帮助学生掌握技击动作在不断转换中的攻守法则。通过对劲力原理的解读，使学生理解各拳种具有不同的劲力特点，以及具有以制胜对方为目的而表现出来的共性。通过对练法原理的阐述，使学生把握在长拳练习中的动作准绳，并能以“打练结合”的方式了解普遍存在于各种拳械技法中的共性规律。建立起对武术运动规律的深入认知，感受武术所承载的民族文化智慧。

第一节　招法原理

武术招法特指固定的传承下来的武术动作和相应的练功方法的技击元素，或从传统武术中创新实践出的可行的格斗技法。[1]武术技法中讲究招法的虚实转换，实际上是拳中含势、势中藏变、变生虚实、因变制胜的技击法则。从宏观的角度来看，虚与实蕴含战术与战略运用上的谋略之道；从微观上来看，虚与实乃是搏击实战中招法转换的机枢、胜负之拳权。在“过招、拆招”不断变换的过程中虚虚实实、实实虚虚、虚实不定，进而可以达到“制人而不制于人”的最终目的。

一、攻守合度

武术招法的表现主要有两种：一种是徒手的，以人体的手、脚、肘、膝、头、肩施展招法；一种是手持器械的，有短兵、长兵、软兵器的招法。无论徒手还是手持器械，武术招法的运用都要表现出合理的进攻与防守方法，即合乎法度。

从器械招法的角度而言，习武人必须按照器械的形状合理地应用器械。例如，刀是单刃的，以劈、砍、斩、抹为主要攻击方法；刀背是宽厚的，多呈弧形或波浪形，可做挑、挡、搅等防守动作；剑是双刃的，就有点、刺、抹、云、撩、挂等剑法；枪有尖，又镶于长杆之上，所以，“拦”“拿”“扎”为枪法防守与进攻的主要方法，还有“枪扎一条线”的技法要点。此称为器械演练的攻守合度。

以手法为例，不论直拳、劈拳、抄拳等进攻动作，还是搂、拨、挑、挂等防守动作，动作路线必须合理，击打与防守的力点必须准确。从对抗角度来说，不论何种拳法，都要以准确的时机、最短的距离、最快的速度击倒对方。攻守合度还可以用拳法中“手、眼、身”来分。这里的“手”是指拳、掌、腿、肘、膝等部位的击打，无论踢还是打，都要起动快、运行快、打得准、击得重。攻或防的路线要合理，力点要准确，如冲拳的力点在拳面，鞭拳的力点在拳背，蹬腿的力点在脚跟，

1　曹先擢，苏培成. 新华多功能字典［M］. 北京：商务印书馆，2007：907.

踹腿的力点在全脚掌，铲腿的力点在脚外缘；“眼”就像侦察兵，要充分了解对方的意图，找准进攻的部位与时机，正如“拳经周身秘诀十二项”所说：“眼者身之主，破知全凭之。故认腿认势皆赖乎眼也。兼视一身，上下相顾，前后左右相防，皆不可不用眼。”“身”主要是指躯干的运动方法，躯干是身体运动的中心部位，四肢的运动均以躯干为依托，躯干的展缩、折弯、俯仰随着进攻与防守的变换而变换，身法是否合度影响着手法和步法动作的完成。要充分应用躯干的动作来达到“一寸长，一寸强”的攻击威力。

攻守合度在拳法中还表现在手与腿的巧妙配合上。流传于北方的拳种讲究“手似两扇门，全凭脚打人”。上肢首先是起到防守与保护的作用，要求“拳不离心，肘不离肋”“上保咽喉下保肾，左右两肋中当心”。形意拳也讲究“两肘不离肋，两手不离心，出洞入洞紧随身”。拳谚中还有“不画圆不成拳，敌手来了无法拦”的说法。所以手法严格规定“高举不过眉，低按不下脐，左右不出肩窝”。两手运转，上不过眉，下不过膝，上下一条线，两手围着纵轴转也是手法防卫应遵循的守则。下肢则起进攻作用，腿比手臂更有力量和长度。拳谚有“宁挨十拳，不吃一脚”的说法。但出腿不得法也会吃亏，拳谚所说的“无上不起下”“起腿三分险”“高腿半边空”就是这个道理。有的拳种还要求“抬腿不过脐”，强调腿要“高练低用”。拳谚强调上肢与下肢配合的重要性时指出“上肢不到，腿脚何益”“手不封闭进身”。可见，只有上肢与下肢的协调配合，才能做到在防守中进攻，在进攻中防守。如前人在总结手足攻防时写道“上惊下取君须记，左足擦地蹬自利”“不是肩肘能破敌，一足蹬倒凤凰台”，说的正是这个原理，手的上护、上领、上引、上惊等，都是为了更好地施展腿脚。只有手腿配合，身法配合，手足的攻守才符合法度，才能体现出技击的功用。

二、进退得势

进退主要是讲步法。所谓进退“得势”，一方面表现在静止状态下，保持稳定的身体姿态；另一方面表现在运动状态中，保持利于进攻与防守的“顺势”状态。如“进如风雨，退如山移”，可谓“进退得势”。又如，隐喻进攻时的迅疾与退守时的沉着。拳谚还有“宁可无拳，不可无步”“技击步为先”等技法原理。步的进与退是武术最基本的要素，没有进退就无所谓运动，没有进退，在技击中就难免被动挨打，在套路演练时就难以反映出武术特有的动静疾徐、刚柔虚实诸多矛盾的对立统一。戚继光在《纪效新书·拳经捷要篇》中说："手法便利，脚法轻固，进退得宜"，这强调了拳法的便利与步法紧密相关。"步快则拳快，步不快则拳慢"，所以人们常说对抗格斗输在步慢，赢在步快。

步法进退中，前人总结了许多规律，如"进步宜低，退步要高""前窜一丈，后退一尺""步大不灵，步小不稳""迈步如犁行地，落地如树生根""发步进人须进身""步赛粘"等，这些都与进退能否得势有关。王宗岳的《太极拳论》中提到"人刚我柔谓之走，我顺人背谓之粘"，沈寿先生将这两句话解释为"对方用刚劲打来，我以柔劲引化，这叫作'走'；我顺势粘随，迫使对方陷于背境，这叫作'粘'"[1]。这里的"顺势"与"背势"主要是从身体姿态来讲的，"顺势"表现为劲路相顺，重心稳定，处身安全和得势；"背势"相对地表现为劲路相逆，重心不稳，身处困境和不得势。因而可见，"得势"就是处在便于运用招法的姿势，"劲路相顺"就是在招法的运用中便于发力。

行家观拳往往"先看一步走，再看一伸手"，步法的规律有"逢闪必进，逢进必闪""逢进（步）必跟，逢退（步）必撤"。进步不仅要有"脚踏中门裆里钻""硬打硬进无遮拦"的气势，还要注意步实、步稳和步活。步不实则拳散，步不稳则拳乱，步不活则拳不灵。所以步法的前进，既需气势，更需顺势，要做到步实、步稳、步活，才符合"顺"的要求。同样，退步也要有章法，行家认为"斜撤得横，直退易溃"，并指出"硬打不如巧躲闪"。退步一般是为了躲闪，要做到巧躲闪，就要经常使用活步，斜撤就是活步让位"得势"的一种方法。这样既能避敌锋芒，又能使自身占据有利位置还击对手，由此掌握主动性。而直退很可能陷于被对手"一掌不到二步跟，二掌不到步步跟"的危险境地，使脚步失衡而被击溃或击倒。因此，要注意保持身体和步法的平衡稳定。"退如山移"便是针对退步提出的恰当要求。没有大山那样稳固的态势，就难以窥测对手的动静伺机进攻与还击。从这个意义上说，"进退得势"不仅互有联系而且是辩证统一的。

---

1 沈寿．太极拳研究［M］．福州：福建人民出版社，1984：75.

三、攻守趋时

“白圭乐观时变……”释义

“时”是指时机、机会。所谓“趋时”，即“谓随时势为转移。”[1]《史记·货殖列传》中说：“白圭乐观时变，故人弃我取，人取我与。能薄饮食，忍嗜欲，节衣服，与用事僮仆同苦乐，趋时若猛兽挚鸟之发。”在双方技击攻防的过程中只有两件重要的事情，即掌握时机和使用方法。从技击对抗的角度来看，趋时有两方面的意思，就是在有时机时，及时发现时机，并以“猛兽挚鸟之发”迅速完成攻防的动作；在没有时机时，就设法制造时机，然后使用攻防方法。所以趋时在攻防实战中有着十分重要而特殊的地位。

（一）趣时变通

武术招法的趣时变通以《周易》吉与凶的变通为指导思想。《周易》本是中国古代一部卜筮的书，同时又是一部哲学著作。作为一部卜筮的书，人们往往用它来占卜吉凶，以决定对某件事所采取的行动。即使如此，《周易》也告诉了人们避凶趋吉的思想方法。占卦的结果往往有吉有凶，但并非说事情就一定是吉或是凶，吉凶是可以相互转化的，否则人们只能消极地等待福或祸的降临，无须去主动地争取好的结果，如果这样就会抑制人的主观能动性，这显然和《周易》的积极、乐观、向上、刚健有为的思想相矛盾。所以说吉凶不是无条件的、绝对的，而是有条件的、相对的，人们可以发挥自己的主观能动性，使事情向着吉的方向发展。吕绍纲先生说：“曰‘吉’，是指某事有成功的可能性，如果主观未能把握、适应客观，认识发生误差或者行动有所不济，那么，吉不必来，甚至可能转化为‘凶’。曰‘凶’，是指示某事有失败的可能性，如果主观上转化意识强，准确把握自身与客观情势的现状，选择最佳的行动方案，奋力争取，那么，凶不必生，甚或可能转化为‘吉’。吉凶是可变的，关键在于用《易》者的主观状态。”[2]可见，在任何事物面前，都要充分地发挥个人的主动性，去争取最好的结果。

《周易》在论述阴阳变化之理时非常重视“时”，避凶趋吉的关键正在于掌握好

---

1 辞源（合订本）[M]. 北京：商务印书馆，1988：1626.

2 吕绍纲. 周易微阐 [M]. 长春：吉林大学出版社，1990：164.

"时"。汉代王弼在《周易略例》中说："卦者时也，爻者适时之变者也。"《易传》说："变通者，趣时者也。吉凶者，胜者也。"金景芳、吕绍纲解释说："从《易》性质的角度说，变通是趣时，是最基本的特点。变通是刚柔之变通。变是一刚一柔相推，往来交错。通是刚柔迭用，相推而不穷。变通的意义在趣时，趣时是说刚柔之变通反映时之变通，亦即说，刚柔之变通所追求的是时中。"[1]在处理不断变化的复杂事物时，能把握住"时"也就掌握了主动，就可根据"时"而作出决断，可以收到积极的成效。这是中国传统哲学关于"趣时"的基本思想，了解这些思想深意对理解在技击对抗过程中如何把握时机是非常有意义的。

（二）相机而动

在武术攻防变化中掌握好"时"，对武术的理论学习和实践都是非常重要的。因为武术中攻防双方随时都处在交替、转换的过程之中，决不能随意而动，必须相机而动、趋吉避凶、努力争取，才能达到好的对抗结果。此处所说的"机"也就是时机，对抗的双方要不停地寻找时机和创造时机。对此，前人有过非常重要的论述，如《纪效新书》提及"全书总要，只是乘他'旧力略过，新力未发'八字耳"，这八个字可以说是在武术实战中掌握运用时机方法的基本原则，它所说的正是一个"时"字。在双方对抗过程中，对方在刚完成前一个动作但还未改变姿势进行下一个动作的一瞬间，因力的转换需要一个过程，所以他正处于所谓"旧力略过，新力未发""进之不可，退之不能"的"零"点状态。此时正是我方由防守转为进攻，或原来进攻受阻，但已躲过对方防守而可以继续进攻的最好时机。这种时机是经常出现的，但同时它又是稍纵即逝的，谁能够较多地、较快地发现这个时机并抓住它，谁就有较大的获胜可能性。双方在对抗时，进攻和防守、主动和被动都是相对的，是可以相互转化的，其中非常重要的一个方面就在于发现和掌握时机。也正因如此，如何发现和掌握这个"旧力略过，新力未发"的时机，就成了传授技艺时的一个秘诀，被视为"玄机"，成为"千古不发之秘"。

虽说要掌握这个至妙的时机并适时而变，但这样的时机并不总是在希望它出现的时候就会出现。当没有时机时，要主动制造时机，并且这个时机只有在运动中才

---

1 金景芳，吕绍纲. 周易全解［M］. 长春：吉林大学出版社，1996：500.

会出现或制造出来，如果双方在对抗中都坐等时机而不动，相持不下，那么也就无所谓攻防、时机和变化了。《系辞传》中说“以动者尚其变”“动则观其变”，也就是说只有使对方动起来才会有破绽，才会有时机。在对抗的过程中谁更善于在动中制造时机，并适时地利用时机，谁就能掌握主动权。

四、虚实相兼

在中国武术的技击理论中常提到虚实。这种技击理论源于兵法。《辞海》对“虚实”解释为“或虚或实，多指军情。”[1]论攻防技击，军事理论中的许多思想与之是相通的，所以兵法中关于虚实的思想也为武术技击家所吸收。如《手臂录》中说“审敌之虚实而趋其危”，意思是说在双方对抗时首先要看清对方防守薄弱的部位和防守严密的部位，即虚处在哪里、实处在哪里。在实战中攻方往往先攻击对方最不易防守，或防守最薄弱的部位；守方则先要着重防守最不易防守的部位，这就是“攻者捣其备我瑕”（《手臂录》）的意思，这实际上就是武术技击理论中关于虚实的最基本的思想。

（一）示虚还实

“示之以虚”起源于古代剑客“上斩颈领，下决肝肺”的生死搏刺。越女在谈论“示之以虚”时曾有“见之似好妇”的说法，因为看上去像一个手无缚鸡之力的女子，往往会使对手麻痹轻敌，失去应有的警觉和防备，造成有利于自己的形势，这在战术上是胜人一筹的。无独有偶，要离对这个话题也有一番精到之说：“我临敌先示之以不能，以骄其志；我再示之以可乘之利，以贪其心。”“能而示之不能”是一种“示之以虚”；“示之以可乘之利”则是（故意）将空虚薄弱部位或破绽暴露给对手，引诱对手出击，这也是一种“示之以虚”。示虚是假，还实是真。示虚就是为了还以实击。“夺之似惧虎”是在“见之似好妇”的假象之下，给对手意想不到的打击，使对手看到这种进攻就像看到猛虎一样恐怖，从而惊慌失措，猝不及防。在《谋略库·能而示之不能》中，要离的策略是在“先示”和“再示”的情况

1 辞海（缩影本）［M］. 上海：上海辞书出版社，2000：2236.

下，“待其急切出击而空其守，我则乘虚而突然进击”。这里的“乘虚”就是趁对手“空其守”，无防备而攻击之，以达到“开之以利”的实在效果。

（二）避实击虚

避实击虚主要包含两层含义：善于避开对手的优势，攻击对手的弱点是其一。《少林拳法应敌歌诀》有“若要短拳敌长手，跟身到腋是良方”的说法。对手擅长距离击打，可采用绕环步“跟身到腋”，闪进避开对手拳锋，从其所出手的外侧击其肋部或腹部，以发挥自己短拳近身进攻的优势。正如《少林拳法应敌歌诀》所云：“他拳放过须忙进，腋下轻舒难抵挡。”“他拳放过”实质是避实，“腋下轻舒”是击虚。如果对手惯用高踢，就必须注意躲避其腿的攻击，在躲过腿击的同时用抄腿抱摔使对手倒地。对手出腿是实，此时硬打不如巧闪，由于起腿半边空，对手的下盘只有单腿支撑，重心处于不稳定状态，只要抓住其薄弱部位并还之以攻击，对手高踢的优势就会转变为弱势。善于避其锐气，击其惰归是其二。对体力充沛、猛打硬拼的对手，可采用迂回周旋，消耗其体力和以逸待劳的方法避其锋芒，候其力竭气衰、反应减慢时聚积自己的力量打击其要害，务求必胜。这就是兵书《唐太宗李卫公问对》中所说的“尽敌阳节，盈吾阴节而夺之”。此外，人体有许多容易被攻击的薄弱部位，武术典籍中指出这些部位，包括目、喉、心、肋、腹、头部等。这些部位在对抗时因较靠近对方而易被攻击，且击中这些部位后能使对方无法握持武器或者不便于移动而失去战斗力。张孔昭在《拳经》中提到的“凡与人对敌之时，身法带缩，腰法带弯，偷步宜快宜活”，是指身法的具体变化，这在便于进攻的同时又能加强对自身一些重要部位的保护。

（三）虚实相生

陈鑫在“太极拳论”中指出，“虚实宜分清楚，一处自有一处虚实，处处均有一虚实”“开合虚实，即为拳经”“其屈伸往来，收放擒纵，不过一开一合与一虚一实焉已耳”。然而，虚实是“因势制宜”的，根据形势的变化，虚可变实，实可变虚。例如，出手击人，人若防之，实手变虚；人若未防，虚手变实。武术注重“出手不离腿，打人只一着”，出手上引时，对手举手招架，胸肋空虚，一脚侧踹即可重创，这就是拳经上说的“手动有踪影，腿动无真形”。上引之手为虚，同时出击的腿为实，在这一招中，就是虚中有实。太极推手要求，凡搭手时须用意念贯劲掤住，这是预防对手一搭手就猛烈进攻。武禹襄总结为：“一举动，惟手先着力，随即松开。”李亦畲在《五字诀》中也说：“彼有力，我亦有力，我力在先；彼无力，我亦无力，我意仍在先。”《太极拳术·陈鑫太极拳论分类摘录》中，陈鑫赞曰：“实中有虚，虚中有实，太极自然之妙用，至结果之时，始悟其理之精妙。”在武术中，虚实无处不在，我们既要分清自身的虚实，又要分清别人的虚实，做到虚实分明。而虚实又是互生的，虚中有实，实中有虚，节节贯穿，环环相连，如循环之无端，大有阴阳不测谓之神的意趣，这就更需要我们用心观察、体悟和钻研，努力做到既能虚实分明，又能虚实相生，不断提高分析虚实的思维能力。

第二节　劲力原理

劲力是中国武术的运动特色，也正是劲力不同，才充分表现出各类拳种的特征。例如，南拳要求“以气催力的刚劲”，通背拳表现出“拧劲、辘辘劲”，翻子拳有“脆快劲”，八极拳具有以震脚闯步为基础的“震撼劲”，形意拳则有“明劲、暗劲、化劲”之说。丰富多样的劲法给不同拳种注入了鲜明的特色。

如何理解劲力？有学者认为：“劲力是指以人体的不同部位，用不同的运动方式，结合不同的武术技击方法，所表现出来的相应的力量。”例如，铸手翻子拳将劲法归结为“硬（刚）、软（柔）、绵、滑、脆”五种。强攻直进用刚劲，拨带化解用柔劲，顺势深入用绵劲，亦防亦攻用滑劲，松紧转换用脆劲。众多拳种所表现的劲法虽然不同，但都是为了达到以充足的力量、准确的击打去击败对方的目的。

一、顺势顺力

人身体的不同部位有着不同的运动特点，在做不同的动作时应充分利用不同部位的运动特点，使动作更加顺势顺力，这样就可以取得最佳的攻防效果。再讲“手似两扇门，全凭脚打人”，这个拳谚说明在武术拳术技击方法中非常重视腿法的运用。究其原因，是因为腿攻击力量较大，下肢较上肢稍长，攻击距离较远，且居于下方，远离对方的视线，动作因此也更为隐蔽，所以一般情况用下肢较为有利。进攻性腿法的方向受下肢结构特点的制约，下肢向后运动的幅度和灵活性会受到一定的限制，因此拳术中的进攻性腿法主要是向前（包括向侧）的。若以向前的直摆性腿法进攻，因力臂较长，会使发力受到影响；若以屈伸性腿法进攻，在屈髋的情况下先屈膝，因下肢的工作半径相对较短，就能更好地发挥下肢的力量。所以武术中的屈伸性腿法有着更强的攻击能力。

而躯干的运动方法发于“心”，孟子提出“尽心、知性、知天”，从“尽心”到“知天”，主体和客体合一，即天体、心物合一。所以中国传统哲学讲究“心”主体意识的修养和能动作用，即要“治心”。若能把“心”控制好，那么身体也就能控制好。无论个人练习，还是对敌格斗，掌握和使用方法还是比较容易的，控制好心则比较难。能治心者，心不妄动，才能专心习武，专心对敌。这不仅是运动中的心理训练，而且也是一种很重要的武术修养。在《耕余剩技》中有一段论述：“心练则智自出，胆练则勇自生。心胆俱练，则兵与时俱无不合。而练心胆则又在练器艺为要耳。”前人如此重视“心”，把它放到了比“练器艺”还要重要的位置，正说明“心”在习武中的主导作用。

外在的动作协调（外三合），发端于内在的意识（心）和完成具体动作的意向（意），通过调息、运气、发力，完成外在动作，使身体按照一定的运动方向和线路、一定的运动节奏和幅度、一定的运动顺序和配合方式进行运动。如程宗猷反复强调的：技法要达到“心手俱化，随机而应，惟以顺势顺力为妙”。可见，武术技击中劲力的实现必定要掌握好内练与外练的协调关系，如此动作才会豁达通畅。

二、劲力顺达

武禹襄在《打手要言》中指出：“其根在脚，发于腿，主宰于腰，形于手指，由脚而腰，总须完整一气。”李亦畬的《五字诀》中有“劲整”之要诀，“一身之劲，练成一家，分清虚实，发劲要有根源，劲起脚跟，主于腰间，形于手指，发于脊背”。少林寺拳十法要论之一就是“明三节”，即梢节起、中节随、根节追。起于根、顺于中、达到梢，起要起去、随要随定、追要追上，一动三劲都到。长拳的劲力顺达，也须从明“三节”“六合”入手。三节，以上肢来说，手是梢节，肘是中节，肩是根节；就下肢来说，脚是梢节，膝是中节，胯是根节。不同的动作有不同的用力顺序。“六合”是使手、肘、肩、脚、膝、胯六个部位协调配合。如清代的《六合拳谱》中就说：“心与意合、气与力合、筋与骨合、手与足合、肘与膝合、肩与胯合。”[1]在形意拳中则讲“心与意合，意与气合，气与力合，肩与胯合，肘与膝合，手与足合”，强调“做到三节的要求，就能保证周身完整一体，内外合一”。[2]长拳所要求的“内外协调，得心应手，形成整体”[3]；八卦掌所要求的“皆要以腰为轴，周身一体，内外相合，外重手眼身法步，内修心神意气力”[4]；南拳所要求的“身法要做到吞吐浮沉，靠蹦闪转，腰腿身手要贯串一致，做到手起肩随腰催周身，完整一气”[5]都体现了这种内外相互协调一致的思想。具体而言，一个完整的冲拳动作，除手起、肘随、肩追外，还有脚的蹬地、腰的拧转助力，还要与气的沉和聚相配合，还要力点准确，才能达到一动无有不动，打出充足的力量。这即是劲力顺达。

三、刚柔相推

《周易》认为：“刚柔者，昼夜之象也。”它将刚柔比作白天与黑夜。既然白天与黑夜可以相互转化，那么刚与柔也是可以相互变化的。于是“刚柔相推而生变化”，成为“君子知微知彰，知柔知刚，万夫之望”，主张人们既要了解柔可胜刚，又要了解刚可胜柔。明代俞大猷在《剑经》中谈到刚柔的运用，主张“刚在他力前”是说趁对手尚未发力使招、相对柔弱之时先发制人，这就是刚可胜柔；“柔乘他力后”是避实击虚，抓住对手“旧力已过，新力未发”之机后发先至，这就是柔可胜刚。戚继光在《纪效新书·拳经捷要篇》中有一句要言“而其柔也，知当斜

---

1 国家体委武术研究院．中国武术史［M］．北京：人民体育出版社，1997：324.

2 中国大百科全书·体育［M］．北京：中国大百科全书出版社，1982：438.

3 中国大百科全书·体育［M］．北京：中国大百科全书出版社，1982：25.

4 中国大百科全书·体育［M］．北京：中国大百科全书出版社，1982：5.

5 中国大百科全书·体育［M］．北京：中国大百科全书出版社，1982：222.

闪”，把柔可胜刚说得更为具体。意思是说对手攻来应侧身闪避，用柔化法使其刚劲走空，同时进行还击。对手进攻时势在必取，用力刚猛，此时不能以刚对刚，而应以“斜闪”柔化之，待其旧力已过，新力未发，由刚强转变为柔弱时攻击之，使自己由原来的“柔”转变为“刚”。王宗岳在《太极拳论》中总结出“人刚我柔，谓之走”。这个“走”，就是“走化”对手的刚劲，在走化之中造成“我顺人背”的有利于我方的形势，即我方走顺劲，对手走背劲，使对手陷于被动，有力无处用，这样“人刚我柔”的矛盾就会发生变化，由“极柔软，然后能极坚刚”。俗话说“软绳能捆硬柴”，道理就在这里。“欲刚先柔”“柔顺济以刚直”是太极拳推手的过人之处。“四两拨千斤”，“四两”可谓力小、柔弱，“千斤”可谓力大、刚强，但是，偏偏“任他巨力来打我，牵动四两拨千斤”，通过引进落空达到以柔克刚，以柔力随对方的刚力而动，因势利导，用较小的柔力作用于对方较大的刚力，通过改变对手用力的方向来达到防守的目的。这是柔化中“引进落空”“借力发人”起的作用。太极拳就是这样实现刚柔转变的。

在力量的运用上，只有柔没有刚不行，这样的力量软弱无力；只有刚没有柔也不行，这样的力量没有弹性，易脆易折。古人讲：“能柔能刚，其国弥光，能弱能强，其国弥彰。”以柔克刚不是消极的，而是积极的，它在战略机理上表现为这样一种特性：对方击打的力量越大，其遭到反击的力量也越大。用现代方法来解释以柔克刚的理论原理就是：一是弹簧效应。当对方发力击来的时候，己方不是硬抗，而是像弹簧一样，先把对方的力量化解掉，再把自己的力量积蓄起来，然后突然发力，猛击对方。对方用力越大，其遭到的反击就越强烈。二是从不平衡的超常态势上来理解，所谓以柔克刚，就是在与对方力量的接触面上，以我之弱迎击对方之强，以我之强打击对方之弱，在双方力量的接触面上形成对我有利的不平衡的超常态势，对方对我弱处打击力度越大，它的弱处遭受我反击的力度也就越大。用《周易》的话说就是：“刚柔相推，变在其中矣。”

四、刚柔适中

武术的刚柔讲究适中。武术理论中常说的“柔中寓刚，刚中寓柔”就是“阴中有阳，阳中有阴”的理念。因此，（太极）拳论中指出，“纯阴无阳是软手，纯阳无阴是硬手”“惟有五阴并五阳，阴阳无偏称妙手”“用刚不可无柔，无柔则环绕不速；用柔不可无刚，无刚则摧迫不捷”。太极拳、形意拳、八卦掌等拳术的出拳和伸掌，手臂肘关节都要求微屈，即使出击时肘关节也不完全伸直，这叫“劲以曲蓄而有余”，是刚中有柔的表现。刚直易折，所以这些拳术都讲究“随曲就伸”。放长击远的拳术，其冲拳、击掌也是先松柔，后紧刚，即“柔过劲，刚落点”，在爆发“寸劲”的过程中由柔转刚。陈氏太极拳讲究“显刚隐柔”，杨氏、武氏、吴氏、孙氏太极拳则以柔和运动为主，但在完成某一势动作时意识会想象将隐于内在的全身之力聚于点上，如“形于手指”。这一瞬间的遒劲就称作“刚”，没有这一点“刚”，太极拳的“柔”就是偏柔，也就违背了“无过不及”。“过”即过分，“不及”即不够。“无过不及”就是既不过分又无不够。这是孔子《论语·尧曰第二十》中“咨！尔舜！天之历数在尔躬，允执其中”的思想。武术理论吸取了这一思想，认为对刚、柔的处理要有一个适当的标准，这个标准就是“中”，超过这个标准就是“过”，没有达到这个标准，就是“不及”。“不得中行而与之，必也狂狷乎！”（《论语·子路第十三》）。狂，即急躁冒进，偏刚；狷，即拘谨畏缩，偏柔，两者都“不得中行”。在事物相对稳定发展的情况下，“适中”的原则有利于事物的平衡发展，而超过或达不到“中”的限度，事物就会走向反面。因此，寻找一个适当的标准和掌握适当的分寸具有合理性。在刚与柔的问题上，武术主张不要太柔，也不要太刚，刚柔宜取“中和”。因为“纯柔纯弱，其势必削：纯刚纯强，其势必亡；不柔不刚，合道之常”。“不柔不刚”是一种“不偏不倚”的说法，实践中往往是“量度以取中，然后用之”。“量度”应该做到“毋意，毋必，毋固，毋我”，既要遵守一定的标准，不能自以为是，又不能固执不化，一意孤行，拘守某一固定的标准，在适度的前提下，要有一定的灵活性。这样的“取中”才能达到刚柔“中和”的目的。刚柔是对立统一的两个方面，《八卦掌三十六歌注释》中有“刚济柔之偏，不致于弱；柔泄刚之偏，不失于强”的说法。《牛街白猿通背拳谱·论刚柔》中有“用刚相济柔力，用柔相济刚力”之说，陈鑫的《太极拳论》中有“看似至柔，其实至刚；看似至刚，其实至柔；刚柔互运，无端可寻”的说法，这都说明刚柔相济才是最好的中和之道。

“允执其中”释义

第三节 练法原理

练法是武术技术练习的方法，尤其是套路练习的方法。一方面，套路是为了便于记忆、传习；另一方面，现在的套路演练则有一种将“技击”加以适当艺术表现的形式。不同的拳种表现的风格不同。例如，长拳要求架势舒展，动作放长击远，起伏跳跃，以“动迅静定”作为节奏的准则；太极拳则以静为基础，以轻松、柔和、缓慢作为特征，在节奏上则以“绵绵不断”为特征。本节练法原理主要以长拳类拳法为例展开。

一、动迅静定

在自然社会中，“动”是永恒的、绝对的、无条件的。任何事物无时无刻不在运动着，不论大到宇宙，还是小到分子、原子，“动”是表现事物发展变化的基本特征。而“静”是相对的、有条件的，是相对于“动”的一种状态。中国传统文化讲究的是阴阳平衡，《易传》云：“一阴一阳之谓道”，阴为静，阳为动。中国传统思想认为动静是密不可分的，有动必有静，有静必有动。武术在体现“动”与“静”的关系方面总结了较多的规律，尤其注重“动迅静定”的节奏把握。动迅静定是武术演练中对动静节奏规律的简要概括，它深刻地反映在各种技术动作之中。

（一）动快静稳

武术的流派众多，各种套路千姿百态，对“动”与“静”都有具体、形象的要求。查拳在动静上强调“行如风，站如鼎”；华拳则讲究“动如奔獭，静如潜鱼”；意拳有“动如山飞，静如海溢”的要求；八卦掌注重“桩如山岳，步似水中”“掌如穿梭”“动静圆撑”；一气呵成的翻子拳，亦有“行如风雷动似雨，坐似泰岳静如山”之说。就连外形绵绵不断的太极拳，也要求“静如山岳，动若江河”“一动无有不动，一静无有不静”。这些都揭示了一种基本道理，那就是“动要迅疾，静要稳定”。

“动迅静定”是对武术“动”“静”规律的简要概括，也是武术技击本质的一般规律。武术的手、眼、身法、脚步都要求快。拳谚曰，“手捷眼快”“趋避须眼快”“眼快招法快，手快思维快”“出手似闪电，回手似火燎”“双拳密如雨，脆快一挂鞭”“拧腰顺肩急旋臂”“胳膊像车轮”“抡臂转如轮”。拳来不能防因其快，箭来不能躲因其疾，故又有“出拳似放箭”的比喻。“拳贵神速，劲发宜促”“出拳似有声”“疾上尤加疾，打上还嫌迟”等拳谚，都反映动作要快的特点。身法上也讲究“眼一转，周身动”“进身攻宜快”“身动如风”“腰似蛇行”“腰活一闪过，制敌有把握”，任何迟疑都有悖动作要快的原则，要么不动，要么一动无有不动，迅如惊雷。腿、脚也离不开迅速的要求。“起腿能生风”“收腿快如风”“起如箭，落如风，追风赶月不放松”是讲腿的“动迅”。脚步也要快而稳，做到“足稳身不摇”。怎样才能做到“足稳”呢？拳谚证载，“趾不仰，跟不拔”“五趾抓地头顶天”“五点金落地，落地如生根”“金钩入地得太平”。单腿支撑的动作要膝盖坚挺，如树生根，也有形容为“立如鸡”的。十趾抓地的马步要“扣足展膝，稳如泰山”。大多两足站定的桩功都有“稳如铁塔坐如山”的要求，“步子站，好比山”正是这个意思。只有站稳了，才能做到“静定”，才能在活动性动作向静止性动作过渡的瞬间，由激烈运动转变为纹丝不动的定势。

（二）动韵静势

武术的动静还讲究“动韵静势”。对“动迅静定”不能仅从简单意义上去理解，而应该有更深层次的认识。“动迅”不是一味地“快”，而是快慢对比之下显示出来的快。所谓“动”也是“动中有静”之动。只有“动中存静意”，动才不至于“妄”，快而不至于“毛”，处处体现出“动则有法”。“静定”虽然要求动作戛然而止、纹丝不动，但却又是“静中有动”，即所谓“静中寓动机”，表现出战斗的意向。拳法阴阳说揭示的规律：所谓“动则生阳，静则生阴，一动一静，互为其根”，即阳中有阴，阴中有阳，正说明了“动不舍静，静中含动”之理。长拳理论在以形喻势时将“动如涛”置于十二型之首，要求运动之势像江海的波涛那样激荡，滔滔不绝。波涛的此起彼伏就是节奏，“两波之间有一伏”就是相对的“静”，波涛的汹涌激荡就是力度，节奏和力度组成了韵律。因此“动迅”的深层次含义就是“动要有韵”。王宗岳《太极拳论》中说：“动之则分，静之则合。”合者，如陈鑫所说的“非但合之以势，宜先合之以神”。故“静定”不仅是“静要有势”，而且其“势”是贯注了精神，充满了活力的。也就是说，静止定势时不但要合其四肢手足，且要合其全体之神。

“静如岳”是形容静止之势犹如山岳一般巍峨，似乎任何强大的力量也推它不动。静止定势很多，如“立如鸡”是形容单腿独立之势，显示出动作安定稳固和机警的神态，此时的静是“以静待动”，一旦发生什么情况就会很快做出反应。“站如松”是形容两脚站立之势像劲松那样刚健挺拔，在静止中傲然富有生气，给人一种勃发的生命气息。这种气息显然不是一潭死水，而是“静如海溢”，内含无法抗拒的巨大力量。静止动作做到这种程度，可算是静中有势、静中有动、静以全神了。拳论中还说：“不静不见动之奇”（《太极拳术·陈鑫太极拳论分类摘录》），就是说动与静始终是密切联系在一起的，“动韵”不仅取决于自身快慢及抑扬顿挫的韵味，还有赖于“静势”神韵的衬托和画龙点睛的表达。可见“虽曰习武，文在其中矣”。

二、起落有致

有致就是有意态。“起如猿，落如鹊”的意态是指跳起之势要有猿猴纵身时的那种机灵、矫健、敏捷的意味和动态；落降之势要像喜鹊飞落到树枝上时那样轻稳、均衡。起与落的联系在武术运动中是显而易见的。“风卷霹雳上九天”和“枯树盘根就地缠”是旋风脚接坐盘动作的诗的意境。“上天”和“下地”是不可抗拒的规律，这一规律讲求高起低落、起快落稳，并在武术中比比皆是，如旋风脚接马步、旋风脚接劈叉、二起脚接歇步下冲拳等。

起落还可以理解为手的起落和脚的起落。“出手打印堂，回手奔鼻梁”是连击手法，印堂在上，鼻梁在下，打了上面的目标又不放过下面的目标。出手打上可谓“起手”，随之击下可谓“落手”，因此有“手起如箭落如风”的褒美。从中可以知道手法的起、落与技击意识是多么密切相关。“足起提膝，近便跪膝，膝起望怀，脚落近移”中的提与跪是腿的一种起落形态，提膝的攻防意向，一是防对手腿击而保护自己，二是用膝攻击对手的心窝。跪膝是四击中摔法的一种，名叫“跪腿小得合”，主要是采用盘跪的方式使对手仰倒。“脚落近移”的意态则是为了配合手的揪、拉、攥、拿，以便缩短力矩，实现跪打的进攻目的。

三、轻重相间

“轻如叶，重如铁”是十二型中以形喻势的一对矛盾。在武术中，轻重这对矛盾经常出现。明朝的唐顺之在《荆川先生文集·峨眉道人拳歌》中有一首描述拳术演练的诗，诗中有“忽然竖发一顿足，崖石迸裂惊砂走”之句，写了“顿足”的沉重气势和威力。古人早有“击石拊石”“踏地为节”的习俗，利用手的拍石和脚的踩踏形成运动节奏。而武术中也有类似表现。从击拍、踏地、顿足到现代套路中的震脚、拍地等，人们常在轻、重之间选择，突出“重”，借此比较“轻”，从而形成顿挫。套路的节奏变化有多种表现形式，其中“快动—中顿—加速—急停”“慢动—加速—中顿—加速急停”等都与轻重转折的顿挫手段有密切关系。所谓“中顿”，就是在一串组合动作的运动过程中有一个明显的瞬间停顿。在编排套路时，人们往往利用震脚、拍地、砸拳的中顿效果来增强套路的节奏感。

武术中不是每一个动作都具有顿挫性，顿挫性动作必须具备一定的条件。武术技法要求“轻似随风絮，重若斤铁”。震脚、拍地、砸拳等动作能使运动过程的轻重之分明朗化，并充分体现轻与重的对比关系，鲜明地突出“重”的特点，在猝然、短暂的停滞后，如同打开闸门奔泻而出的洪流一样，很快就促成运动状态和节奏的转折变化，因而这类动作可称为“顿挫性动作”。轻重变化可分为先重后轻和先轻后重两种。例如，“抡臂砸拳”接做“弧行步”就属于先沉重后轻快一类的节奏变化，而“跃步抡臂仆步双拍掌”的“跃步”则要求既轻又远，成仆步后，双掌由上向下拍击地面时要有泰山压顶之势，这却是一种先轻后重的节奏变化。高高打起的旋子给人的视觉以轻轻的叶子随风飘逸的感觉，而紧接着做的“上步拍脚”，击拍响亮有力，在视、听两方面都给人留下“重”的深刻印象。套路里由于各种动作的先后衔接，其中不乏轻重之对比。轻重相间，构成了此起彼伏、铿锵有力的运动节奏。

四、转折圆韧

武术套路中许多旋转的动作在拳术和器械套路中都有。长拳中的直身前扫、伏身后扫都是以支撑腿全蹲为轴，向前、向后快速扫转一周或一周以上的动作。以肩关节为轴两臂交替立圆抡拍的乌龙盘打；腾空跳跃动作中的腾空转身180°的飞脚、摆莲、转身跳和转体360°的旋风脚、旋子，还有绕人体纵轴翻转一周的旋子转体360°动作；腾空跳跃动作中转体难度更高的动作，如旋风脚、腾空摆莲540°、720°和旋子转体720°，都是在空中旋转的难度动作。套路中不仅有人体在腾空时的旋转，其他部位也有旋转，如抡臂的环转、腿的前后扫转结合步法的盖步、插步配合上肢动作完成的正反翻腰360°。这些转的动作无论平转、立转、纵转，还是腾空旋转，都是绕圆而转的，形如转轮。器械套路中的刀与剑的剪腕花、撩腕花是以腕关节为轴立圆向前下或向前上的绕环动作；旋转扫剑（刀）、旋转抹刀（剑）、旋转格刀是平转类动作；刀、剑的轮挂和剑的左、右撩则是贴身立圆转动；更典型的是长器械中的棍和枪的立舞花、平舞花、抡与扫，以及前、后提撩等，这些动作都无不转动如轮。因此以形喻势的十二型中，对这些旋转性动作作了“转如轮”的比喻，也就是要求套路中的转动动作像飞转的车轮一样，既快又稳，又要圆韧。

“转如轮”后紧接的一个比喻是“折如弓”。“折”的例子在套路中也有很多，如拳术的前后出击和左右开弓。甲组男子长拳规定套路中由腾空侧踹接“弓步压肘”再接“提膝探身扣拳”就是一个左折紧接一个右折。腾空右踹腿落地后成左弓步，身体右侧肌群拉长，右肘在体前下压击拍左掌，此谓左折。腿部似弓，上身左折时体右侧充分伸展，形如绷紧的弓弦；接着提右膝，右肘伸直探身弧形用平拳叩击，这一前探身拉长了身体左侧肌群，呈反弓状，此谓右折。左、右折不仅形如弓弦，而且一左一右快速有力的运动形成一股对拉的反弹劲，这就是顿折时遒健的韧劲。又如“震脚弓步双推掌”接“伏身后扫”，左弓步双推掌后突然向右伏身，前探之势使身体左侧肌群拉长，上身探向右脚，双手身前扶地以助右腿扫转，此一折可为开弓，腿的扫转则犹似射出之箭。总之，“转如轮，折如弓”对身法的要求很高，折弯俯仰、闪转展缩都与腰腿和腰身的变化有关。如，仆步切掌的腰身下折就是为了上起之势具有一股反弹劲。又如，急速转身坐盘时腰腿折叠拧转，大腿与胸部靠近压住形成拧劲，这种扭身拧腰的动作就如弓那样越折越有反弹之力、越折越有韧性，既见柔韧又含遒劲。

五、缓疾比对

武术的节奏有许多对立统一的因素在起作用，除轻重对比之外，缓疾比对也是其中之一。“缓如鹰，快如风”就是这种比对的生动写照。缓慢之势，即像鹰隼在空中盘旋那样全神贯注、慢而不懈地寻找着猎物。疾速之势，即像飓风那样摧枯拉朽、快速利落。武术中的大多数拳术都讲究快疾。“拳似流星，眼似电”是讲求眼明手快；“踢腿带风，出腿似箭”是讲求腿法飞快神速；“脚底如鱼窜，打人似闪电”，也说明“胜人全凭脚下疾”。步法迅速可得时和得机。得时是说当对手有隙可乘、于我有利时，步法不能狐疑不决。“时难得而易失”，步法迟疑则失时，失时则不胜。得时无怠，步法就要快。得机是指“遇时不疑，有利不失”，在相搏的时空上是“先后不容瞬，远近不容分，先之一刻则大过，后之一刻则失时”，“间不容息”，恰得其宜，抓住机遇，全仗步法之快。然而，快是在抓住时机恰到分寸的快。比如“寸劲”，即动作在开始时放松，速度相对比较慢，而动作在即将结束的那一瞬间突然爆发，正是有了动作开始时的慢才有了击中目标时的快，慢是动作的前奏，快是动作的主体。在套路运动中这种快慢比对更加清晰，快是主要方面，慢是次要方面，没有慢就不能很好地蓄力爆发出快，快是由于慢的映衬才更显突出。这就是缓疾比对中这对矛盾的辩证关系。

六、形神兼备

“形神兼备”释义

形是事物内在本质特征所呈现的外在形态，是直观对象，而神则支配外在形态、内在精神，是理性把握的对象。在武术套路中，形是动作的攻防技法的外显，通过演练者的形体来体现，是构成武术套路的物质基础；而神则是武术本身所特有的内在特质。形是基础，是对武术动作技击技法的外形模仿，神则是对内在技击精神的掌握与体现。有形并不等于有神，有神则包含有形，因为神并不离开形而独立存在。形是神的外在表现形式，神则通过形来体现。在武术套路演练中要达到“形神兼备”，就是通过演练技巧使外在的形与内在的神统一起来，使人既能欣赏到武术动作的外在艺术美，也能理解体会到武术动作内在的技击技法和神韵。

大量的武术动作被冠以美妙之称，如“白鹤亮翅”“金鸡独立”“鹞子翻身”等。这种对美好的运动形象的描述偏重于意会与形容，只有深刻地理解它，透过这些美好描述去认识武术的本质，才能领会它们所蕴含的深刻内容，了解运动的速度、力量、风格和节奏。武术套路是以人的形体的动态静姿来表现其艺术魅力的，不仅反映了武术本身所包含的丰富的传统文化意识与技击特征，而且也表现了演练者对武术的理解和情感。这一切都依赖于对武术动作本质特征的深刻理解。演练者在演练武术动作时，要处理好外在的“形”和内在的“神”之间的关系，既要有外在的“形”，又要有内在充实的“神”。若动作只是徒有其外在的形，而缺乏或不能很好地表现出内在的神，就只能是一个肤浅的、缺乏内在力度的、毫无韵味的形。所以做一个武术动作，既要工整、规矩，使之有完美的形，又要了解动作的用法、力法，而不至于“改易阔促，错置高下”，这样才能求得其内在神韵。拳谚对“形神兼备”的训练方法描述为：“眼前无人当有人，眼前有人当无人”。“眼前有人当无人”是说二人交手时动作熟练，心手相忘；而“眼前无人当有人”则是说单人演练时也要像有一个对手在眼前一样，一招一式都要有明确的攻防目标，这样不仅可以提高练习的效果，而且只有这样才能做到“悟对”，才能做到“形神兼备”。

思考题

1. 武术的技法原理主要从哪几个方面把握？
2. “劲力”在武术技法中有哪些相关引申？
3. 试举例论述你对武术技法原理的理解与认识。

第五章
中国武术的基本精神

本章导读

中国武术在发展过程中，不断吸纳了中华文化精髓，逐渐形成了中国武术的文化性格，并积淀为中国武术文化的基本精神。“自强不息，厚德载物”的文化精神，在习练中国武术过程中内化为“恒久”精神，赋予无数习武人勇气和力量。“一日练，一日功，一日不练十日空”“要想功夫好，一年三百六十旱”等武术谚语，成为习武人坚持不懈、持之以恒的精神动力和实践表达；“内外兼修”“拳法自然”的运动理念，是“天人合一，崇尚自然”精神在武术习练中的体现；“百看不如一练，百练不如一专”“拳打千遍身法自然”的武术格言，是习武人对“直觉体悟，知行合一”等文化精神的切身感悟。深受中华文化影响的中国武术文化的基本精神，是武术文化的灵魂，激励着无数习武人砥砺前行。中国武术植根于中华优秀传统文化的沃土，在传统文化的浸润下，融合了传统文化的哲学思想、价值观念与文化精神，形成了中国武术的文化内核，凝聚为中国武术的基本精神。正是这种武术基本精神，支撑着一代代习武人的成长与梦想，推动着中国武术不断向前发展。

第一节 自强不息，厚德载物

“自强不息，厚德载物”是中国传统文化的基本精神之一，而孕育在中国传统文化中的中国武术也不可避免地将“自强不息，厚德载物”作为自身的基本精神。这一精神指引着每一个习武人，无论在技艺的修炼上，还是在道德人品的修为上，都要以“自强不息，厚德载物”为纲领和准绳，并从这一基本精神出发寻觅中国武术的文化真谛。

一、中国武术在技艺修炼上对“自强不息，厚德载物”精神的践行

（一）“自强不息，厚德载物”是中国文化的基本精神

“天行健，君子以自强不息；地势坤，君子以厚德载物”。在传统文化中，古人认为天地最大，它包容万物。天（即自然）的运行刚强劲健，相应于此，君子应刚毅坚卓，奋发图强；大地的气势厚实和顺，君子应增厚美德，容载万物。

中国传统文化的基本精神表现在诸多方面，其中，“自强不息，厚德载物”的民族进取精神尤为突出，它是人们处理天人关系和各种人际关系的总原则，是中国人的积极人生态度最集中的理论概括和价值提炼。“自强不息，厚德载物”的文化精神，可以被看成是中国传统文化中“天人合一”思想在中国人实践观上的价值渗透与集中反映。

（二）“自强不息，厚德载物”的文化精神在中国武术技艺中的展现

“自强不息，厚德载物”不仅仅是中国文化的基本精神，同时也是中国武术文化的基本精神。这种精神贯穿中国武术技艺习练的整个过程。习武人通过自我勉励，不断激发自我内在的积极性与主动性，在提高自身武术技艺的同时，也体现出“自强不息，厚德载物”的文化精神。

1. 中国武术在习练过程中追求“恒久”的“自强不息，厚德载物”精神

翻开中国武术的历史长卷，可以发现在中国武术史中，有无数的习武人堪称“自强不息，厚德载物”的典型代表。这些习武人在习练武术技艺的过程中，都把坚强的毅力、持久的锻炼，作为武术技艺提升的不二法门，并贯穿终生。武术习练

者在修炼武术之初，师父就把“恒久”的精神贯穿其中。“欲学惊人艺，须下苦功夫”。武术修炼要有“冬练三九，夏练三伏”的毅力，要养成“曲不离口，拳不离手”的习惯，要有“一日练一日功，一日不练十日空”的内在动力，要有“若要功夫好，一年三百六十早”的行动。诸如这些武术谚语，凝聚着一代又一代习武人技艺提升的实践经验，体现着习武人持之以恒、坚持不懈的精神与毅力，这也是自强不息精神的体现。

古往今来，每一个真正的习武人，在武术技艺提升的修炼过程中，都充满着终身不悔、坚持不懈的进取精神，只有持之以恒地习练和体悟，才能实现对中国武术技艺的把握与传承。这个过程是艰辛的、漫长的，是需要习武人具备“恒”的品质和“锲而不舍”精神的过程。唯有如此，习武人才能获得对武术技术动作更正确的理解与更深刻的体悟，才能通往武术技艺的更高境界。如太极拳家自古就沿袭“太极十年不出门”的戒律，这是对武术奉行长期修炼过程的最好阐述。正如《荀子·劝学篇》中记载的“锲而不舍，金石可镂；锲而舍之，朽木不折”一样，这种“锲而不舍”的习武态度就是“自强不息，厚德载物”的基本精神，也是中国武术技艺修炼者应持有的态度。

2. 中国武术在内练过程中注重“体悟”的“自强不息，厚德载物”的精神

“精神弥漫于我们的日常生活中，能感觉到它的抽象的、无形的存在，却只能靠‘心’对有形的精神依附物来体会和把握”[1]。在中国文化中，“自强不息，厚德载物”基本精神的体现，离不开每一个个体对实践的感悟。只有经过实践的锤炼，才能对“自强不息，厚德载物”的进取精神产生切身的体悟，中国武术的修炼过程，就是一个不断感悟、不断提升自我的过程。“悟”成为习武人达到神明境界的重要环节。“悟”在《说文解字》中的释义是：悟，觉也，从心，吾声。对中国武术而言，“悟”是一种直觉思维，是一种以“悟”求“技”的内练方式，伴随着武术技艺提升的整个过程。尽管武术习练过程中的“悟”是一种内在的自我体验，但“悟”并不是凭空想象出来的，而是需要习武人通过日积月累的身体实践，通过坚持不懈的努力才能获得的精神成长。

1 权麟春．论中华民族优秀传统的伦理精神及其新时代价值［J］．马克思主义与中国文化研究，2019，2：123-155．

“悟贵恒坚”释义

中国武术来源于实践，并在实践中应用与提升。习武人要领悟武术技艺的真谛，就需要在实践过程中不断思考与体验。武术中的一招一式、进退开合、闪展腾挪等技艺可以传授，可以模仿学习，但中国武术技艺中蕴含的意境与神韵、武术之道的精微则是只可意会不可言传的。这需要习武人在实践过程中去领会、去参悟，只有通过长年“细嚼慢咽”和反复的“品尝体味”，才能有所领会、有所感悟，才能逐渐提高对中国武术技术层面的认知和内在层面的理解。由此，悟贵恒坚就成为中国武术习练的经典要义。其中一个“坚”字，道出了习武人在修炼中的艰辛和酸苦，彰显着“自强不息，厚德载物”的文化精神。

3. 中国武术技艺中崇尚“过程”的“自强不息，厚德载物”精神

中国武术与西方竞技体育在文化上有着本质区别。西方竞技体育通过刺激身体的生理机能达到提高身体素质的目标，由此形成了更快、更高、更强的理念。这个过程是一个外练过程。中国武术则不同，它是一种内外合一的修炼过程。这里的修炼，既包含外在技术的打磨，也包含内在修养的提升。判断一个习武人功力的标准，并不限于一拳一脚的力量，也不限于习武人与他人切磋较技的胜负比例，而关键在于这个习武人能否穷其一生去体悟武术的真谛，这恰恰是习武人令人敬佩的人格修养，也是中国武术与世界上其他体育运动的主要区别。

比起追求结果，中国武术更注重过程。一方面，中国武术技艺追求的是一个贯穿生命始终的过程；另一方面，中国武术提升技艺的同时也是不断进行内在精神的自我净化和自我改善的过程。因此，中国武术更为注重的是自我修行的过程，需要习武人调动自己的整个身心，以坚持不懈的“恒久”精神，去践行武术修炼的整个过程。所以，从武术技艺的修炼而言，“自强不息，厚德载物”的文化精神是习武人必备的武术信念。习武人通过不断磨炼和感悟慢慢掌握武术技艺，并将其与内在体悟融会贯通，最终达到武术的至高境界。

二、中国武术在道德品质上对“自强不息，厚德载物”精神的追求

早在春秋时期，我国伟大的教育家、思想家孔子就开始倡导“自强不息，厚德载物”的人文精神。他认为“自强不息，厚德载物”不仅代表着一种积极进取的人生态度，同时也体现出对人格塑造的作用。在中华传统文化中，由“自强不息，厚德载物”衍生出的道德观，已经成为一种对人格性情的更高追求，是作为一种精神

的动力存在的。

（一）“自强不息，厚德载物”的文化精神塑造习武人的道德品格

“自强不息，厚德载物”的文化精神，“可以被看成是中国传统文化中天人合一及辩证法思想在中国人的生存态度上积极的价值渗透与塑造最集中的反映与结晶，它表明了传统文化中人的主体性的高度自觉”[1]。《易传》中所提出的“天行健，君子以自强不息；地势坤，君子以厚德载物”的警世良言，就是要告知世人应当效法自然的运行规律规划自己的人生，在不断进取的过程中，实现对自我道德的提升。因此，传统文化中这种“自强不息，厚德载物”的精神，是对中国人发挥主观能动性最为精确的概括，同时也是中国人学习一切学问必备的文化精神。其中，厚德是习武人道德品格的依据。

（二）“自强不息，厚德载物”的文化精神实现对习武人的礼仪规范

中国自古以来被称为礼仪之邦，是一个典型的礼治社会。在以“礼”治国的社会体系中，好礼、有礼、注重礼仪就成为中国人立身处世的重要美德。在中国礼治社会中成长起来的中国武术，逐渐形成了崇德敬礼的“武”文化观念，这使中国武术超越了技术层面的认知，进而成为一种教化育人的方式。中国武术一直对“礼”有着不懈的追求。“未曾学艺先识礼，未曾习武先习德”，这是对刚刚入门的习武人的最基本要求。尊师重道，以礼待人，是习武人必须遵守的道德标准。“礼”已经融入武术技艺修炼的整个过程中，内化为对一个习武人良好品格的教化。所以，在习武人长期坚持不懈的修炼过程中，礼仪文化以“润物细无声”的方式融入习武人的道德观念中，并体现在其日常的行为规范中。历史中有很多优秀的武术家，他们有可能并没有深厚的文化知识，但这种道德追求却使他们拥有了许多人文品质。这种人文品质和道德修为的提升正是中国武术“德艺双修”价值取向的集中体现。

1 王国炎，汤忠钢. 论中国传统文化的基本精神［J］. 江西师范大学学报（哲学社会科学版），2003，36（2）：60-67.

（三）“自强不息，厚德载物”的文化精神引发习武人的侠义情怀

在“自强不息，厚德载物”精神的感召下，中国武术形成了“杀身成仁，舍生取义”的人格品质，并演化出除暴安良、扶弱济贫的侠义精神。在历史长河中，那些专以高超武艺为手段，以惩恶扬善为己任的侠客，更是中国人羡慕的对象。“忧国忧民、匡扶正义”，也成为习武人的座右铭。如果说中古时期的中国是在尚武精神推动之下走向辉煌的，那么，近代鸦片战争以来，中国武术则在很长一段时间内成为中国人的精神支柱。在国家受到列强侵略而饱受屈辱的时代里，武术成为激发中国人雄起之心的一剂灵丹妙药。韩慕侠智胜康泰尔，霍元甲打败俄国大力士，都成为激发民族精神的动力源泉。在中国进入新时代的当下，中国武术的侠义精神依然具有广泛的现实意义。当他人遇到危难时，及时伸出援助之手；当遇到重大挑战的时候，敢于担当大任；当遇到不公正之时，勇于直面问题，主持正义；当社会处于危难时刻，敢于亮剑。

（四）“自强不息，厚德载物”的文化精神激发习武人的爱国情怀

在中国历史上，每当国家遇到危难时，“自强不息，厚德载物”就内化为“天下兴亡，匹夫有责”的爱国主义精神。而这种精神也激发着习武人的爱国情怀。在中国武术发展史上，有许许多多技艺超群的武术家和热爱武术的习练者，在保卫国家和维护人民利益的共同目标下，紧紧地凝聚在一起。他们不畏个人安危，不谋个人私利，奔赴祖国最需要的地方，为捍卫国土完整、抵御外族入侵舍身忘死，用一腔沸腾的热血换来民族的独立和自由。明朝抗倭名将戚继光联手少林寺武僧抵抗倭寇的侵略，树立了保家卫国的典范。近代以来，在帝国主义侵略我国的关键时刻，许多武林豪杰纷纷挺身而出，为国家和民族的存亡抛头颅洒热血。民族革命的先驱者孙中山先生在《精武本纪》中把武术精神归纳为“以振起从来体育之技击术，为务于强种保国有莫大之关系”的尚武精神。中国武术培育和塑造了中华民族的爱国主义精神。

综上所述，中国武术蕴含的“自强不息，厚德载物”的文化精神，以强大的精神力量，激励着一代代习武人在追求博大精深技艺的道路中奋勇向前，为中华民族的繁荣昌盛贡献着自身的价值。

第二节 天人合一，崇尚自然

“天人合一，崇尚自然”，是中国哲学史上一个非常重要的基本命题，是东方思想的典型体现，也是中华文化精神的高度凝练，它反映的是中国人追求人与天道的相通之处，以求天人相合相应。

一、“天人合一，崇尚自然”的内涵与理论实质

“天人合一”强调的是天道与人道、自然与人为息息相关、和谐统一。何为天人合一？季羡林先生用通俗易懂的语言作出了解释：“‘人’，容易理解，就是我们这一些芸芸众生的凡人。‘天’却有点困难，因为‘天’字本身含义就有点模糊。在中国古代哲学家笔下，天有时候似乎指的是一个有意志的上帝。这一点非常稀见。有时候似乎指的是物质的天，与地相对。有时候似乎指的是有智力、有意志的自然。”在中国文化发展史上，“天人合一”中的“天”有意志之天、义理之天、自然之天三层含义。一是意志之天，是指以董仲舒为代表的具有神秘主义的主宰之天；二是义理之天，是指以孔子为代表的具有伦理意义的道德化的天；三是自然之天，是指以老子、庄子为代表的自然的本性状态。上述三个观点对于天的所指均出自哲学范畴。在今天看来，古代哲学中的“自然之天”是对“意志之天”和“义理之天”的反驳和超越。

中国古代的“天人合一”思想，就是从这三个不同的层面，强调人与自然的统一，人的行为与自然的协调，道德理性与自然理性的一致，充分显示了中国古代思想家对主客体之间、主观能动性与客观规律性之间关系的辩证思考。同时，中华文化“天人合一”的宇宙观又有别于西方“主客两分”的观点，在处理“天人”的问题，即人与自然关系的问题上，西方人主张改造征服自然，而中国人讲求“天人合一”，注重人与自然的统一协调，尽管中国古代也有“明于天人之分”“人能胜乎天”的思想，但这种思想不占主导地位。恰恰相反，中国古代思想家一般都反对把天和人割裂或对立起来. 而主张天人协调、天人合一。在他们看来，天与人、天道与人道、天性与人性是相类相通的，是可以达到统一的。

中国文化“崇尚自然”的基本精神与“天人合一”的宇宙观密切相关，“崇尚

自然”是中华民族一种普遍的心态。根据这种思想，人的行为不能违背自然，只能在顺应自然规律的条件下去改造自然。这种思想长期实践的结果是得到了自然界与人的统一，人的精神、行为与外在自然的和谐，自我身心平衡与自然环境平衡的统一，以及由于这些统一而达到的天道与人道的统一，从而实现完美和谐的精神追求。

“天人合一，崇尚自然”，究其理论实质而言，是关于人与自然的统一问题。应当承认，中华传统文化中的“天人合一”思想，内容十分复杂。其中既有正确的观点，也有错误的观点，我们必须实事求是地予以分析。但是，从文化的民族性及其对民族文化的推进作用和深远影响来看，我们应当看到并大胆肯定[1]。中国古代思想家关于天人合一的思想，其最基本的含义就是充分肯定“自然界和精神的统一”，关注人类行为与自然界的协调问题。从这个意义上说，“天人合一，崇尚自然”的文化精神是正确的、非常有价值的。

二、“天人合一，崇尚自然”的文化精神在武术中的具体体现

中国武术秉承“天人合一，崇尚自然”的文化精神，并将这一精神渗透在武术文化形态的各个层面。例如，在器物技术层面上所体现出对“自然之形”的模仿，在制度习俗层面上对“武德”等礼仪规范进行约束，在心理价值层面上对民族心理产生映射等。

（一）“天人合一”的文化精神，促成了中国武术对自然之意的极尽追求

在探讨天人合一的问题上，不得不提到汉代董仲舒的“天人感应说”。汉代时，汉武帝罢黜百家独尊儒术，董仲舒作为当时儒家的代表，提出了“天人之际，合而为一”的思想。《春秋繁露·人副天数》中说：“人有三百六十节，偶天之数也；形体骨肉，偶地之数也；上有耳目聪明，日月之象也；体有空窍理脉，谷川之象也。”《阴阳义》中说：“天亦有喜怒之气，哀乐之心，与人相副，以类合之，天人一也。”

1 张岱年，方克立. 中国文化概论［M］. 北京：北京师范大学出版社，2004：288.

由此可见，董仲舒以天人感应说为核心的天人合一论，把人体与自然界的时令节候相比拟，认为天有阴阳，人也有阴阳，提出“以类合之，天人一也”的观点。

在今天看来，尽管当时的天人合一论有牵强附会之嫌，但其在中国古代社会思想领域中长期占据着重要地位，并且影响着其他文化形态的发展。李泽厚也认为：“这种天人感应的宇宙观，在汉代逐渐成为这个社会接受的主要统治意识形态，并一直影响到今天。它与审美和艺术创造也有密切关系，并极大影响了后世的美学和文艺理论。”[1]

这样的天人感应说在构建武术文化形态的理论中随处可见，直接造成了中国武术理论对“自然之意”的追求。其认为，自然界的一切变化，必然直接或间接地影响人体生理机能的变化，只有顺应四季气候变化，按照自然规律锻炼，才能提高练功的效果，达到“练之以筑其基，清虚其体”的目的。例如，武术的传统功法练习十分重视自然界与和人体机能的统一，习武人采用不同的方法与自然界进行沟通，进而达到相应的练功目的。

《八卦拳学·八封拳神化之功借天地之气候形式法》指出，练功者“须择天时、地利、气候、方向而练之”。《少林拳法大要·拳法练习之程序》说：“每日早起练拳法之先，必面向东方。”流行于广东的“少林八卦五行功”也提出，要根据不同季节和人体五脏变化，分别进行卧功、坐功、站功、走功的各种练习。秋季主练脾胃功，使之有助于肝；冬季主练肺功，使之有助于肾；春季主练肝，使之有助于心；夏季主练心，使之有助于脾胃……诸如此类的练功原则，在传统武术理论体系中并不鲜见。这充分说明了中国武术对“天人合一，崇尚自然”思想的吸收，并在此基础上形成了对“自然之意”的追求。

在中国传统哲学“天人合一，崇尚自然”思想影响下，武术形成了独具中国文化特色的身体运动形态。时至今日，中国武术所体现“天人合一，崇尚自然”的文化精神，依然具有一定价值和意义。

（二）“崇尚自然”的文化精神，催生了中国武术对“自然之形”的模仿

老子说：“人法地，地法天，天法道，道法自然。”庄子认为，人与天地自然都

1 李泽厚．美的历程［M］．合肥：安徽文艺出版社，1994：277–278.

是由气构成的，人是自然的一部分，因而天与人是统一的。他极力追求“天地与我并生，而万物与我为一”的天人合一的精神境界。由此可以看出，以老庄为代表的道家思想对天人合一的认识与追求是具体明确的，这种物我合一、浑然一体的境界，同时也道出了人与自然在本质上的统一性。

“乘物以游心”释义

传统哲学的天人合一观念体现在武术中，首先表现为习武人追求与大自然的统一融合，即在“道法自然”思想指导下对自然的崇尚。《庄子·人间世》写道：“乘物以游心，托不得已以养中，至矣。”在这里，庄子认为对大自然应采取“乘物以游心”的态度。刘纲纪先生研究这种思想对中国文化艺术产生的影响时提出：“恰恰是庄子这种身与物化，‘乘物以游心’的思想，极大地推动了中国古代艺术的想象力的发展，并充分体现了人与自然的和谐统一。人对大自然的热爱，把自然美化人间化、现实化了。”[1]在老庄崇尚自然、道法自然思想的影响下，武术则主张师万物，法天地，从大自然的生化衍变现象中获得灵感和启迪，将自然界各种飞禽走兽的形象、动作、攻防意蕴都融入拳术的技术之中。例如，武术先贤在创拳时非常注意模拟自然界的各种事物（包括动物、植物、天象等），取其姿态、动作、神情，依据人体运动的规律，结合技击方法的需要，演化出了许多动作，进而发展成为不同的拳种。在论述拳理时又往往以自然界的现象和运动规律来说明和比喻。这些观念在武术拳种和技术动作命名时有诸多体现。如大家所熟知的长拳十二型，“动如涛，静如岳；起如猿，落如鹊；立如鸡，站如松；转如轮，折如弓；轻如叶，重如铁；缓如鹰，快如风”，就是以十二种物象来说明在演练长拳时对动作变化的十二种要求。其中绝大部分也是以自然界的物象来喻拳势。形意拳中的“马、鸡、蛇、鹰、熊、虎、猴”等十二形，则是以十二种动物的动作为基础，取其形，会其意，按攻防动作要领和力法特点演化而来的。

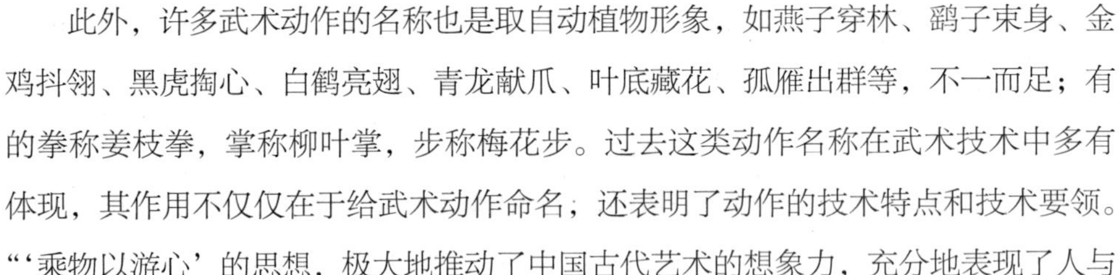

此外，许多武术动作的名称也是取自动植物形象，如燕子穿林、鹞子束身、金鸡抖翎、黑虎掏心、白鹤亮翅、青龙献爪、叶底藏花、孤雁出群等，不一而足；有的拳称姜枝拳，掌称柳叶掌，步称梅花步。过去这类动作名称在武术技术中多有体现，其作用不仅仅在于给武术动作命名，还表明了动作的技术特点和技术要领。“‘乘物以游心’的思想，极大地推动了中国古代艺术的想象力，充分地表现了人与

1 刘纲纪. 艺术哲学［M］. 武汉：湖北人民出版社，1986：627.

自然的和谐统一，人对大自然的热爱，把自然现实化了”[1]，这更是习武人在“天人合一、崇尚自然”理念指导下，对“自然之形”追求的最直接、最形象的体现。

第三节　和谐尚中，兼容并包

“和谐尚中”，作为中华文化的基本精神之一，在中华民族和中国文化的发展过程中起着十分重要的作用。《易传》高度赞美并极力提倡和谐思想，提出了“太和”的概念。它说：“乾道变化，各正性命，保合太和，乃利贞。”“太和”即至高无上的和谐，是最好的和谐状态。《中庸》中的“万物并育而不相害，道并行而不悖”，也正是儒家所构想的“太和”境界。“中”是“和”的产生途径，而“和”又能促进“中”的发展。因此，和谐和中道是相辅相成、不可分割的。同时，“和谐尚中”的精神又衍生出中国文化“兼容并包”的文化精神，使得中国文化愈加体现出极强的张力特性。

一、“和谐尚中”文化精神在中国武术中的体现

（一）“和谐尚中”的文化内涵

“和”是中国哲学中一个很重要的概念，用现在的话说就是“和谐”的意思。中西文化的一个重要差别就是中国文化重和谐与统一，而西方文化重分别和对抗，由此形成了显然不同的文化传统。”[2]中华传统文化十分重视宇宙自然的和谐，人与自然的和谐，以及人与人之间的和谐。孟子“天时不如地利，地利不如人和”思想中的“人和”，指的即是人与人之间的团结一致，以及统治者与人民之间的协调关

1 温力．中国武术概论［M］．北京：人民体育出版社，2005：81-82.

2 张岱年，方克立．中国文化概论［M］．北京：北京师范大学出版社，2004：292.

系。中国历代君王无不把“和谐”作为最高原则，并以此来处理人与人之间的关系，包括君臣、父子等伦理关系，也包括国家、民族之间的关系。在这种“贵和”文化精神的影响下，中国人民形成了爱好和平、与人为善的文化传统，在维护自己民族独立的同时，不主张向外武力扩张。

“和谐尚中”是中国文化的基本精神之一。“中”指事物的“度”，即不偏不倚，既不过度，也无不及。此外，“中”也指对事物的态度，既不“狂”，也不“狷”。儒家认为，保持“中道”是实现“和”的途径。因此，孔子用“执两用中”的办法作为实现并保持和谐的手段。在他看来，无过无不及，凡事叩其两端而取中。《中庸》第一章即写道：“喜怒哀乐之未发，谓之中；发而皆中节，谓之和。中也者，天下之大本也。和也者，天下之达道也。致中和，天地位焉，万物育焉。”意思是说，当人的情绪状态还未迸发出来时，内心无所谓“过分”或“不及”，这时称为“中”。当人的感情倾泻出来，而保持恰如其分时，也仍然是“中”。“和”来自“中”，“中”又是调和各种心情所必需的[1]。《中庸》将孔子所主张的持中原则提到“天下之大本”的高度，强调通过对“执两用中”原则的体认和践行，实现人与人之间、人与社会之间、人与天道之间的和谐与平衡。所谓“执两用中”，就是中庸没有定式，可根据不同的时空条件灵活运用，以达到中和。“执两用中”是中庸之道实现和谐的途径。

（二）“和谐尚中”精神在武术文化中的体现

1. 武术拳理具有明显的“和谐”思维

习练武术过程一直视人体身心和谐为真，人际和谐为善，天人和谐为美，身心和谐是武术的根本特征。武术视人体生命为一大系统，身与心是统一的，“心”为“身”的主导，“身”为“心”的躯体，身心不离。长拳以“手、眼、身法、步、精神、气、力、功”为八法；形意拳把“练精化气，练气化神，练神还虚”归为形意拳之三层道路，把“易筋、易骨、洗髓”作为三步功夫；苌家拳讲究“内外功用”“以其外而达于内”；南拳“以形为拳，以意为神”。种种拳法都是以人为修炼的主体，讲求身体与精神和谐共进。“简言之，武术所强调的‘合’，为‘心与意

1 冯友兰. 中国哲学简史［M］. 北京：新世界出版社，2004：150.

合，意与气合，气与力合’的‘内三合’和‘手与足合，肩与胯合，肘与膝合’的‘外三合’。所以，武术的‘合’并不仅仅是动作上下内外协调的技术要领和要求，更是武术的一种重要理论，这是受中国传统文化重和谐的价值观所决定的。”[1]

2. 武术的伦理道德体现出典型的“和谐”思想

“满招损、谦受益”释义

在中国2 000多年的封建社会中，儒家的伦理思想一直居于正统地位。受传统伦理思想影响的中国武术的“武德”观念，便明显地带有儒家伦理的浓厚色彩。孔子所提倡的以“仁”为核心的伦理思想，包括仁爱、朴实、宽容、坚毅、谨慎、谦逊、勇敢、沉着等内容。而武术对这些行为规范的内容也极为重视，将其作为习武人在人格品行上的重要要求。佟忠义所著的《武士须知》中就说：“满招损、谦受益，古训昭然，信不我欺。”这是对习武人“和谐”处世之道的高度概括。儒家思想重忍让克制，在人际关系处理上，儒家推行中庸之道，谦逊恭敬，重视和合。这在很多武术戒约中有充分体现。

3. 武术技法追求“尚中”的标准

武术动作讲究“手与足合，肩与胯合，肘与膝合”的外三合，即身体各部分互相配合，要求“势正招圆”，发力忌生硬，张弛有度，肢体中正，曲直有致，阴阳互补。在练拳时，身体各部上悬下吊，动作的重心不偏不倚以保持平衡和稳定，即“中正安好”。其要求是以人为本的体现，强调自我练习时无过又无不及的良好感觉。不像其他运动项目那样以外在、客观、人为的设定为目标或以超越自身潜能的极限运动为目标。持中，能做到重心稳固，实现身体动作的灵活转变，攻防动作的快速转换，也只有这样，身体外形和动作节奏才能得到充分展现，进而产生美的享受。例如，长拳要求撑拔舒展；太极拳要求中正安舒，动作不松塌、不强硬；南拳步型要求高而不浮、低而不板，身法直项圆胸；形意拳要求头正项直、塌腰正脊；八卦掌要求三空三扣、飘而不浮、柔而有骨。这些虚实、曲直、阴阳互相结合的技法特点，在所有的拳法中都能找到相应的体现。这些技法要求其实就是对武术动作指定的一个“度”，只有把握住这个“度”，武术才能发挥出它特有的魅力。

然而即便是“中”的度，也不是绝对一成不变的，而是根据实际情况灵活改变

1 全国体育院校教材委员会. 中国武术教程（上册）[M]. 北京：人民体育出版社，2004：6.

的。这种哲学思想可以称为守常明变，它体现在依据不同拳理而形成的不同拳种之间，也体现在同一拳种的不同环境中。例如，同样是冲拳，长拳中可以做到拧腰顺肩，击打距离相对较远，而南拳冲拳时却基本没有拧腰顺肩的动作，这是由不同拳种之间的不同拳理决定的。即使在同一拳种中，某一动作的规格也不尽相同。例如，长拳中虚步有高有低，出拳或平拳或立拳，大部分动作都会因人所处的假定作战环境的不同而略有改变。所以，所谓的“度”不是固定不变的，“度”亦有“度”。在武术中，如果单纯将所执的“中”固处僵化，那么所执之“中”就会变成偏执。

二、“兼容并包”文化精神在中国武术中的体现

（一）“兼容并包”的文化内涵

纵观中华传统文化的发展历程可以发现，中华文化从不抱残守缺，固步自封，总能以非凡的包容与会通精神来丰富和完善自己，显示出一种极强的兼容性，这种“包容“与“会通”的精神就是“兼容并包”文化精神的体现，也是中华文化特有的气质。

儒家思想中有个非常重要的观点就是“和而不同”，实际上就是多元并存和相互包容的意思。这个拥有多元文化的世界，只有多元并存才能互相学习、互相推动，实现共同发展。“诸子百家的产生正是由于各家各有所长，又各自发表自己的思想见解，而形成了所谓的‘儒’‘士’‘侠’‘方士’‘法术之士’等。”[1]历史上诸子百家的学说，可谓百花齐放，这种学术主张就是“兼容并包”文化精神的典型体现。这使得在源远流长的传统文化中，形成了儒教、佛教、道教三者长期并存的文化格局。它们相互影响并共同作用于中华文化的形成、发展和演变的每一个历史阶段。除此之外，在中国历史上除了儒教、佛教、道教三教并存，我们的文化还用它宽阔的胸怀接受了基督教、伊斯兰教等其他宗教。可以说，正是由于具有这种非凡的“包容”精神，才使得中华传统文化具备了博大的文化融合力。

儒家“和而不同”的思想，肯定了事物是多样性的统一，主张以广阔的胸

---

1 冯友兰. 中国哲学简史［M］. 北京：新世界出版社，2004：25.

襟、海纳百川的气概，容纳不同意见。这与《易经》提出的“天下百虑而一致，同归而殊途”的主张是一脉相承的。在文化价值观方面，允许不同派别、不同类型、不同民族之间思想文化的交相渗透、兼容并包、多样统一。不同的事物相互配合达到平衡，就叫作“和”，只有“和”才能产生新事物。如果把相同的事物放在一起，就只有量的增加而没有质的变化，就不可能产生新事物，事物的发展也就停止了。因此，这里的“和”所指的并不是所有的元素都趋向于相同和一致，而是将这些具有各自特点的许多元素甚至完全相反的两方面兼容并包，使之成为一个新的整体。正如五味相和才能产生美味可口的食物；六律相和才能形成悦耳动听的音乐；文武兼备才能消除一个国家的内忧外患；阴阳相持才能维系世间万物的持续发展。

（二）“兼容并包”思想在武术文化中的体现

1. 武术技术体现出“兼容并包”的特点

中国武术如同浩瀚的大海，包罗万象，其风格迥异的拳法派别，无不融通着“兼容并包”的文化气度。在20世纪80年代，国家体育主管部门进行了一次全国规模的武术挖掘、整理和统计工作。专家学者们把经过几千年流传下来的拳术进行了归类整理，据统计流传至今的拳种有129种之多。这129种拳种都具有自己独有的拳种特点和传承体系，甚至一个拳种又有多个流派。各拳种和流派在发展的过程中，并没有因为它们统称为武术而将其各自特点趋于一致。各拳种始终都保持着自身最基本的特征不变，在这个前提下又互相借鉴和吸收其他拳种的优点，使自身体系不断完善，维持着武术大系统内百家争鸣的状态发展至今。

如此门类众多的拳种，形态各异，各有特色，且共同存在于中华大地之上，同生同息，共同绘制出了中国武术博大精深的宏伟图景。这种诸多拳种共存的风貌，也是中华传统文化“兼容并包”思想的体现。因为，尚和思想与中庸之道在注重“和谐”和“辩证”的前提下，同样讲求“和而不同”的理念。在这种文化精神的影响下，中国武术也自然而然地表现出文化多样性这一特质，在地域差异、文化差异等作用下形成了“存大同，求小异”的多样化的拳种门类与多元化的拳法风格。“兼容并包”的文化精神在中国武术拳种多样性发展中的实践，使得中国武术体现出了一种海纳百川、有容乃大的文化气魄，这也正是中国武术保持生命力而历久弥新的要义所在。

2. 武术文化体现出“兼容并包”的精神

“点到为止”的说法虽然大多出现在影视作品中，但它确实是对习武人优秀品格的写照。其意思是说，即使武技再高超，也不能表现得太张扬。但武德中又有行侠仗义、惩恶锄奸的要求。因此，处理好惩恶扬善与含蓄内敛之间的关系，同样需要一个“度”。例如，在习练太极拳推手时，不紧不懈、不丢不顶、黏沾连随的思想理念便是以人为本的体现；其不丢不顶、黏沾连随的儒雅对抗，是对人体安全终极关怀的表现，重视人的安全、关怀人的生命即重视人；引进落空、舍己从人、先化后打的礼让思想是太极拳对抗中乃至日常生活中尊重人、关心人、爱护人的思想体现。而且，太极拳在思想修为上的“中正之道”反映了其为人处世无过而无不及，追求善恶分明、诚实正直、廉正俭朴的道德品质。做事不走极端，求大同，存小异，保持人际关系和谐，是中国人普遍的行为准则。这个“度”就是在不断的武术修炼中自然而然形成的，是武术本质的体现，也是武术“尚中道”精神的功能所在。

“和谐尚中，兼容并包”文化精神的主旨就是兼容一定范围内不同的事物或思想，并将其整合在一起，形成一个完整的系统。中国武术作为一个融合多种派系、多种拳种、多种拳术理论，以及多种文化特征的大系统，正是因为其“和谐尚中、兼容并包”的文化精神，才能发展到今天仍然具有不朽的文化魅力。

第四节　直觉体悟，知行合一

任何民族的文化都有着自己独特的文化品性，这种文化特性不仅体现在该民族文化的内容和形式等方面，还体现在该民族所形成的思维方式与实践方式上。对中华民族而言，中华文化较之于世界文化，其思维与实践的方式是独具一格的。传统文化赋予了中国人在生活中更加偏重于对外界事物进行“直觉式”“体悟式”的思维方式，以及在认知层面更加凸显“知行合一”的实践方式。这种思维特征与实践特征也深深地体现在中国武术之中，并成为中国武术基本文化精神的一种表现。

一、直觉体悟：中国武术思维方式的文化精神体现

（一）中国武术沿袭着中国文化崇尚“直觉”的思维方式

受中国文化影响，中国人对事物的把握往往采用偏重“直觉”的思维方式。因为“中国人的思维方法不可能走向形式逻辑，它注重的并非实验性的观察，也非逻辑性的分析，而是人之经验和体悟”[1]。这种“非实验性的观察”就是凭直觉思维，对事物进行感性分析，进而实现对事物的认知。这与西方逻辑的认识方式存在着明显的差异性，“西方逻辑的认识方式主要表现为抽象的、分析的、逻辑的认识。中国直觉的认识方式，主要表现为综合的、整体的、直觉的认识”[2]。这种注重“直觉感性”的认知方式是内化于中华传统文化发展脉络之中的。

在中华传统文化中，人们崇尚的是自然。自然是一个泛化的、笼统的概念，具体来说，自然表现为宇宙中存在的“象”。“象”是人与自然的沟通之道，“象”是万物之道的有效载体或媒质。透过“象”，人们才可以感知到自然之变化，认识到万物之规律。在中华传统文化的创造和发展过程中，对自然之“象”的摄取通常都是通过“直觉感性”的思维来实现的。

卦象是《周易》的精髓，“借助卦象，并通过象的规范化流动、联结、转换，具象地、直观地反映所思考的客观对象的运动与联系，并借助六十四卦系统模型，推断天地人物之间的变化”[3]，这种思维方式体现在中国武术之中。八卦掌的先师依照道家的八卦理论和八卦图，以八个方位“乾、坤、坎、离、震、艮、巽、兑，代表天、地、水、火、雷、山、风、泽，并演化出推、托、带、捞、搬、扣、劈、进八劲，又一掌变八掌，八八六十四掌配六十四卦”[4]，由此创出以易理定拳术、以卦数定掌数的八卦掌。再如，太极拳的先师在遵循道法自然中的阴阳之变的基础上，以“易有太极，是生两仪，两仪生四象，四象生八卦”为拳理，创造出“中正安

---

1 张法. 中西美学与文化精神［M］. 北京：北京大学出版社，1994：20.

2 王卓民. 悟：认知方式的文化积淀与文化价值［J］. 山西师大学报，2003，30（4）：86-90.

3 张岱年，方克立. 中国文化概论［M］. 北京：北京师范大学出版社，2004：258.

4 全国体育院校教材委员会. 中国武术教程（上册）［M］. 北京：人民体育出版社，2004：6.

舒、轻灵圆活、松柔慢匀、开合有序、刚柔并济，犹如行云流水，连绵不断”的太极拳。形意拳的先师“依据阴阳学说、五行相生相克学说，配合内脏经络和十二种动物的主要技能，取其形、意，以形取意，以意象形，形随意转，意至形生”，创造出“动静相间、节奏鲜明、劲力充实、刚柔相济”的形意拳。这些拳法的产生都是通过对自然的观察，从整体观出发，通过直觉来认知自然，并对“象”进行直觉式的感悟，从而应用于武术的拳理之中。

另外，还可以通过武术技术的构成体察到中国武术注重“直觉感性”的文化精神。武术是由各种蕴含技击意识的动作构成的，这些动作并不是凭空想象出来的，而是来自人类的格斗行为和对自然万物的观察实践活动。即对观察到的事物与现象进行“感性”的分析，并演绎成为武术的技术动作。例如，形意拳取动物之特长，象形取意，取法为拳，其基本拳法中的十二形拳，正是建立在十二种动物特性的基础上，仿其法、效其技演化而来的拳法。又如太极拳的动作效法水之柔软。老子曰：“天下莫柔弱于水，而攻坚强者莫之能胜，以其无以易之。”水是柔软的，无定形的，因而能因形就势，随物赋形，变化莫测。所以，太极拳吸收水的特性，融合于拳理之中，形成了松柔舒缓的、黏沾连随的独特技术风格。

中国武术将自然的变化规律运用于拳法的身体行为之中，是中国文化特有的“直觉”思维方式的文化精神的体现。在千百年的发展过程中，中国武术的发展演变可以说是通过直觉的思维获得感性认识的总结和提炼。在这种文化精神的作用下，风采各异、妙趣横生的中国武术得以形成。

（二）中国武术沿袭着中国文化践行“体悟”的思维方式

所谓“体悟”，即通过静思而参透某种道理的意思，是对“直觉”思维的延伸。在中国传统文化中，无论是老子主张的“道”，还是后来玄学所推崇的“无”，以及理学所提出的“太极”，都不能用逻辑思维方法来认识它们，只能依靠直觉来体会和把握。例如，老子认为：“道可道，非常道。”庄子主张用“坐忘”“体悟”的方法达到与天地并生，与万物为一的境界。宋代的张载认为，人有三种认识能力：一是“闻见”，二是“穷理”，三是“尽性”。其中的“尽性”便是指体悟能力。朱熹曾提出“半日静坐，半日读书”。但是在二者比较中，他还是更重视前者的作用。因此，佛教讲的“一悟即至佛地”正好符合中国传统思维方式的体悟特点。

中国武术同样印证着“体悟”这一文化精神。从中国武术发展的历史可以察觉，武术技术的创编主要是通过武术家的亲身实践，以及对外界其他事物的观察与模仿来实现的，即通过体悟的方法，在对外界事物的观察、模仿和思考中不断地形成各种武术技术技法，并通过反复的体验实现不断的超越，改善原有的技术技法，并积累新的实践经验。因此，“无论拳法、拳势、拳理，无不需要渐彻渐悟”。各种武术技术动作、套路的习练都是一种肢体的历练过程，只有在经历了身体的实践后才有可能形成对武术意识的真正理解。这种通过亲身体验而获得的各种技术实践，是形成和发展武术技术内在规律与理想实践方法的主要手段，也是中国武术的独特思路。

武术谚语有云：“功夫无息法自修。”武术技法上的一招一式、一攻一守，在步法、身形上的进退开合、闪展腾挪等是可以通过言传和身授的途径实现的，也是可以通过观摩和习练而掌握的。但是，中国武术最为深邃的意境与神韵却不是那么容易领会的，这种更为精微、更为深久的东西是“只可意会，不可言传”的。这就表明武术中的每一个拳势、招式，往往百说不得其要诀，唯有下功夫去体味、体悟，才能通晓其中的奥妙。此外，还有武术中的内劲、内功等，更加难以用言语相互传授，必须要经历不懈的修炼才能获得些许的体悟。以太极拳为例，假使没有长时间的悉心习练和不断领悟，是不可能体悟到“求自然”“贵虚静”的技术意境和“避实击虚”“以柔克刚”的技术要领的。

作为东方形态的文化，中国武术与西方形态文化比较，最大的差异在于中国武术是“追求体悟的过程”，这也是中国武术真正的精髓所在。“对武术的感悟，也就是在反复的运动实践与对外界事物的观察模仿中不断地超越自己，不断超越原有的方法与经验而最终获得一种方法性的直觉能力”。所以，只有通过反复的运动实践与观察思考，即以“体悟”的方式，才能实现对中国武术内在精髓的直觉认知。

二、“知行合一”：中国武术实践方式的文化精神体现

（一）“知行合一”是中国文化最基本的认知论

知行关系问题是属于中国哲学范畴下的命题，它是关乎理论理性与实践理性两者统一的命题。古代的先哲们自古便主张“践行尽件，履行实践”，他们的兴趣不

在于构建理论体系，不是只把思想与观念系统表达出来就达到了目的，而在于言行一致、知行统一，强调自己所讲的与自家身心的修炼必须相符。

荀子强调“行”为“知”的目的，但同时也承认“知”对“行”的指导作用。作为圣人必须“知行合一”。《朱子语录·卷九》提出“知行常相须，如目无足不行，足无目不见。论先后，知为先；论轻重，行为重”的观点。朱子从逻辑的角度认为，知先行后，知主行从；从价值的角度指出知行应合一，穷理与履践应兼备。王阳明在《传习录》中提出，“知是行的主意，行是知的工夫；知是行之始，行是知之成”“知之真切笃实处便是行，行之明觉精察处便是知”。他所说的见父自知孝，见兄自知悌，见孺子入井自知往救等，即是主动的、率直的、不做作、自会如此的“知行合一”。随后，王夫之又较为辩证地解决了知与行的关系问题，并提出了“知行始终不相离”“相资以互用”“并进而有功”的观点。最终，王阳明最早将知行问题总结为“知行合一”，即“知”与“行”是统一的。他认为“知而不行，只是未知”。

由此可以知道，中国哲学所缔造的传统文化的行为观是“理想与理性的统一，价值与事实的统一，理论理性与实践理性的统一”，即强调价值理想的现实化，强调主体行为的实践。

（二）“知行合一”实现着中国武术理论理性与实践理性的统一

1. 拳理相通：中国武术“技”与“理”的统一

穷理尽性乃至于命。天下之事莫不有理，万类众生莫不有性，理不穷则性不明，命不立则身不安。中国武术门类繁多，拳种各异，形态迥然。然而各家都讲“万变不离其宗”“万法归一”。这里的“宗”与“一”，就是指各类武术拳种的“理”。常言道：“拳法变幻，而理为一贯。”“理”如何理解呢？

其一，从宏观的方面讲，“理”是人体运动所遵循的自然规律。中国古代思想家在探讨人与自然的关系时指出，天地一大宇宙，人身一小宇宙，人可以与天地相通，人的生命也反映着天地运动的基本属性和特点。因此，人的生命过程就要与自然界的变化规律相符，要顺乎天地之道。《易经》用“一阴一阳之谓道”高度概括了万事万物对立又统一的矛盾规律。中国武术基于对这个普遍规律的认识，仅改动一个字，称“一阴一阳之谓拳”。可见，阴阳之道是武术运动的规律，几乎所有的拳种都遵循阴阳之理。《形意拳论》中记载：“在拳中，形意、八卦、太极三派一体，虽分三体之名，然统之于阴阳。”再如，拳法技术中的“圆”“空”等运动形式，也都是对自然运动规律的体现。八卦掌是沿圆走转、随走随变、步如趟泥、手如拧绳、腰如蛇转的拳术；太极拳是轻灵、圆活、缓慢的拳术，它的技术要求是处处走弧形，运动如抽丝、连绵不断。

其二，从微观的方面讲，“理”是各类拳法所遵循的拳术要领和特点。拳谚有云：“言不明，理不通。理不通，艺不精。”这里的“理”，就是指各种拳法之要义。近代著名太极拳家杨澄甫在《太极学之练习谈》中指出：“中国之拳术虽派别繁多，要知皆寓有哲理之技术。”如形意拳拳理为“依据阴阳学说、五行相生相克学说，配合内脏经络和十二种动物的主要技能，象其形，取其意，以形取意，以意象形，形随意转，意至形生”。可以说，形、意统一是形意拳的精髓。再如，“八卦掌具有《易经》的不易、变易和简易之理”。“不易之理”体现在八卦掌中的动静、刚柔、虚实、缓急之中。“变易之理”体现为八卦掌演练和应用时因势乘便、执中有权，在变化中修炼身心和克敌制胜；“简易之理”体现在八卦掌以切实有用为圭臬，拳势简洁，招法灵活。

“圭臬”释义

2. 崇尚武德：中国武术“德”与“艺”的统一

知行问题是一个认识论的问题，但在中国传统哲学中更是一个伦理道德问题。在中国传统哲学中，如果认识论不与道德修养结合，便很难成为哲学的一个部分流传下来。从孔子起就把能否言行一致视为在道德上划分君子与小人的一个标准。由此可知，“知行合一”也体现出中国传统哲学中道德修养的问题。

作为中国文化典型代表之一的中国武术文化，自古便具有教化功能。中国武术历来十分重视武德教育，强调练武以“德”为先。《少林戒约说》提出，“习武人以强体魄为要旨”“只可备以自卫，切戒逞血气之私，有好勇斗狠之举”。苌家拳之《初学条目》规定：“学拳宜以德行为先，凡事恭敬谦逊，不与人争，方是正人君子。学拳宜以涵养为本，行为举止要平心气和，善气迎人。学拳宜作正大事情，不可恃艺为非，以致损行败德，辱身丧命。”

综上所述，中国武术借助“直觉体悟”的思维观，与自然之道相互通融，衍生出形态各异、惟妙惟肖的技术技法；中国武术借助“知行合一”的实践观，使得武术技法得以在扎实的理论基础上日趋完善，形成拳理相通的文化特性，并在技艺修行的过程中，发挥着道德教育功能，延续了中华优秀传统文化的教化属性。

思考题

1. 中国武术的文化精神有哪些?

2. “自强不息，厚德载物”的文化精神在中国武术中是如何体现的?

3. 如何理解“直觉体悟”是中国武术文化精神的体现?

4. 中国武术侠义精神的价值理念及当代意义是什么?

第六章

中国武术的美学特征

本章导读

中国自古以来就是一个充满浓郁审美气息、弘扬审美精神的国度。中国古人习惯于“按照美的规律改造自身和创造世界，而审美积极性就表现在人的一切活动中”[1]：从原始社会到石器时代的原始音乐、舞蹈、岩画、地画、彩陶等，奴隶社会时期的青铜器、甲骨文、古籍中所记载的一些传说和史实等，春秋战国时期的诸多文学作品和漆器、玉雕等，秦汉时期的雕塑、建筑、汉赋、书法艺术、美学理论著作等，隋唐时期的旧体诗、瓷器、丝织品等，宋元时期的宋词、元曲、元杂剧、戏曲等，明清时期的小说、戏剧、园林艺术、建筑、绘画等[2]。它们无不表现出中国传统文化独特的审美情结，蕴含着中国传统审美文化思想。中国武术作为一门传统技艺，深受传统审美文化的影响，也遵循着“按照美的规律来建造”的审美原则，使得中国武术形成了鲜明的传统审美文化的内涵与特质，在本章我们将带大家一起去了解中国武术的美学特征。

---

1 陈志椿，侯富儒. 中国传统审美文化［M］. 杭州：浙江大学出版社，2009：2-3.

2 陈志椿，侯富儒. 中国传统审美文化［M］. 杭州：浙江大学出版社，2009：5-12.

第一节　中国武术美学特征的理论基础

一、中国武术以“形美感目，意美感心”作为审美认知方式

在中国传统审美文化中，诸如戏曲、舞蹈、雕像、绘画、书法等艺术，都是通过视觉或听觉直接感受的，具有“直观性”和“可感性”。如戏曲、舞蹈，是表演者通过肢体的活动和音乐的律动塑造出各种艺术化形象，雕像、绘画、书法则是艺术家运用相应的工具塑造出各种艺术化的形象。这些形象寄托着艺术家的情感、思想和追求，是饱含丰富“意味”的“感性的形象”，是能够引发审美主体——人产生审美联想和审美想象的艺术典型。这些艺术典型，是艺术家们以现实生活中的事物为基础，经过艺术化的构思、加工、处理之后，重新创作而成的。

中国传统审美文化的精髓在于“似与不似间”的差异。例如，南宋马远所画的《寒江独钓图》，整幅画面之中只有一只小舟和一个渔翁在垂钓，四周除寥寥几笔微波外，几乎全是空白，却可以使人感到烟波浩渺，满幅皆水。著名画家齐白石先生的水墨画《蛙声十里出山泉》，画面上没有蛙，只有几只蝌蚪在急流的山泉中游动，“蛙声”虽然在画面中难觅踪迹，却可以使人感受到山泉上游、十里之外的山涧间响成一片的蛙声。这种“留白”的绘画手法，能让观赏者在通过视觉感知的同时，在内心世界营造出“此处无物胜有物”“此处无声胜有声”的审美意境。因此，充满感性的艺术形象，可以使“形之美”感染人的眼睛，同时“意之美”也在潜移默化之中感染着人的心灵，这是对传统审美思想中“形美感目，意美感心”的审美文化精神的体现。

对中国武术而言，各种技术技法都蕴含着深刻的武术技击意识和思想。习武人在演练时，一拳一脚、一招一式都体现着攻防的技法，一进一退、一开一合都变换着攻防的节奏，栩栩如生、惟妙惟肖的武术技术形态向观赏者呈现了较为逼真的技击情景，给人以“无法言喻”的审美感受。我们将这种“无法言喻”的审美感受分为两种类型[1]：一是“形式美”，包括“定势美”“动态美”“结构美”；二是“意境

1 邱丕相. 试谈现代武术的美学特征［J］. 山东体育科技，1985，1：84-86.

美”，包括“韵律美”“神采美”“性格美”“本色美”。“形式美”通过“目”来获得，产生并作用于观赏者的感官，使人获得感官的愉悦；“意境美”则通过“心”来实现，产生并作用于观赏者的内心世界，使人产生精神的愉悦。两者共同为审美主体营造出关于武术的审美世界。

因此，从中国传统审美文化的视角来审视中国武术，各种武术技法都可以看作是历代习武人经过艺术化的构思、加工、处理后，创造而成的充满技击“意味”的“感性的形象”，其表现出的“形式美”可以感染人的感官，所表现出的“意境美”可以感化人的心灵，使人获得审美享受。于是，“形美感目，意美感心”成为中国武术的审美认知方式。

二、中国武术以“源于真实，超越真实”作为审美表现方式

艺术之所以能够吸引人，是因其经过“虚拟化”处理后完成了对现实中实物或者实景的“真实性”再现，甚至是实现了超越。“虚拟性，既是真实生活的概括，也是真实生活的升华。”[1]同时，“虚拟”也是对“现实”进行的“虚拟化”创造，“虚拟”离不开现实生活，“虚拟性”不能背离“真实性”。

中国武术是一门具有实战技击功能的格斗技艺。中国武术自产生开始，技击是最为核心的属性和功能，从中国古代社会至近代社会，中国武术的实用功能始终占据着中国武术发展的主流，不仅能够服务于军事战争，也能用于保家护院、防身自卫。但是，随着技术形态的发展和存在方式的演变，它逐渐发展并形成了与中国其他传统技艺共通的审美特性——虚拟性。

从早期的“一击一刺谓之伐”到今天的拳种林立、拳系众多，中国武术从单一走向多元。原本讲究简单实效的技击动作，不断演变、充实、丰盈，成为一种博大精深的技艺。这是历代习武人千百年来共同创造的成果和结晶。习武人以现实中各种格斗搏击作为创作素材，经过特殊的处理与加工，创造出各式各样的技术动作、技术组合和套路。这些“不是对现实生活所进行简单的重复和模拟，它们只是从‘外露杀伐斗狠之形，内藏实战技击之效’的格斗技能中摄取的典型”，

1 张太平．戏曲表演艺术的虚实感［J］．当代戏剧，2001，5：41-42.

一招一式、一拳一脚都具有攻防技击的目的和意图，“含蓄地显露攻防招数的原形，巧妙地展示技击技法的意识”[1]，它们与现实中的格斗技术、搏击技能存在着显著的差异性。

从审美的视角来看，通过蕴藏着攻防技击含义的技术技法和独具匠心的技术编排，以“虚拟化”和“理想化”的“典型”再现“真实性”的技击场景和情境，就是一种以“虚拟”表现“真实”的审美表现方式。例如，武术中的“腾空飞脚”“旋风脚”，单单从功能上来看，并不具备“击必中，中必摧”的实战价值，但这些技术却蕴含着技击意识，“腾空飞脚”寓意在腾空而起后在空中完成弹腿或是蹬腿的技击动作，“旋风脚”寓意在空中翻腾后用里合腿达到技击的目的。尽管不能用于“真实”的技击，但却是“荷载意义的隐喻或象征体”[2]，艺术性地表现或展示出了技击的本质和功用。

中国武术通过“虚拟”的表现方式展现技击的技艺，营造技击的“真实”，使审美主体在意识中进行审美想象，最终产生更高层面的审美感受和体验。这种源于“现实”，又超越“现实”的特性，正是中国传统审美文化精神的体现。因此，就中国武术的技术形态和表现方式而言，它是以“源于真实，超越真实”作为自己的审美表现方式。

三、中国武术以“观物取象，立象尽意”作为审美追求目标

在中国传统审美文化中，“写意”是一个独特的审美命题，它是建立在“意象”这一传统美学思想理论基础上的一种艺术手段或方法，是一种具有宏观意义的审美学理念。在崇尚“写意”的美学思想引导下，“写意性”成为中国传统艺术的重要属性，传统艺术普遍具备“写意化”的艺术特征。例如，在传统的戏曲艺术中，“写意”被视为传统戏曲艺术的精髓所在，体现为“以虚待实，不追求绝对真实，而把真实的东西提炼，以变形、夸张的手法形成一套符号系统，从而调动观众

中国武术如何以“观物取象、立象尽意”作为审美追求?

1 吴松. 中国武术的艺术理论研究［D］. 苏州：苏州大学，2011：38.

2 姜耕玉. 艺术虚构中感性时空的超越与真实［J］. 江苏社会科学，2003（3）：136-141.

的想象力来破译符号，并在破译中获得美感”[1]；在中国绘画艺术中，古人以墨画物，并不注重所画之物是否再现原物的“形”（形状）与“色”（色彩），而是着意于对物的“性”（本质属性）与“味”（意味）的把握，往往“画意不画形”“得意而忘形”。

在中国传统审美思想的影响下，中国武术十分注重“意”的表达和呈现，通过“有意味的形式”[2]（蕴含攻防技击内涵的技术技法和演练活动），向人们展现充满无限想象的意象世界，使人在脑海中产生对武术技击技法与场景的联想，从而获得审美体验。从审美文化视角来看，各种武术技术动作、技术组合和套路是作为审美客体存在的，是“以‘原始’的、‘现实’的人类打斗活动作为一种本原的‘物象’，通过武术拳家们的处理和加工，创造出的新的‘形象’”[3]。在传统审美文化理论中，这是一种“观物取象”的过程。

“‘观物取象’是一个认知的过程，也是一个创造的过程。‘观’，就是对宇宙万物的直接观察和感受；‘取’就是在‘观’的基础上的提炼、概括和创造。”[4]中国武术正是通过对现实的观察与感受，建立对武术技击的认知，并以现实为基础进行各种提炼、概括和创造而来的。同时，蕴含着技击意识和技击内涵的武术技术动作、技术组合和套路，能够在以人为主体的审美活动中表现出“无限深远幽隐而丰富复杂的意念”[5]，使人领会到“象”中之“意”，感受到“象”外之“象”。在“立象尽意”的过程中，关于武术的技击情景和技击意境在人的审美意识中产生，引发着审美想象，从而实现对武术的认知和理解。

因此，就中国武术的技术形态和表现方式而言，它体现出与戏曲、绘画、书法等传统艺术一样普遍具有的审美文化追求——“观物取象，立象尽意”，这也是中国武术作为一种具有审美属性的传统文化所彰显出的显著标识。

---

1 覃莉．论中国戏曲的写意性［J］．美与时代（下），2005（11）：79-80.

2 巫绍平．有意味的形式——中国画程式的现代解读［J］．艺术评论，2010，6：98-100.

3 吴松．中国武术的艺术理论研究［D］．苏州：苏州大学，2011：65.

4 陈志椿，侯富儒．中国传统审美文化［M］．杭州：浙江大学出版社，2009，1：49.

5 陈志椿，侯富儒．中国传统审美文化［M］．杭州：浙江大学出版社，2009，1：47.

四、中国武术以“怡情养性，愉悦身心”作为审美价值体现

在人类社会发展的早期，娱乐活动就已经存在。在中国古代社会，古人的娱乐活动有很多，如歌唱、舞蹈、戏曲、杂技、绘画，以及诗词曲赋等。无论悦耳动听的歌曲，还是婀娜多姿的舞蹈，无论惟妙惟肖的戏曲，还是险象环生的杂技，无论朗朗上口的诗词曲赋，还是栩栩如生的绘画……都可以使观听之人为之兴感怡悦。这些都是古人在劳作之余，创造出的传统艺术门类，在审美意识的作用下被赋予了“娱乐”的精神。

中国武术，亦是如此。《释名・释言记》中记载：“武，舞也，征伐行动，如物鼓舞也。”《山海经・海外西经》中记载：“刑天与帝至此争神，帝断其头，葬之常羊之山。乃以乳为目，以脐为口，操干戚以舞。”[1]这些史料表明，“武”与“舞”的关系甚为紧密，被用于日常娱乐生活的武术活动多以“武舞”为主要内容。随着社会发展，即便武术主要运用在军事战争领域，但是在宫廷和民间都出现了“武艺”活动。“自秦汉三国时期，受消闲娱乐活动的影响，对兵械练习提出了审美要求，从而形成了军事体育与民间习武的不同发展方向……这种方式的变化引起了武艺的演进。”[2]如当时出现的“剑舞”“百戏”“武戏”等。到了宋朝，“社会上已有了以表演武术为生的专业艺人”[3]，时常在“瓦舍”“勾栏”等在当时专门供人娱乐游艺的场所进行表演。据《武林旧事》记载：“南宋临安城‘诸色伎艺人’八百多人，角抵艺人四十四人；乔相扑有九人；还有使棒的、举重的、射弩的，还有称为‘女飐’的女武艺人。他们以习武卖艺来取悦观众。”[4]可以说，在中国武术的发展过程中，其被赋予了娱乐的价值与功能。

中国武术本是一种技击术，为什么会衍生出娱乐的价值和功能？其原因在于：中国传统审美文化的“‘整体观’‘和谐观’‘生命意识观’‘天人合一观’‘意象

---

1 国家体委武术研究院. 中国武术史［M］. 北京：人民体育出版社，1997：4.

2 曾于久，刘星亮. 民族传统体育概论［M］. 北京：人民体育出版社，2000：43.

3 曾于久，刘星亮. 民族传统体育概论［M］. 北京：人民体育出版社，2000：87.

4 李印东. 武术释义［M］. 北京：北京体育大学出版社，2006：93.

观'"[1]使得中国武术在表现形式、运动特征以及价值取向等诸多方面体现出独特的审美意识、审美情趣，形成了“名称美、礼仪美、体形美、素质美、服饰美、姿态美、造型美、劲力美、结构美、阳刚美、阴柔美、战术美、节奏美、技击美、神形美、意境美”[2]等审美特征，并由此成为“具有审美属性的行为艺术”[3]。“对武术观赏者而言，当他们通过审美感官对武术演练者惟妙惟肖的肢体运动进行观赏的时候，会对武术技术动作、技击意识以及武术技击情景等产生相应的、合理的感知，武术运动中的动作造型、劲力节奏、神采气韵等都可以引发观赏者对武术所蕴含的各种美产生联想，并获得审美的享受”[4]。因此，我们认为，在中华传统文化审美思想的深刻影响下，中国武术被赋予了中国传统艺术普遍具有的“怡情养性，愉悦身心”的审美价值。

第二节　中国武术的美学特征

一、“写意化”的中国武术

中国武术以肢体运动为主要行为方式，构成其主要内容的各种技术技法都取材自现实生活中人们在格斗过程中所使用的各种技击方法。然而，格斗中使用的技击方法与武术中的技术技法是迥然不同的，现实中用以实现技击目的的格斗技法是人在社会生活中发生的行为，是客观世界存在的一种现象；而武术中各种技术技法是以表现技击为目的的行为，是遵循一定的规律和模式创造出的“理想化”的行为。

1 王岗．中国武术文化要义［M］．太原：山西科学技术出版社，2009：238-245.

2 王锐．艺术视野下中华武术美的要素分析［J］．电影评价，2007（13）：88-89.

3 王岗．中国武术技术要义［M］．太原：山西科学技术出版社，2009：239.

4 吴松．中国武术的艺术理论研究［D］．苏州：苏州大学，2011：123.

武术技术技法的创造过程，是从“客观存在”的现象到“理想化”表现的改造，其实质是“写意化”的改造过程。

（一）中国武术的“二元”层次结构

在中国传统哲学理论体系中，常用“一分为二”的辩证法去认识自然、认识世界。这种思维观指导着中国古人在认知事物、认识世界时，不仅对事物的外在形式进行分析，也对事物的内涵进行解构。中国武术也深受“二元论”的影响，体现出“形式层”和“意蕴层”二元层次结构。例如，中国武术具有“形神兼备”的运动特点和追求“内外合一”的技术要领，其中的“形”和“外”所指的就是中国武术的“形式层”，而“神”和“内”所指的就是中国武术的“意蕴层”。“形式层”表现为攻防格斗的技击方式和技击方法；“意蕴层”表现为通过技术动作和方法“营造”出的技击情景和技击意境。中国武术的“形式层”和“意蕴层”，是人们认知中国武术的有效途径。

（二）“观物取象”：中国武术“形式层”的写意化表现

中国武术是一种表现技击的独特方式，是对技击活动进行高度化提炼与归纳的表现。各种技击动作与方法生成的过程，是对现实生活“写意化萃取”的过程。我们看到的武术技术动作，完全不同于原始形态的打斗活动，而是经过历代习武人“加工”“提纯”“组合”创生出来的。这些被“演绎”了的武术技术动作在一定程度上已经不再是最初始的形式，而是在人为因素的作用下转变而成的另一种新的形式。这种将“现实”的打斗动作转变为脱离“现实”的武术技术动作的过程，就是一个“写意化”的过程。武术拳家们以“原始”的、“现实”的打斗活动作为一种本原的“物象”，对其进行处理和加工，创造出了形式上大不相同的新“形象”——体现攻防性的各种技术动作。经过“观物取象”后被重新创造出的技术动作，构成了中国武术“形式层”的内容。

我们可以通过研究一些特殊拳种的产生，来理解中国武术如何通过“观物取象”的方式获得武术技术动作和方法。《六合螳螂拳》中记载：“螳螂拳系明末清初人王朗所创。王朗日见螳螂斗蛇，‘双臂伶俐，进退有度，颇含拳技之巧’，从而有所领悟，取其‘勇往之神韵，敏捷连环之攻防’提炼成各种技招，后又取‘少林拳之精华和猿猴之步法’苦心修炼而得独特之螳螂拳。”[1]由此可知，拳家以螳螂为原形，对螳螂的运动特点和特征进行提炼和归纳，汲取可以运用于实战技击的“素材”作为拳法招式，进而创编出螳螂拳。诸如螳螂拳一类的象形拳，多数是以动物的形态或行为作为参照的“物象”，习武人通过对这些动物的行为进行效仿，创造出新的“形象”。这一过程体现出中国传统艺术“以形写形”的艺术特性，将动物之“形”融入人体之“形”，将动物的活动转化为具有攻防意义的武术技术动作。

（三）“立象尽意”：中国武术“意蕴层”的写意化表现

中国武术不是单一的身体运动，而是一种肢体的语言。习武人通过对各种攻防格斗技术动作的演练，可以使观赏者在脑海中建立对技击情景的想象。尽管这种情景并不是真实的，但是这种运用“假定”来展现“真实”的表现方式就是“写意化”的艺术表现方式。在中国传统艺术中，运用“写意”的方法展现艺术的魅力是一种普遍现象。例如，“京剧《三岔口》是一出以武打为主的戏曲，戏中黑夜开打的场面完全是在明亮的灯光下表演的，其通过动作、眼神、表情等惟妙惟肖的表演，使观众联想起人在黑夜中的行动状态，体会到伸手不见五指的黑暗，从而承认这种假定的‘真实性’。”[2]这种“写意化”的表现方式，让观众在不知不觉中融入演员的形体动作所营造的氛围与场景之中，身临其境地感受到那种情景与意境的真实存在。

中国武术同样具有营造这种场景与氛围的功效。如前所述，中国武术的“形式层”实现了对武术技术形态的塑造，那么，“意蕴层”所表达的内容和主旨就是再现武术技击的意境。演练者通过身体形态的变化，向观赏者展示出表现攻防格斗概念的技术动作和组合（这是武术“立象”的阶段）。在这一过程中，身体的律动会将观赏者引入一个存在于现实之外的感官世界（这是武术“尽意”的阶段）。这个世界存在于观赏者的脑海之中，是通过主体的想象而产生的一个充满武术“意象”的世界。观赏者的思绪会不断地随着演练者动作的变化，完全地融入其所营造的技

1 刘敬儒．六合螳螂拳［M］．北京：人民体育出版社，2003：1-2．

2 田兰玉．从时空的自由和表演的虚拟看中国戏曲舞台的假定性［J］．天津轻工业学院学报，1999（2）：86-88，92．

击情景之中。

“中国的技击术并没有停留在单纯技击的手段上，人们千百年来不断地对它进行提炼、升华，不断地融入各种思想和审美观念，才形成了独特的表现技击的方式。”[1]正是这种“写意”手法，将存在于现实生活中的格斗之法、搏击之术进行“提炼”和“升华”，从而“归纳”出全新的形态，使得中国武术具有“观赏性”和“审美性”，成为具有美学意义的表现形式。

二、“虚拟化”的中国武术

武术源于现实中的格斗技击，但是又有别于现实中的格斗技击。中国武术实质上更加注重的是对技击的表现，而并非是对格斗技击的再现。具有“虚拟化”特征的中国武术，凌驾于现实格斗技击的表象之上，更加赋予人们一种精神上的体验和感受，使人们从中获得力量的美感。下面，我们一起来了解中国武术美学特征中“虚拟化”特征所包含的内容。

（一）“虚拟”的武术技击景象

在戏曲表演中，当我们看到表演者手中拿一个船桨，生动地做着划桨的动作之时，脑海中就会浮现出一个虚拟的场景：表演者正划着船漂游在江河湖海之上，或是在缓流中徐徐前行，或是在漩涡中乘风破浪……在舞台上并没有江河湖海，也没有木船小舟，但是通过表演者生动而逼真的动作，观众可以明确地感知到划船的场景。同样，中国武术也是如此。当武术演练者在表演时，他以自己的行为作为传递信息的媒介，将各种攻防格斗的信息传递到观赏者的意识之中，使他们根据自己的所看、所感在意识中构建出一个个虚拟的武术景象。例如，在武术对练项目中，双方按照设计好的动作组合，运用拳脚或者器械进行攻防的表演，在你来我往、互有攻防的运动中，演绎出一组组“虚拟”的战斗画面。观赏者通过这些“模拟加虚拟”画面，可以看到各种技术技法究竟是如何运用的，看到各种技术技法的实战效

1 刘树军，李通国. 论武术套路的表现性技击［J］. 上海体育学院学报，2009，29（5）：70-73.

果究竟是怎样的，从而实现对各种攻防技术技法的理解。

可见，武术中各种“虚拟”的景象，实际上是在展示武术本身技击的“真实”，它以真实、具体的技术动作和方法实现着对武术攻防格斗情景的演绎，并以此在观赏者意识中实现对各种技击格斗场景的重构。“武术所表现的攻防技击，实质上是对攻防技击情景的虚拟，是为人们提供了一种认识技击、还原技击和感受技击的感官方式。”[1]这种场景是“虚拟”的，如同隐匿在演练者肢体行为中的一种“深层空间视境孕育的情况”[2]，它表现的主题是武术的“攻防技击”，它提供的是一个技击的景象，观赏者从演练者制造出的“虚拟”打斗画面中感受到武术攻防技击的真实，“领略到武术对技击的体验、想象或期待”[3]。在这一过程中，“虚拟”赋予武术以美的形象、美的情景以及美的感受。

（二）“虚拟”的武术技击对手

所谓“虚拟”的技击对手，就是演练者在演练过程中，以想象的方式在自己的脑海中浮现出的假想对手。假想对手在现实中并不存在，而是以“虚拟”的方式存在于演练者的思想之中。从技击角度而言，武术是表现技击格斗的技艺。格斗是发生在两人或多人之间的对抗。然而，武术套路演练大多是由一个人完成的表演（对练、集体项目除外），其中的拳打脚踢、闪展腾挪等技术动作都是由演练者一个人完成的。对演练者而言，如何体现“‘击必中、中必摧’的有效性”[4]，是展现武术技击属性的关键所在。拳谚有云“旁若无人似有人，旁若有人似无人”，就是要求演练者在演练时应当留有对“虚拟对手”的想象。武术中的各种技术技法与“虚拟对手”是不可分割的有机整体。因为“武术的每一个动作都是针对某一武术技击情

---

1 王岗. 中国武术技术要义［M］. 太原：山西科学技术出版社，2009：46.

2 杨小清. 虚拟意识与艺术深层空间视境的审美解读［J］. 文艺研究，1999（6）：154-155.

3 戴国斌. 看不见的武术套路美：一项文化研究［J］. 体育科学，2004（4）：65-67，79.

4 戴国斌. 武术对手的文化研究［J］. 上海体育学院学报，2006，30（5）：65-70.

景中对手的武术行为的，是我方对彼方武术行为采取的武术动作攻防安排”[1]，对武术技术技法的“目的性”和“实效性”的表现需要演练者在自己的意识中进行想象和弥补。

在历代拳家们所著的拳论之中，我们可以发现武术拳家们在行拳练功之时十分注重对“虚拟对手”的想象。譬如《孔昭拳谱》中记载，“与人对敌之时，敌人或以拳打来，而我即将左手望手肘便推开，要将左脚速偷一步，须离三五寸，后将身法脚步一片由缩而伸……”“敌人拳来之时，而我须用左脚略跌一步，或离三五寸，后将右边一起腾起射入”[2]。《少林拳谱》中记载，“敌人勾时，我脚虚悬，言不必用力，随其勾去之时，一齐压之，则人自跌矣”“凡与人对敌之时，身法带缩，腰法带弯，偷步宜快宜活，须以脚趾粘地。两手必换护，两眼必须射敌人，身手一动，即以身法、步法击至空处”。其中所提及的“敌人或以拳打来”“敌人拳来之时”“敌人勾时”“凡与人对敌之时”“两眼必须射敌人”等内容，都表明了武术拳家们在习练拳法之时，十分重视对“虚拟对手”的想象，各种拳法招式无疑是为应对“敌方”的行为而做出的。

因此，在演练武术时，技击的意识和思想要始终贯穿在演练者的脑海之中，要全身心投入与“对手”的搏斗之中，“将实战中的真实对手虚化为攻防情景中的虚拟对手，将现实中的双方打斗转化为自己单方的劲力表现、攻防转变”[3]。唯有如此，才能够使得所演练的各种技术技法具有“真实性”，体现出“真实感”，凸显出鲜明、直观的技击意图。

（三）“虚拟化”的武术技击技法

武术的技击技法实质上是一种能够深刻体现武术本质，揭示其攻防格斗规律的技术典型。其原因在于：其一，武术的技击技法是用来描述攻防格斗现象的方式和方法，它是对现实生活的写照；其二，它们是经由习武人依据自己脑海中想要呈现

---

1 戴国斌. 武术技击观的“解咒”[J]. 体育与科学，2002，23（1）：12-14，11.

2 江百龙，林鑫海. 明清武术古籍拳学论析［M］. 北京：人民体育出版社，2008：203.

3 王岗. 中国武术技术要义［M］. 太原：山西科学技术出版社，2009：46.

的样子而编排和设计的，是武术拳家们创作活动的结果。

在现实生活中，发生在街头巷尾的厮打也应当算是格斗活动，可以将其视为一种存在于现实生活中的格斗行为，各种拳打脚踢、缠拉扯拽，甚至撕咬抓挠等都可看作格斗的方法。但是，很少有人会对这些格斗行为和方法产生美的感受。然而，同样是用拳打，用脚踢，以及用各种搂、抱、摔等动作和方法，为什么在影视作品中出现的打斗场面更加精彩呢？因为存在于现实中的格斗行为是一种“生活化”“随意性”的行为，而影视作品中出现的各种武打动作是武打演员们按照动作导演精心设计的动作呈现的，武打场面是按照动作导演的编排所进行的表演，因而能够使人产生审美感受，具有审美效应。所以，经过艺术化处理过的武打场面，变得有章有法、有规有矩，并能够体现出艺术的美感，这是“现实”与“虚拟”的差距。

事实上，与影视作品一样，武术中的各种技术动作和方法也是经过提炼、编排和设计的，它们也是一种艺术化的表现形式。这些技术动作和方法蕴藏着攻防技击的含义，无不以表现动作的合理性、巧妙性为目的。所以，武术的技击技法本身是一种“虚拟化”“理想化”的表现形态，它“反映出来的生活可以而且应该比普通的实际生活更高、更强烈、更有集中性、更典型、更理想”[1]，它是具有极强的美感和艺术表现力的形式。

此外，当习武人在传授拳法招式时，通常会说“当对方……，我可以……”“假使对方……，我……”。其所体现的“假定性”，也反映了武术技击技法的“虚拟性”。武术中的各种技击技法，实质上是指在某种前提下或某种条件下运用的特定动作和方法。这种情况可以是现实中可能发生的事，也可以是现实中不太可能发生的事，这两者都是“虚拟”的情况。因此，武术的技击技法具有“虚拟化”特征。

“虚拟化”的中国武术以虚构的方式来反映技击这一特征，深刻揭示技击这一本质，使得观赏者在现实和假设、真实和幻象之间建构起对技击的认知。因此，“虚拟化”的武术表现方式再现了武术技击的“真实”，攻防技击的美感由此得以衍生，武术也因此成为一种表现技击美的身体形态。

---

1 毛泽东选集［M］. 北京：人民出版社，1991：861.

三、“气韵生动”的中国武术

“气韵生动”作为一个审美命题，最早出现在传统绘画中，通常被看作创作与评判传统绘画的审美准则。随着中国传统审美文化思想的不断发展，“气韵生动”已经被当作普遍的审美标准，用来界定和评价美的形式和形象。中国武术的技击技法也同样蕴含着中国古人对生命精神和生命韵律的追求，在经过了几千年的发展之后，其表现形式越来越倾向于审美化。

（一）传神的韵味：中国武术之“气韵”

“韵者，美之极……凡事即尽其美，必有其韵。”[1]可见，“韵”是“美”的体现。中国武术的“气韵”可以理解为一种审美体验。它通过演练者的表演展现出来，感染着观赏者，使演练者和观赏者获得美的享受。演练者不仅在肢体运动中着意于对各种攻防技击动作的展现，同时还力图从面部神情、动作节奏等方面营造武术技击的情景和氛围，意韵十足。

1. 中国武术的“神采之韵”

“神采之韵”在武术中所指的是演练者在行拳过程中所展现出的那种身心合一的精神状态，给观赏者带去审美愉悦。武术中的一拳一脚、一招一式，无不表现出神采之韵。观赏者在欣赏充满神采和意韵的演练之后，会不禁为之折服，发出赞叹与喝彩。那究竟是什么感染了观赏者呢？正是这种神采之韵令观赏者感受到艺术的美感与震撼。当演练者将自己完全置身在一种“假设性”的格斗场景之中时，他们全神贯注，气定神闲，身随心动，心动形随，在他们的眉宇之间、神态之中就会自然地流露出一股无坚不摧的气势和挥洒自如的神韵。犹同蔡龙云先生说的“心中怒气似奔腾的嘉陵江水，含而不露”[2]一般，令人浮想联翩，产生“曲尽回身处，层波犹注人”的美感。

武术中的“神”在武术演练中最突出地体现在演练者的眼神上。武术拳论有

1 钱锺书. 管锥编（第四册）[M]. 北京：中华书局，1979：1362.

2 邱丕相. 武术套路运动的美学特征与艺术性 [J]. 上海体育学院学报，2004，2：39-43.

云："其精神在何处？曰：在眸子。心一动则眸子传之，莫之或爽。"（陈鑫《官骸十三目语录》)。武术的定式动作，要求演练者做到"目前平视，光兼四射""收视返听，含光默默"（陈鑫《官骸十三目语录》)，这不仅可以表现出轩昂的气宇、旺盛的斗志和摄人神魄的气概，而且还能展现"静中含动"的神韵，以及"拳势断拳意相连""招式停而气势不断"的意味。透过极具表现力的神情，观赏者可以真切地感受到演练者丰富的精神世界。所以说，武术可以"传神泄情，表现生命"，是对武术演练者"内在精神、内在情感的追求、形成、展现"[1]，武术的"神采之韵"也体现出武术演练者对"心灵深层的生命精神"的审美追求。

2. 中国武术的"节奏之韵"

"节奏是一种本质的、客观存在的自然现象。"[2]任何事物都遵循特定的次序运动着，这个次序就是节奏。音乐中音符的长短、音响的强弱、节拍的轻重等有序地组合构成音乐的节奏，使人听到优美动听的乐曲；舞蹈中动作力度的强弱、速度的快慢、幅度的大小、身段的高低等巧妙地结合构成舞蹈的节奏，使人观看到韵味十足的舞姿。

在中国武术中，节奏是指"演练者在套路演练过程中，合理运用同一矛盾结构中两种不同的运动形式，在时间上和空间上展现武术运动美的运动秩序。它以时间性和空间性为主要特征，在套路演练过程中对动与静、快与慢、轻与重、长与短、起与伏等因素进行合理运用"[3]。在武术演练的过程中，演练者从时间和空间特征出发，对技术动作、动作组合施以特殊处理，使其产生鲜明的节奏变化，具有独特的意境韵味，并由此产生不同类型与风格的美感。武术中的"十二型"，即快如风、缓如鹰、起如猿、落如鹊、重如铁、轻如叶、立如鸡、站如松、转如轮、折如弓、动如涛、静如岳，正是对武术节奏的典型描述。

节奏变化产生的美的感受，即是节奏之韵。例如，武术中动与静之间的变化是节奏之韵的一个表现。在演练过程中，连贯动作与定式动作、快动作与慢动作的巧

1 程大力. 神韵：中国武术与中国艺术［J］. 搏击·武术科学（学术版），2005，2（7）：1-4.

2 苏平，王新国，杨亚红. 论难美技能类项群的美学特征与技术创新［J］. 体育成人教育学刊，2003，19（2）：79-80.

3 吴松. 竞技武术套路技术体系的研究［D］. 苏州：苏州大学，2005：33.

妙结合所产生的节奏变化，能够令观赏者在脑海中对技术动作形成鲜明的审美感受。武术中常在一组快速激烈的连贯动作后紧跟一个定式动作，这种由动到静的停顿，给人一种戛然而止的节奏感。查拳中的“行如风，站如鼎”，意拳中的“动如山飞，静如海溢”，以及翻子拳中的“行如风雷动似涛，坐似泰岳静如山”，都表明武术的动静变化所产生的节奏韵味是极具美感的。

再比如，刚柔之间的相互转换也可以令观赏者感受到武术的节奏之韵。在演练过程中，有表现为劲力充足的“刚劲”，也有表现为绵绵不断的“柔劲”。“刚劲”能够使人产生“粗犷、激昂、刚健、雄伟”的感觉，令人有“惊心动魄、精神振奋”的审美体验，而“柔劲”可以使人产生“柔媚、和谐、静雅、圆润”之感，又能给人“心旷神怡，轻松愉快”[1]的审美体验。刚与柔的相互转化也蕴含着对比鲜明的节奏变化，产生了视觉效果上的劲力美，给人以强烈的审美感受。

（二）感性的形象：中国武术之“生动”

“应物象形”“随类赋彩”释义

宗白华先生在《美学散步》中指出：“气韵生动就是在‘应物象形’‘随类赋彩’的基础上表达出形象内部的生命。”[2]也有学者指出：“‘生动’是对作品‘气韵’表现形式的规定，它是‘气韵’活的形象。如果说‘气韵’是对人、物之‘神’的规定，那么‘生动’则是对人、物之‘形’的强调。”[3]对中国武术而言，感性的武术形象是构成“生动”这一美学特征的直观体现。

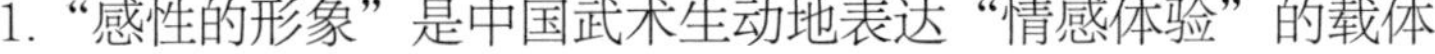

1.“感性的形象”是中国武术生动地表达“情感体验”的载体

武术中的各种技术动作和方法，是武术的存在方式和表现形式，是历代习武人依照自己对技击的体验从生活中加以提炼、概括和虚构的产物。这些技术动作和方法不只是单纯的技术，而是汇聚着习武人对技击的感触和领悟。例如，陈鑫的《陈氏太极拳图说》中说道：“一片神行之谓景，景不离情，犹情之不离乎理也。心无妙趣打拳，则打不出好景致。问何以打出好景致？始则循乎规矩，间则化乎规矩，终则神乎规矩。在我打得天花乱坠，在人自然拍案惊奇。里感有情，外感有景，真

1 杨新. 论竞技武术套路演练的节奏［J］. 北京体育大学学报，2005，28（12）：1728-1729.

2 宗白华. 美学散步［M］. 上海：上海人民出版社，1981：55.

3 张公善. “气韵生动”论新释［J］. 巢湖学院学报，2003，5（6）：62-66.

如天朗气清，惠风和畅，阳春烟景，大块文章。处处则柳孵花娇，招招则山明水秀。游人触目兴怀，诗家心驰神往。真好景致也。拳景至此，可以观矣。”[1]从这段描述中，我们可以感受到习武人将自己置身于一个特定的场景之中，他们可以“肆意妄为”地拳打脚踢，随心所欲地施展拳脚功夫。观赏者领略娴熟曼妙的招式的同时，受到蕴藏于拳法之中的情感与体验的感染，感受到充盈其中的那份浓郁韵味。

从审美视角来看，美的形象首先投之于观众的感官，诸如绘画、雕塑、戏曲、舞蹈等艺术作品，美的形象都是被欣赏者通过视觉或听觉直接感受到的，有的是一望而知，有的是一听而明，所以这些作品的形象都是直观的、可感的。“感性的形象”是一切审美活动的基本特质。中国武术也同样如此，也是借助感性的武术形象向人们展示武术技击的思想和内容。通过具有“可听性”“可见性”的技术动作、技术方法，武术实现了情感和思想的艺术化表达。演练时，栩栩如生的造型、精妙绝伦的招式无不呈现出一幅幅具体生动的图画，给人以直接的、感性的体验，使人在观赏时身临其境。所以，武术中的各种技击技法都可以看作“感性的外在存在方式”[2]，通过极具表现力和感染力的、生动鲜明的、直观可感的形象，武术内含的技击思想以及各种情感体验得到客观的支撑，武术的美感才最终彰显于外。

2. 中国武术以“感性的形象”实现“似与不似间”的审美追求

中国美术学院高照教授曾指出：“艺术的最高境界在于似与不似之间，让欣赏者看了还想看，看了还想仔细看，韵味十足。”[3]齐白石先生也曾说：“妙在似与不似之间，太似为媚俗，不似为欺世。”可见，“似与不似”道出了“美在似与不似间”这一审美标准。中国武术也同样以“似与不似”作为审美追求，并始终推崇“形神兼备”“以形写神”的技术要领。

在表现形式上，中国武术十分注重“传神”与“神似”的效果，技术动作的表现要尽可能生动逼真，尽可能惟妙惟肖，力图用感性的形象来表现技击方法和技击效果，达到再现真实的格斗与搏击场景的目的。例如，太极拳论《十三势行功新

1 程大力．神韵：中国武术与中国艺术［J］．搏击·武术科学（学术版），2005，2（7）：1-4.

2 雷礼锡．艺术美学原理［M］．武汉：华中师范大学出版社，2007：84.

3 陈巧丹．根雕大师郑世有——美在似与不似之间［N］．浙中新报，2010-07-07（14）.

解》中描述："形如搏兔之鹘，神如捕鼠之猫。静如山岳，动若江河。蓄劲如开弓，发劲如放箭。"[1]其中"搏兔之鹘""捕鼠之猫""山岳""江河"都是感性的形象，是对太极拳演练者形态和神态上的要求，即身体形态犹如搏兔之鹘一样伺机而动，神情犹如捕鼠之猫一样全神贯注，静态动作犹如山岳一样矗立不动，动态动作犹如滔滔江水，连绵不绝。而"开弓""放箭"这一形象化的比喻，更是将太极拳的蓄劲与发劲描述得直观感性。

所以，武术的技术动作都具有深刻的"比拟性"，习武人习惯运用现实生活中具体的事物来描述武术技术动作的外形，这使得武术的技击技法变得直观而可感，生动而鲜明。在与现实事物的"似与不似间"，武术技术动作体现出独特的审美特征，令观赏者能够通过感性的形象体会到武术的丰富意味。

（三）"气韵生动"：中国武术的审美精髓

在《吴越春秋·勾践阴谋外传》中，记录着一位名叫越女的剑术表演者向越王勾践讲述剑术理论的一段文字："夫剑之道，……其道甚微而易，其意甚幽而深。道有门户，亦有阴阳，开门闭户，阴衰阳兴。凡手战之道，内实精神，外示安仪。见之似好妇，夺之似惧虎。布形候气，与神俱往。杳之若日，偏如腾兔。追形逐影，先若仿佛。呼吸往来，不及法禁。纵横逆顺，直复不闻。"我们可以发现，越女在谈论剑术剑法之时不仅运用了"道""意""神""气"等词汇解析剑术剑法，而且十分注重用一些实物作为参照来诠释剑法之道，如"见之似好妇，夺之似惧虎""杳之若日，偏如腾兔"，都是以"形象化"的比喻来说明剑法的气势。从另一个角度来看，这表明古代武术家在演练的过程中，对于拳法招式的演练效果是有着一定参照或者追求的，"夺之似虎"之象与"偏如腾兔"之象就是"有意味的形式"，这使人能够感受到在武术拳家们内心深处所向往和追求的神韵和形韵。

只有具备了审美意蕴的事物，才具有审美的价值。中国古典诗词中的"明月""清风""孤雁"，中国画中的"梅、兰、竹、菊"等都可以看作寓意深刻的形象，它们体现出中国传统艺术"气韵生动"的审美特征。武术中的技术技法、招式招法作为对武术技击"意化"后的结果，也充满了丰富的审美意味。太极拳中

1 王岗. 中国武术技术要义［M］. 太原：山西科学技术出版社，2009：89.

有“白鹤亮翅”“野马分鬃”“玉女穿梭”“青龙出水”等，八卦掌中有“鹞子翻身”“大鹏展翅”“金蛇盘柳”“黑熊探掌”等，形意拳中有“金鸡抖翎”“伏虎听风”“金蛇伏草”“犀牛撞山”等，少林拳中有“乌龙摆尾”“猿猴摘桃”“白蛇吐信”“仙鹤惊翅”等。从中可以发现拳家们习惯于运用自然界中动物的行为作为武术动作的名称，一方面体现了中国传统文化崇尚自然的思维习惯，另一方面也说明习武人赋予了武术的招式招法某种特定寓意，他们试图通过比拟来实现对招式招法的形象化描述，以求得招式招法达到最为理想的技击效果。因此，中国武术的技术技法可以被看作“是充盈了生动的审美气息、思想意味于某种特定的感性事物或形状的艺术形式”[1]，彰显出独特的与自然和谐交融的审美韵味，展现出充满生机活力的感官效果。

“感性的形象”与“传神的神韵”构成中国武术“气韵生动”的美学特征，武术演练者内在精神层面的丰富情感与外在形式上的生动形象完美结合，足以令观赏者在观赏时能够获得审美的体验和精神的升华。因此，讲究“传神”的技术技法，追求“感性”的形象，推崇有“韵味”、有“气势”的演练，成为中国武术美学特征的要义，也是中国武术的审美精髓。

第三节　中国武术美学特征研究的当代意义

在长期的历史发展过程中，中国武术创造了璀璨的美学文化，中国武术千百年来在中华传统美学文化这丰厚的土壤中，孕育出绚丽多彩、光辉灿烂、独具特色的中国传统美学艺术，也涌现出无数身怀绝技的武术艺术家和风格迥异的武术流派、拳种、对练、功法等不朽的美学艺术品，形成了具有浓郁民族特色的中国传统武术美学思想和理论[2]。与此同时，中国武术也肩负着教化育人、提升民族认同感与文化

1 雷礼锡. 艺术美学原理［M］. 武汉：华中师范大学出版社，2007：83.

2 王岗. 中国武术文化要义［M］. 太原：山西科学技术出版社，2009：46.

自信的使命。因而，探索武术美学特征的当代价值，对现阶段弘扬中华优秀传统文化具有理论和实践意义。

一、中国武术“美学”的思想研究，有助于民族传统文化的传承

中国武术是通过特有的身体运动、形态造型和方法演绎，使演练者与观赏者都获得一种审美体验。由于深受中国审美文化的熏陶，武术成为一种注重自身心灵建设、追求生命体验的全身心活动，美贯穿其中并给人以精神享受。武术还通过特有的虚、静、体悟和升华的方式，体现其主体性、非现实性和生命意识的审美特点[1]。这些审美特点体现了“内外兼修”的整体观、“天人合一”的和谐观，有助于中华优秀传统文化的传承和发展。

（一）继承“内外兼修”的整体之美，推崇全面的发展理念

“内外兼修，形神兼备”是习武的基本要求，也是传统美学历久弥新的话题。内与外在中国武术中有较为广泛的含义，如“内练一口气，外练筋骨皮”“内实精神，外示安仪”“手眼身法步，精神气力功”“以心运意，以意运拳”“武以德显”“心乱则意乱，意乱则拳乱”等。内外兼修的“内”在武术中有气力、精神、心、意、德等含义，“外”则包含拳脚之法、筋骨、武力等含义。中国武术通过内与外的融合，将形体与精神、武力与道德、心智与技击完美结合在一起。中国武术内外兼修的整体意识，是中国传统美学中最具普遍性的范畴。所谓中国传统文化中的“整体意识”，概括地说就是“以整体为美”。从人的发展的角度而言，人的全面发展体现了内与外的有机整体，而人性之美便孕育于这一整体之中。孟子认为：“君子所性，仁义礼智根于心，其声色也睟然。见于面，盎于背，施于四体，四体不言而喻。”（《孟子·尽心上》）在古人眼里，仁、义、礼、智根于心的内在表现必须与身体的外在表现统一，形成一个完美的整体。内与外的整合既是中国武术的重要内容，也是人格品质的提升基础。

《孟子·尽心上》译文

1 吴松，王岗. 武术意境——中国武术艺术理论初探［J］. 体育学刊，2013，20（2）：99-102.

（二）继承“天人合一”的自然之美，推崇人与自然的和谐统一

促进人的全面发展，是人才培养的目标，培养人不仅要注重内练素质，而且要外树形象。中国武术自古以来就把“内外兼修，形神兼备”作为对人的“化育”。在育人方面，强调练武以“德”为先。苌家拳《初学条目》规定：“学拳以德行为先，凡事恭敬谦逊，不与人争，方是正人君子。学拳宜以涵养为本，举动间要平心气和，善气迎人。学拳宜作正大事情，不可恃艺为非，以致损行败德，辱身丧命。”内修德行、为人谦逊是对习武人的内在要求。这也符合中国传统美学所强调的美对人心灵的净化作用，以及始终以心灵美和行为美作为根本性的主题。正由于内存浩然正气，习武人才能在外在形象与技法展示中表现出内外合一的和谐之美，从而使武术从早期的格斗技术转变成惩恶扬善、除暴安良、驱邪扶正的教化手段，及至最终成为修身养性、陶冶情操的育人方式。武术中的德与艺的内外兼修与教育所倡导的“立德树人”都是教育人和培养人的重要内容，也是培养德智体美劳全面发展的人的重要手段。

“天人合一”的境界是一种天人和谐的审美境界。钱穆先生认为：“中国文化特质，可以‘一天人，合内外’六字尽之。”这说明中国传统审美文化是从“天人合一”的整体审美观中孕育而来的，这正体现了中国传统的审美思维方式。中国武术倡导顺应自然、回归自然、人与自然的和谐统一。在练拳时犹如与自然融为一体，用“动如涛、静如岳、起如猿、落如鹊、立如鸡、站如松、转如轮、折如弓、轻如叶、重如铁、缓如鹰、快如风”等形象比喻来表达武术与自然的统一，体现出动静、刚柔、快慢、缓疾、攻守、虚实、开合、俯仰、屈伸、高低等看似对立实则统一的哲学观，使以形喻势的武术动作在矛盾统一中达到完美的“中和”，使得武术产生“天地与我并生，而万物与我为一”的巨大生命力和感染力[1]。张岱年先生指出：“中国哲学有一个根本观念，即‘天人合一’。”人与自然是共同体，既相互依存又相互排斥，彼此间不断转化，中国武术由此形成“物我本属一体，内外原无判隔”的独具东方文化特色及审美要求的美学形式。

---

1 王岗，吴松. 中国武术：传统审美的文化归属［J］. 体育文化导刊，2007（5）：23-27.

二、中国武术的“美育”功能研究，有助于社会主义道德建设

“美育”在学术史上被视为精神解放或人格完美的途径，并使一切事物服从美的法则。蔡元培先生认为美育以“陶养感情为目的”；朱光潜先生则将审美的功用归为“怡情养性”。他们都认为美育是通过审美对人的精神领域进行调节，从而达到心理的平衡、人格的完美。中国武术对人性的陶冶、情感的净化如同美育对人的教化一样，如春风化雨般逐渐沁入人的心灵，既提升人的道德修养，又利于社会主义道德建设。

（一）弘扬“武以德立”的化育之美，践行“崇德守礼”的美德

美育是一种潜移默化的“化育”，而并非强制性的教育，通过怡情养性的途径，使人在美的熏陶中得到精神的洗礼，从而提升精神境界，完善人格发展。而任何审美活动的创造和欣赏过程就是主体涤荡心灵、完善自我、合天地之道、达人际之和的过程。“武以德立，德为艺先”“人讲信义，拳见正义”“浇花要浇根，教拳要教人”“人无志不立，拳无气不成”等[1]，这些武术谚语对习武人的人品提出更高层次的要求：习武人要以德为先，要明辨是非，要志向远大；授武者要遵循师规、以德服人、德艺双馨。其目的都是教拳时不能只停留在武术技术动作的传授上，还要从更深层次教育学生做人做事的道理，如此学生才能德艺兼备，成为优秀的武术传承人才。“武以德立”的思想，有利于人们重塑中华民族传统之礼仪，重新认识“崇德守礼”的现实意义。我们应重视这些民族传统礼仪的当代价值，践行“崇德守礼”的传统美德，为培养未来中国特色人才发挥作用。

（二）弘扬“以德化人”的育人之美，践行“立德树人”的目标

中国武术虽然是一种技击术，但是在行武时不主张主动出击，而认为自卫防身、后发制人、点到为止更能表现以德服人、以德化人的育人功能。以善为美的社会伦理道德，加之人道主义精神的渗入，使得武术的技击术更具启发和教育意义，远远超越了打杀等暴力行为的功能性和局限性，具备了一种间接的、内在的精神

---

1 郭玉成．武术谚语辞典［M］．北京：人民体育出版社，2020：6.

上“化育”的审美取向。正是由于这种精神上“化育”的审美取向，中国武术在自身的发展过程中不断向美善统一，向德艺并重方面发展，从而也使得中国武术在世界技击格斗中具有独特的“育人”审美价值。武术的“德”与“礼”一起融入对人“知”的培育和“行”的规范之中，在潜移默化中培养习武人的高尚品格、侠义精神和君子风范，以“德艺双馨”的美育教化服务于新时代“立德树人”根本任务，实现在国民精神建设中“为历史存正气，为世人弘美德”的美好期许。诚然，培养人的高尚品行不是轻而易举的事情，我们应学习、思考、感受、体悟中国武术的美育精神，使其在新时代得到更好的传承和弘扬，为国家人才培育和社会主义核心价值观的弘扬发挥更大的作用。

三、中国武术的“审美”价值研究，有助于提升文化认同与文化自信

中国武术历经几千年的发展，积淀着中华民族最深厚的精神追求。随着国家物质文明和精神文明的协调发展，中国武术的精神追求也在不断地深化与进步，而这种精神上的进步，必然会带来对整个民族的文化认同和文化自信。正如2021年7月1日习近平在“七一”重要讲话中指出的：“在五千多年文明发展中孕育的中华优秀传统文化，在党和人民伟大斗争中孕育的革命文化和社会主义先进文化，积淀着中华民族最深层的精神追求，代表着中华民族独特的精神标识”。这既是一个对中华优秀传统文化不断深化的认识过程，也是一个文化认同与文化自信不断提升的过程。

（一）坚守“家国情怀”的尚武之美，强化民族之文化认同

“侠义精神”开启了中国武术“重信尚武”“重义轻利”“杀身成仁”“舍生取义”“志向高远”“行侠仗义”等“家国情怀”的尚武之美。尚武之美是武术人对生命价值的诠释，对践行高尚道德人格，也是其甘愿为国家、民族无私奉献，抛洒热血的写照。中国武术从原始搏杀中剥离出来，循着“行侠仗义”“除暴安良”的方向走去，为中国武术精神的发展方向奠定了基调，在舍生取义、杀身成仁的侠义精神感召下，成就了一批批当之无愧的“武侠”，他们总会在国家危难、民族危亡之际挺身而出、舍身赴难，坚守“家国情怀”和“舍生取义”的侠义精神。从“士为知己者死”的豫让到“壮士一去兮不复还”的荆轲；从“精忠报国”的岳飞到“荡

“荡寇海波平”释义

寇海波平”的戚继光；从“肝胆相照两昆仑”的谭嗣同到“神拳制强梁”的蔡龙云……数不清的侠义之士用鲜血和生命诠释了“尚武”的侠义精神。“真正能体现武术精神面貌的“侠客”不仅仅武功盖世，而且还要拥有精神上傲视一切、重信轻利、见义勇为、视死如归的英雄气概，尚武、任侠、重义成为中国武术侠义精神的标志特征”。[1]随着一代又一代的“武侠”登上历史舞台，中国武术精神被不断充实，并逐步形成了尚武、爱国、忠信、侠义的精神内核。中国武术生长于充满侠义精神的环境中，而这种“侠义精神”是中国武术找回当代民族之武性的重要源泉，勿忘百年之国耻，千年之辉煌，我们需要延续尚武的侠义之风，民族才能更加自强和自信，在实现中华民族伟大复兴的道路上更好地前进。

（二）坚守“民族文化”的精神之美，强化文化之自信

武术从“打的技术”成长为“打的艺术”，彰显了中华武术的艺术、哲学、礼仪等方面的文化精神。早在先秦时期，武术就用“示之以虚、开之以利，后之以发、先之以至”来体现武术动作的虚实、利弊、先后等艺术审美追求，武术与中华优秀传统文化的融合，彰显了浓厚的武术文化品位，比如武术文化中体现的“道法自然，天人合一”的道家哲学思想、“武以德立，德为艺先”的儒家礼仪思想、“不战而屈人之兵”的兵家思想、“行侠仗义、见义勇为”的墨家思想等，均体现了中华民族文化厚德载物、贵和尚中、善解能容、和而不同的宽容品格，与社会主义核心价值观一脉相承[2]，表达了中华民族文化的根本特征，具有极强的民族性，是多民族融合的、经过历史检验的华夏民族文化群体特征的集中体现。所以武术文化思想的提升，对加强中华民族文化认同和文化自信发挥着重要作用。

中国武术的美学思想，为建设中国特色社会主义提供了许多道德、礼仪、文化方面的启示。这是因为中国武术的美学思想，承载着几千年来中华优秀传统文化的思想积淀，在与其他民族文化的交流与合作中始终保持着自身的优势。中国武术的美学思想体现着中华民族最深层的精神认同，代表着中华民族独特的精神气质与精

---

1 王岗，陈保学. 中国武术美学精神论略［J］. 上海体育学院学报，2019，43（2）：103-110.

2 陈保学，王美杰，胡昌领. 中国武术生命美学历程及其新时代使命研究［J］. 沈阳体育学院学报，2019，38（1）：136-144.

神标识，存留着世代传承的审美文化基因，为中华民族生生不息、发展壮大提供了丰厚滋养。

思考题

1. 如何理解中国武术美学特征的理论基础？
2. 通过学习中国武术的美学特征，你对中国武术产生了哪些新的认知？
3. 如何理解中国武术美学特征研究的当代意义？

第七章
中国武术的哲学意涵

本章导读

哲学是关于世界观和方法论的学说。中国哲学的宇宙观念、人生智慧、思维方法、行为方式在今天依然是全人类宝贵的思想资源，是中国现代化事业发展的源头活水。中国武术是华夏民族几千年文化的缩影，是灿烂文化的一部分，它的创始与由来、生存与发展无不受制于中国文化的价值观，同时，其在历史发展过程中汲取了传统哲学的文化思想和观念。无论中国武术技术层面的拳法拳理、技法技巧，还是中国武术文化层面的价值取向、精神内涵，都彰显了中国哲学的光彩魅影。在中国古典哲学思想的濡染之下，武术除汲取其哲学风貌外，也形成了自己独有的哲学内容。本章以阴阳相生的本体论、理势相成的实践论、知行合一的功夫论、天人合一的认识论为视角，用传统哲学的观念认识中国武术的哲学意涵，进而采用逆向反哺的思维方法，在中国武术中寻觅中国哲学的文化要素，加强学生对中国武术哲学意涵的深刻认识。

第一节　中国武术阴阳相生的本体论

什么才是中国武术最为真实的一面？或者说什么才是中国武术拳理的本质？“阴阳”可以说是中国武术最为真实的一面，也可以说是武术拳理的核心本质。《周易·系辞》中的“一阴一阳之谓道”，一语道破了宇宙万物神奇莫测的变化。武术是这一理念最为具体的身体演绎，它强调阴阳关系的哲学辩证法，注重思维方式与运行逻辑的阴阳合二为一的自然之道。

一、阴阳的概念

阴阳是两种性质和关系的对立统一的一体两端，这种一体两端的对立统一是事物运动变化本身的根源、推动力或根本规律。我们界定阴阳的概念，自然要从阴阳关系和阴阳性质出发，事物是在“关系”中存在的，这“关系”就会涉及两个方面或者两个因素。阴阳概念就是表示发生关系的两个方面的最重要的概念。与此同时，阴与阳又分别用来说明发生关系的两个事物、两个方面的相对立的、相异的“性质”。《周易·系辞》列出了一系列事物的阴阳性质和关系。比如天地是一种阴阳关系，天为阳，地为阴；日月是一种阴阳关系，日为阳，月为阴；暑寒是一种阴阳关系，暑为阳，寒为阴；男女为一种阴阳关系，男为阳，女为阴……其余皆可以类推。

阴阳关系是一种矛盾关系[1]。武术的阴阳概念有其自身的特殊性，从性质和关系的对立统一来看，武术的阴阳概念可以从攻防关系和演练形式两个方面进行界定。攻防是一种阴阳关系，攻为阳，防为阴。其中的进退为一种阴阳关系，进为阳，退为阴；显藏为一种阴阳关系，显为阳，藏为阴；刚柔为一种阴阳关系，刚为阳，柔为阴；实虚为一种阴阳关系，实为阳，虚为阴……其他皆可类推。演练中也有诸多阴阳关系存在，身体的运行轨迹阴阳相合、奇正相生、八卦跌宕，具体而言，开合是一种阴阳关系，开为阳，合为阴；动静是一种阴阳关系，动为阳，静为阴；快慢

1　杨成寅. 太极哲学［M］. 上海：学林出版社，2003：25.

是一种阴阳关系，快为阳，慢为阴；伸屈是一种阴阳关系，伸为阳，屈为阴；吐吞是一种阴阳关系，吐为阳，吞为阴；起落是一种阴阳关系，起为阳，落为阴……其他皆可类推。为此，可以这样界定武术的阴阳概念，即攻防与演练中存在的两种性质和关系的对立统一的一体两端，这种一体两端的对立统一是武术运动变化本身的根源、推动力或根本规律。

二、武术阴阳的创生能力

“方圆也，动静也……”释义

阴阳是事物运动变化的一体两端，这里的一体两端就是指既把观察、认识、分析的一切对象看成是一个统一的整体，又把这统一的整体看成相对立的两个方面。一体两端的思维，来自客观宇宙万物中无处不有的一体两端现象[1]。古人云：“天下之万声，出于一阖一辟；天下之万数，出于一偶一奇；天下之万理，出于一动一静，天下之万象，出于一方一圆。方圆也，动静也，奇偶也，阖辟也，总不出于一和二也。”（《类经附翼·医易义》）用“一阴一阳”之道来表示宇宙万物阴阳依存、阴阳交感、阴阳转化的关系，不仅说明了阴阳乃是宇宙万物的性质、关系、结构与化生过程中不可分割的两个方面，更说明了阴阳对于出万数、出万理、出万象的创生能力。周敦颐《太极图说》的一段话最能说明这种阴阳的创生能力：“无极而太极，太极动而生阳，动极而静；静而生阴，静极复动。一动一静，互为其根，分阴分阳，两仪立焉。阳变阴合，而生水火木金土，五气顺布，四时行焉。五行，一阴阳也；阴阳，一太极也；太极，本无极也。五行之生也，各一其性。无极之真，二五之精，妙合而凝，乾道成男，坤道成女。二气交感，化生万物。万物生生变化无穷也！”

武术阴阳的创生能力亦是如此，如《少林寺短打身法统宗拳谱》论及“立身立足之法”时指出：“人一身伫立之间，需要配合阴阳，方知阴来阳破、阳来阴破之妙。若不明阴阳，则无变化之妙，而有呆钝之嫌。”又如程宗猷《少林棍法阐宗》指出：“彼枪发，我枪拿，彼枪不动，我枪扎。此一扎也，不深不浅，非真非伪，明此机者，进乎技矣。故法有彼静我乱、彼乱我静，静中用乱、乱中用静，此取胜

1 杨成寅．太极哲学［M］．上海：学林出版社，2003：27.

之妙用，学者当体认也。”再如《孙禄堂武学集注·太极拳学》论及“打手步法学”时指出：“初学打手，先以静步为根，以后手法习熟，再打动步为宜。合步、顺步、静动皆可用，勿拘。若打熟之后，动静合顺之步，随时所变，并起点之手法，左右随便所出，左右之式，亦随便所换，均无可无不可矣。”另外，《孙禄堂武学集注·八卦掌学》指出：“心气稳定，看阳而有阴，看阴而有阳，阴阳相合，上下相连，内外如一，此谓之六合也。虽云六合，实则内外相合。虽云内外相合，实则阴阳相合也。阴阳相合也，三体因此而生也。”这些运用《易经》的阴阳变化指导武术技击的例子，都是武术阴阳创生能力的具体表现。

三、武术阴阳和谐的辩证法

辩证法认为事物处在不断运动、变化和发展之中。而和谐则是运动、变化和发展的最终指向。宇宙本身是最大的和谐，人类的本性也是趋向和谐的。哲学家成中英把“和谐辩证法”的本质归纳为六条[1]：一是万物之存在皆有“对偶而生”；二是“对偶”同时具有相对、相反、互补、互生等性质；三是万物间之差异皆生于原理上的对偶、力量上的对偶和观点上的对偶；四是对偶生成了无限的“生命创造力”；五是如果我们能描述出各种对偶之间互生关系的架构，并且在这架构中，我们能无碍地宣称世界的根本乃一整体，以及万物有本体上的齐一性，那么冲突便可在此架构中化解；六是人可以经过自我以及实在的了解，来发现化解冲突的途径。同时，成中英指出：“当冲突和对立产生的时候，我们必须依循和谐的辩证法，一方面做道德行为上的转化，另一方面做本体认识上的转化，这样才可以化解冲突。”[2] 和谐辩证法就是建立在阴阳对立统一理论上的辩证法，它包括了阴阳、有无、成败、虚实等。

作为身体实践的中国武术，阴阳和谐的辩证法无处不在，几乎就是阴阳和谐的身体辩证法。武术的一招一式皆对偶而生，所谓外三合“肩与胯合，肘与膝合，手与脚合”即是如此。举一例便可窥其一斑，《拳经拳法备要》论及《问答歌诀十二

---

1 成中英. 中国文化与中国哲学［M］. 台北：三民书局，1974：182.

2 成中英. 中国文化与中国哲学［M］. 台北：三民书局，1974：197.

款悉尽其中之秘》[1]的第三问写道："下盘胜上盘何也？答曰：在伸缩虚实。由缩而伸带靠人，以实击虚易为力。下盘两足管在斯，撑拳托掌谁能敌。"第七问写道："短打胜长拳何也？答曰：短兵易入。长来短接易入身，入身跌拨好惊人。里裹打开左右角，外裹打入窝里寻。"第十八问写道："身法当如何操持？答曰：在收放卷舒。常收时放是操持，舒少卷多用更奇。一发难留变无计，不如常守在心头。"从问答中的上下、左右、里外、虚实、短长、伸缩、收放、卷舒等来看，武术技击在相对、相反、互补、互生中灵活运用攻防技术，人们既可以从中化解冲突，也可以从中转化能量，还可以以此来解决与结束战斗。为此，在武术阴阳和谐的辩证法中切身地理解"一分为二"的道理，这样才能真正理解和掌握武术阴阳和谐辩证法的联系观和变化发展观。

第二节　中国武术理势相成的实践论

如何在实践过程中不断认识和改造武术？武术中的"理势"无疑就是回答这一问题的重要概念。古人云"天地为一大宇宙，人身为一小宇宙"早就一语道破了人之生命过程要与自然界的变化规律相符，要顺乎天地之理的天机。武术之拳"势"作为技术的外在表现形式，要遵从一定的拳"理"，所谓"言不明、理不通。理不通，艺不精"讲的就是这个意思，拳"势"如忽略了内在的拳"理"，将会成为无本之木、无源之水。

一、理与势的概念

武术之"理"即指在武术场域中形成的一种本然的条理、结构和秩序，是武术

1 江百龙，林鑫海．明清武术古籍拳学论析［M］．北京：人民体育出版社，2008：138.

“所以然”的根据。古人云：“合天地万物而言，只是一个理。”理是事物本然的条理，是事物及行为据以展开的“所以然”的根据，是条理、结构与秩序[1]。理是以一种“类”的形式存在，并根据事物对象的不同会有不同的存在形式。比如地理，指的是地之理；天下之理，指的是天下万事万物之条理；性命之理，指的则是性命存活与发展之条理。万事万物之存在必有其“理”，古人云：“应理而动，而理自无害。……任理而自殊也。”（《秋水注》）武术更是如此，所谓“学拳先明理，理明则法正”则充分说明了理在武术中的重要地位，它既有如何做人之理，亦有更为具体的技术之理、战术之理等，理在武术中无处不在。

相对于理的广大性而言，势则更加精微。武术之“势”即拳势，作为具体的拳必须落在具体的身形上，无论罗汉撞钟之头撞，还是胯打中节之胯打，抑或是旋风脚之脚踢，无不是具体的身形之表达。《武编・拳》有云：“拳有势者，所以为变化也。横邪侧面，起立走伏，皆有墙户，可以守，可以攻，故谓之势。拳有定势，而用时则无定势。然当其用也，变无定势，而实不失势，故谓之把势。作势之时，有虚有实，所谓惊法者虚，所谓取法者实也。似惊而实取，似取而实惊，虚实之用，妙存乎人。”这里对“势”的阐发全面且深入。江百龙指出：“拳有势，就是拳术有一定的外形状态，即‘架势’。这是唐顺之先生率先提出的拳学论点，回答了何为拳术这样一个带有定义性质的问题。其中的‘横邪侧面，起立走伏’都是对拳势动形的描述，是拳势的表象特点，也是行拳‘作势’的运动表现。”拳“势”作为可见的身形表达，可以是一个完整动作的静止形象，也可以是动作过程中的整体运动形态，由静态之形、动态之形以及整套动作的结构之形组成。静态之形是指“行拳走架”过程中那些暂时相对静止的定势造型；动态之形是指“行拳走架”过程中身体在时空中所完成的瞬间形态。

二、武术的理势合一

理势合一是一种自发性的秩序，是一种自发生成的自然本性与应然表达。马

1 陈赟. 回归真实的存在：王船山哲学的阐释［M］. 桂林：广西师范大学出版社，2015：138.

虹在《陈式太极拳拳理阐微》一书中提到的“清能早达”四个字最能说明理势合一的拳学真义。清者，水至澄清，意为达也，到也，明也，习武也是如此，唯有悟出其中所含自然之理，依法寻理，才能达到“枢得其环中，以应无穷变”的境界。对拳“势”而言，它要求的是一个十分精细的打磨过程。它强调“练习架子者，必须在第一步中，已有规模后，方可进入第二步，待至第二步练习纯熟，也有习惯后，乃可再进入第三步，以变化第三步之劲，迄至变化灵敏，方熟悉人之应有习惯”，这样也就能理解“三年拳架两年锤”的功夫原理，“三节四梢微观化透视”的实践导向，“五骨匀称、劲骨立形”的内在规定。如此也才能理解为什么南拳刚劲有力之“势”体现在“脱肩团胛”等身法上，太极拳轻灵安逸之“势”体现在“沉肩坠肘”等身法上，长拳放长击远之“势”体现在“腰如蛇行”等身法上……拳种对应的拳势都具有相应的要求和规定，而要达到相应的要求与规定就需要以相应之法来不断训练身体，以筑其势，进而达至理势合一。

武术拳“势”应按照一定的顺序、一定的方向、一定的目标进行有针对性的实践和感悟，只有这样才能掌握拳术之理，进而表达拳“势”的意义程序与逻辑结构。明白其中独特的内在规律及其所呈现的态势后，要时刻提醒自己做到“以其顺成其可，以其逆，成其否，理成势者也。循其可则顺，用其否则逆，势成理者也”，遵从这种逻辑，循序渐进，才能使拳之本身具有生命力，进而才能演练出形意拳所谓的“身体轻灵似飞鸟”“起似伏龙登天，落入霹雷击地”的动态之势；才能演练出八卦掌所谓的“黑虎出洞、青龙转身、鹞子钻天、白蛇伏草、狮子张嘴、大鹏展翅、大莽翻身”的飞动之势；才能演练出太极拳所谓的“黏沾连随、引进落空、随屈就伸、由己从人”的幽冥之势。

“黏沾连随……”释义

三、武术的理通势异

作为对世界统一性和多样性的理解方式，“理一分殊”最能说明这种多样而统一的格局。在“理一”中，“一”不是可以计算、加减的数学概念，而是一种统一性的存在论概念[1]，表达的是多个理以及它们之间相互关联的整体。简单来讲，个体虽然追求统一，但是却以各自不同的方式追求自己的目的，即统一性的获得，也就是独特性的实现。统一性就展开在独特性之中。展开在独特性之中的统一性才是真实的，真正懂得“理一”的人，就是那种从根本上珍惜分殊性的人。进一步而言，个体的自主性和独特性是建立在相互承认和相互沟通的基础之上的，“理一分殊”始终呈现的是一种个体在交互关系中获得的一致性、同然性，个体之间的一致性、同然性正是存在普遍性的具体表现，普遍性的呈现正是个体性的充分实现。这种“理一分殊”的理念对应于武术的拳“势”之中即是“理通势异”的意思。

从拳“势”的角度来看中国武术的技术体系，“武不尽势”[2]最能展现中国武术多样性的“拳风”与“拳貌”，同时也说明了武术技术动作具有多样性和复杂性的特质。就太极拳而言，存在着陈氏、杨氏、武氏、孙氏、吴氏等多种太极拳流派。这些流派虽然在动作、套路与风格上都自成一体，但它们之间却依然保持着一些基本相同的技术方法和运动特点。如柔和缓慢、刚柔相济的动作劲力，以意导体、意气一体的内在意识，以柔克刚、以静制动的技击要求等，都从不同角度说明了太极拳“理通势异”的特点。孙禄堂在谈起内外家时写道：“始知拳道即天道，天道即人道，又知拳之形势名称虽异，而理则一，向之以为有内外家之分，实则所见不透，认理之未明也。由是推之，言语要和平，动作要自然。吾人立身涉事，处处皆是诚中形外，拳术何独不然。太极、八卦、形意其理相通，不过名称与形势动作不同耳。至若善养气炼神，则初无少异，比之，形意地也，八卦天也，太极人也。天地人三才合为一体，浑然一气，实无区分。练之久，而动静自如，头头是道，有何形意、八卦、太极之有哉。”[3]不论单个拳种之间，还是拳种与拳种之间，从“理一分殊”与“理通势异”来看，都是形架招势的练习、熟练、定型，继而精熟生巧、生变，最后达到神明复归虚无的统一。

---

1 陈赟. 回归真实的存在：王船山哲学的阐释［M］. 桂林：广西师范大学出版社，2015：165.

2 王岗. 中国武术“博大精深”之诠释［J］. 上海体育学院学报，2010，34（2）：57-61.

3 孙禄堂. 孙禄堂武学录［M］. 北京：人民体育出版社，1999：376.

第三节　中国武术知行合一的功夫论

如何实践与修炼中国武术？中国武术在数千年的传承与发展中，不仅融合了“儒家思想、道家精神、释家修养、兵家智慧、墨家侠义”等文化精髓，更是秉持了一种知行合一的哲学理念，也正是在这种知行合一的哲学理念影响下，中国武术不再仅是一门搏击的方法或身体的运动，而是上升到了一种“功夫即本体”的充满了中国式智慧的身体之道。

一、知行合一的关系演变

早在先秦时期，“知”与“行”的关系，就是诸子百家争相关注与论述的焦点，且一直以来争论不断。这种关系大致可分为四种：一是轻重关系，认为知易行难，强调行更重于知，如《尚书·说命中》有“非知之艰，行之惟艰”之说。二是先后关系，偏向于“知”在先而“行”在后，强调行必先知。三是对立关系，认为知与行没有关联，甚至是对立的。比如老子的“其出弥远，其知弥少”以及“不行而知”是一种否定行的知，意思是不出行也能感知天下事，不观察也能推晓出道理。四是互促关系，强调知与行相互作用。如“多闻，择其善者而从之，多见而识之”肯定了多闻多见的行动对认识的积极作用。

宋、明时期，程颐、朱熹等理学家们继承和发展了儒家的知行观。程颐、朱熹对儒家知行观的贡献主要在于，程颐对《尚书·说命中》“知易行难”观进行了修正，认为“行难知亦难”；朱熹则进一步强调了知行之间的相互促进作用，如“知之愈明，则行之愈笃；行之愈笃，则知之益明”已然改变了传统的那种静态知行观，而是以辩证的视角在事物发展动态情景中看待知行关系。程颐、朱熹的知行观对宋、明文人影响至深，如陆游名句“纸上得来终觉浅，绝知此事要躬行”，正是对朱熹知行相互促进观点的诗意表达。而对“知先行后”提出质疑和否定的代表人物是一代心学大师王阳明，他不仅提出“知是行之始，行是知之成”的重要论断，而且其提出的“行之明觉精察处便是知，知之真切笃实处便是行”[1]更是将知行视为一体共生的关系，并且把“知行”与功夫论联系在一起，上升到了哲学本体论的高度。王阳明在总结前人的基础上，对知行合一作了进一步思考和论证，从实用角度提出了“知行相资以为用”的重要论断，认为知和行之间是相互凭借、相互渗透的，也是始终不离的。

二、武术技术的知行合一

中国武术从拳术到器械、从功法到技法、从套路到实战、从单练到对练……可以说内容是琳琅满目、不胜枚举。而这些种类繁多的武术技术内容并不是独立于身体之外的纯理论性的知识，而是需要手把手教和日复一日练才能真正把握的技击之法。拳谚有云“千学不如一看，千看不如一练”“一日练一日功，一日不练十日空”，讲的正是武术中“练”的重要性。而中国武术“练”的核心要义在于“慎独”，它包含自省自明的体认之知，慎之又慎的度己之知，诚之又诚的戒惧之知[2]。可见这种核心要义即是包含“知”的练，是练与知的统一。如拳谚云“拳不离手、曲不离口”，这里的“不离”不仅仅是强调对技术的练习要勤，更是指向那种无时无刻不在琢磨、体认、反思的状态，既包含身体之行，也包含技术之知，是知、行与身体合而为一的存在形态。离开了身体的技术，只能是描述性的“空谈”，虽然中国武术有大量的拳谱、拳论等理论知识，但没有人只通过拳谱和拳论就能掌握武术技术；脱离了身体之行，技术知识只能是一种抽象的符号，很难被身体感知和理解，更难以形成身体化的技能和知识。

从武术技术的形成过程来看，要达到身体与意识的高度统一，在实际教学过程中一般都需经历认知阶段、联结阶段、前自动化阶段和自动化阶段，这四个阶段统一起来就是“知是行之始，行是知之成”的知行合一过程。对武术技术而言，认知阶段建立的动作表象，只是“知”和“行”的开始；而联结阶段是通过“行”与

1 梁启超．王阳明传［M］．北京：新世界出版社，2018：222.

2 金玉柱，董刚，张再林．慎独：中国武术“练”之核心要义［J］．成都体育学院学报，2020，46（1）：67-71.

"知"的反复检查、对照、纠正、练习等，获得正确动作的过程，是一个知行互进的过程，这个阶段也是师徒之间通过拆招、喂招等手段不断互动的实践过程；前自动化阶段是知与行进一步结合，对正确动作的进一步巩固和强化的阶段，直到不会再有错误动作和多余动作出现为止；而到了自动化阶段，动作无须意识支配，行便是知、知便是行，知与行达到高度和谐统一。

三、武术伦理的知行合一

"禁暴、戢兵……"释义

从字源来看，"武"的甲骨文之意为持戈征伐，而《左传·宣公十二年》中却将其解读为止戈为武。止戈为武绝非《左传》刻意曲解，而是肯定武德在历史演进中的价值和地位，并就武德提出"禁暴、戢兵、保大、定功、安民、和众、丰财者也"七项标准，成为中国武术立德的最早依据。德的登场才真正意味着武不是为了杀伐，而是为了止戈，才真正具有了正义的意义，这也使得中国武术"必然走向了对'尊德性'的彻底皈依"[1]。正是"尊德性"，中国传统武术文化中才会充满了爱国、忠义、正直、勇敢、侠义、谦虚、友爱、礼让等属于道德范畴的行为品质。这些行为品质为中国武术实践者从自身修养到人际交往、从个人责任到家国责任建立起了一套立德树人的完整体系，而且在长期的立德树人实践过程中逐步形成了"求真、向善、尚美"的价值取向。在这种价值取向指导下，中国武术把对真善美的理解贯彻到具体的日常生活行动中，如师徒之间要如父子、同门之间要如手足、人己之间要宽人严己、敌我之间要先礼后兵、身家之间要舍身为家、家国之间要舍家为国等。

概言之，受中国传统文化中的兵、儒、墨、法、释、道等诸家思想的综合影响，武术超越了"暴力"视野，追求"止戈""非攻""厚德""兼爱""侠义"等精神，其所蕴含的道德精神与武术修炼融为一体，并在武术社会生活实践中接受考验和检验。武术的德虽然属于精神层面，但这种精神离不开现实生活、离不开身体实践，并且通过具体的身体之行来处理师徒、同门、人己、身家、家国等具体的事情

1 张再林. 文武兼济与重武轻文——中国武术与西方搏击身体范式的对比［J］. 体育与科学，2020，41（3）：36-42.

或具体的矛盾，以躬身实践来立德。这种躬身实践就是在事中学、在事中练，就是王阳明所说的“行之明觉精察处即是知”，所以立德在中国武术中也是知行合一的结果。作为中华优秀传统文化代表之一的中国武术，其“具身性”的品行养成和身心一体的培育方式，为我们提供了立德树人的国民教育资源范本。这个资源并不是建立在一般的“说教”基础上的，而是通过师徒、同门、人己、敌我等场景的设定，为品行养成提供“身教”“身行”的机会。虽然这种在武术习练、师生互动中富有切身性和切身感的教育缺乏些许理论层次性，却最能体现知与行合而为一的品行教育价值。

第四节　中国武术天人合一的认识论

《道德经》上篇云：“人法地，地法天，天法道，道法自然。”一语道破了人与天地万物、人与自然的关系。世界万物与人不可分，人融身于世界之中，依寓于世界之中，繁忙于世界之中，人与自然、人与世界的这种相互依存、和谐共生的关系即为“天人合一”思想的体现。

一、天人合一的哲学理念

天人合一是中国自古以来重要的哲学理念之一，它散发着“道法自然”“性天相通”“辅相参赞”的文化本色。在中国传统思想史上“天”和“人”的意蕴都十分丰富，“天”既指自然世界还指伦常义理，“人”对天的主动性既指自然主动也指道德主动，充分说明在中国传统文化中，自然界与人类社会是关联的，宇宙论与伦理学是相互贯通的。天人合一理念集中体现了中华民族对人与宇宙万物关系的根本看法，中国古代先贤对此有着诸多的论述。如老子《道德经》中的“人法地，地法天，天法道，道法自然”；孔子《论语》中的“天何言哉！四时行焉，百物生焉，天何言哉！”；庄子《齐物论》中的“天地与我并生，而万物与我为一”等，都是指人与天地万物是相互联系的，它始于同一宇宙本源的有机整体，倡导顺应自然、清静无为、人合于天的运行规律。所以，唯有“天”与“人”之间维持平衡，不破坏“天人合一”，人才能全其“天性”，保其“自然”，才能成为真正的“人”。

二、天人合一哲学理念在武术中的体现

“天人合一”哲学理念在武术中的体现包含以下三个方面。

其一，仿生物我合一的造化机理。主要包括自然仿生、动物仿生和人物仿生。武术的自然仿生，如十二型中借形喻势的“动如涛”“静如岳”“站如松”“转如轮”“折如弓”“轻如叶”“重如铁”“快如风”；武术的动物仿生，如形意拳中的“马、鸡、蛇、鹰、熊、虎、猴”等，以及武术动作名称中所谓的燕子穿林、鹞子束身、金鸡抖翎、黑虎掏心、白鹤亮翅、青龙献爪、叶底藏花、孤雁出群等；武术的人物仿生，如“羿射九日”“轩辕跨虎”“专诸刺僚”“霸王卸甲”“苏秦背剑”“辕门戟”“关公捋须”“二郎担山”“沉香劈山”“麻姑献酒”“张果跨驴”等，举凡上述种种，无不是人的模仿，人的融入，人的塑造，人的演练，即一方面人要适应自然，一方面又要发挥人的能动性。这种仿生“主张师万物，法天地，从大自然的生化衍变现象中获得灵感和启迪，将自然界各种飞禽走兽的形象、动作、攻防意蕴都融入拳术的技势之中”[1]，它不仅要求习练者外在形态要逼真，更要求其内在生命意兴的表达要“神似”。

其二，顺应四季节气的练化方式。天人合一在武术习练中的反映，即是顺应四季节气的练化方式，它要求人们的习武活动顺应自然规律。春夏秋冬四季和二十四个节气是自然界年复一年、周而复始的规律。中国人历来主张习武要“从春练到冬”，强调循序渐进和持之以恒。脍炙人口的“夏练三伏，冬练三九”，既有“三伏三九长技艺”的意思，还有“热在三伏，冷在三九”，坚持三伏三九练拳习武可以磨炼意志、增强体质的意思[2]。这也意味着武术习练“须择天时、地利、气候、方向

---

1 邱丕相，蔡仲林. 中国武术导论［M］. 北京：高等教育出版社，2010：85.

2 郭志禹. 论武术的整体思维与传统健身理论的有机结合［J］. 上海体育学院学报，1996，20（1）：7-14.

而练之”(《八卦拳学·八卦拳神化之功借天地之气候形式法》)。如“少林八卦五行功”中指出的秋季主练脾胃功，使之有助于肝；冬季主练肺功，使之有助于肾；春季主练肝，使之有助于心；夏季主练心，使之有助于脾胃。习武人不是坚持所谓“人定胜天”，追求“更快、更高、更强”以超越自身的生理极限，而是以一种“生命技艺”的践行与自然秩序、日常生活完全合一。

其三，依乎地理方位的习武要求。众所周知，地球是围绕太阳一边公转、一边自转。相关资料显示，地球上位于南方有个大磁场，练拳时起势选择面朝南，可以借助地球磁场“电磁辐射”来感应人体“微波”，从而提高锻炼效果。不少拳谱在预备势中都有“面向正南，立正姿势”(《少林十二钩》)，以及“面向南自然直立”(《八极拳》)等说法，这说明习武练功有“面向南”的传统要求。练拳时，起势方向面朝南方，可以让人获得更多的气感。研究显示，朝南磁极的种子萌发情况较好，人工磁场的实验也证明了这一点(《地球是一块大磁铁》)，正所谓“人者，上禀天，下委地。阳以辅之，阴以佐之。天地顺则人气泰，天地逆则人气否”，(《中藏经》)这表明“习拳面向南”是有科学依据的，武术套路的起势面朝南，象征着人们期盼加强自身内部磁化及有序化过程而实施与地磁和谐统一的表现，与不少人习惯顺南北向睡眠一样，是一种对生活质量的追求，也是对健康生命的追求。

三、武术天人合一的时代意义

通过对武术“天人合一”的解读，可以发现“天人合一”的哲学理念下学而上达地体现在我们每一个人活生生的身体里。对中国传统哲学而言，身体不是常人眼中的徒有躯壳的血肉之躯，也不是制作精良的“一架机器”，而是“天”与“人”的交织、共融与和谐的有机体。所以，人们只有顺天循性、师法自然、随机就势，才能做到参赞化育。也就是说，武术的“天人合一”内蕴着教育精神与智慧，形成了基于中国哲学传统的教育哲学。从天地人相通相生、人应依天道之法而行、人在天地万物之间的特殊地位与关系的天人之间的三层意义，可见武术天人合一内含的教育精神，以人生为对象的武术修习践行，是解决人何以成人、立身、成事这一由天人合一引申出的核心问题的重要途径，可以称之为是一种中国式表达的“教天地人事，育生命自觉”的育人哲学。

思考题

1. 中国武术的哲学意涵主要包括哪些?

2. 如何理解中国武术“阴阳相生”的哲学意涵?

3. 如何理解中国武术“知行合一”的哲学意涵?

第八章

中国武术的伦理道德

本章导读

中国是一个重伦理、尚道德的国家。伦理道德文化影响着中国社会发展的各个层面。古人云："艺者德之枝叶，德者人之根干也，斯二物者，不偏行，不独立。"所谓"德艺双修"即是以中国伦理道德文化作为人们艺业修为的先导文化。武术作为中华优秀传统文化的典型代表，不仅蕴含丰富的伦理道德文化，而且在中国历史发展的不同阶段始终扮演着以武化人、以文化人的重要角色。本章从中国武术伦理道德的范畴、仁爱思想、武以德立、侠义精神四个层面展开论述，使读者更加清晰、深刻地理解中国武术伦理道德的思想内涵及时代价值。

第一节　中国武术伦理道德的概念与范畴

一、伦理道德的概念

关于伦理道德，普遍认为，伦理是精神世界的骨架，道德是精神世界的血肉。关于“伦理”的解释,《说文解字》曰：“伦，辈也。理，治玉也。”“理”后来延伸为“纹理、道理、事理”等众多含义。现代人普遍将“伦理”定义为：“处理人们相互关系应遵循的道德和准则。”[1]关于道德，韩非子《解老》中说：“道者，万物之所然也，万理之所稽也。”人们普遍将“道”作道路、道理来理解，而将“德”作为“得”的通假字意来理解，“德”即为有心之“得”。《四书集注·学而篇》有“道者，人之所共由，德者，己之所独得”的记载。可见，道德是人类集体或个体在实践人伦认知过程中的精神体验，道德即是“得到”，亦可作“得道”解。由上可知，伦理与道德均属人类精神世界的重要范畴。

二、中国武术伦理道德的范畴

（一）生命伦理

人类文化的繁衍发展无不与生命的维系密切相关。呵护生命、关注生命的文化是最为永恒的文化，是人文伦理道德属性的基础体现。武术文化的产生与发展，始终贯穿着生命伦理这一主线。例如，武术的起源通常有三种学说，即劳动起源说、竞争起源说、文化起源说。无论哪种学说，都可以理解为武术的诞生是为促使人的生命更好地延续。在“人民少而禽兽众”(《韩非子·五蠹》) 的原始时代，在“猛兽食颛民，鸷鸟携老弱”(《淮南子·览冥训》) 的残酷环境下，在《晏子春秋》“凡有血气者，皆有争心”的人性共识条件下，武术成为应对各种生命挑战的有力武器。即使到了21世纪的今天，通过武术促进人的生命健康发展依然是武术道德伦理价值的核心体现。

“颛民”释义

1　现代汉语小词典 [Z]. 北京：商务印书馆，1980：361.

（二）师徒伦理

中国传统文化十分注重师徒关系，师徒之间，历来有“一日为师，终身为父”的说法，处理好师徒关系，即是对师徒伦理的道德践行。师徒伦理是中国传统人文关系的典型样态。中国传统文化领域诸如相声、戏曲、舞蹈、杂技、中医以及各种手工业制作等，无不十分重视师徒伦理的内在规定。武术行业也不例外，武术的师徒伦理是以君父伦理的内在要求来实践推行的。就外在表征而言，最能体现武术的师徒伦理庄重特性的，莫过于拜师礼。“拜师过程中需要有介绍人引荐，俗称‘引师’或曰‘接引师’，一般需要1～2名。个别拳种还需要一名‘送师’，即负责把由‘引师’介绍来的弟子，送到拜师场所。拜师时须引师、送师、师父‘三师在位’才算礼全。”[1]同时，还需要呈送拜师帖子，最后通过向师父行叩头礼才算正式确立师徒关系。这种模仿血缘关系的师徒伦理虽然在近现代武术发展中有所淡化，但坚守这种师徒伦理关系依然被看作确证师徒关系的有效手段，依然是中国武术伦理道德的重要类型。

（三）职业伦理

习武人要生存、要发展的客观实际为中国武术的伦理道德打上了职业的烙印。中国古代以武术作为职业的群体主要包括：职业军人、镖局镖师、护院打手、武术教师、杂耍艺人等。武有武戒，更有行规与伦理，随着武术职业的发展兴盛，也有了专门的职业伦理道德规定，如忠君爱国、精熟武艺、遵守法纪、信守承诺等。当今社会，武术职业类型变得更加多样，除了武术教师、教练员、民间拳师之外还增加了影视从业人员、管理工作者等新的武术职业人员，其职业伦理也变得更加丰富多元，但武术职业对个体在大德、公德、私德方面的内在要求却从来没有改变过。

（四）社会伦理

所谓社会伦理，是指在整个社会大环境中习武人应当遵循的各种道德和准则。习武人不仅要以普通社会人的身份践行广义上的社会道德要求，还要肩负起弘扬社

1 周伟良，杨建营. 论武德的历史发展与当代价值［J］. 中华武术（研究），2014，3（2）：6-19.

会道德风气的重任。人是一切社会关系的总和。从关系的双方来讲，习武人所面对的社会关系包括自身与他人之间的关系、自身与群体之间的关系、自身与国家之间的关系。这三种伦理关系的道德架构与习近平总书记提到的“明大德、守公德、严私德”如出一辙。习武人在践行社会伦理的具体实践中，同样也应当做到明大德，即，自觉将个人的道德实践与国家、民族事业的发展建立紧密的情感联系，以“苟利国家生死以，岂因祸福避趋之”的道德自觉丰富自己的精神世界，在文化传承、精神弘扬亦或体育强国、教育强国、健康中国等战略实践中有所贡献。习武人应当做到守公德，即，用自己的实际行动捍卫全社会对自由、平等、权利、义务等价值观念的共同追求，尤其秉承中华民族担当作为、止恶扬善、敬老孝亲等道德理念，激发正能量。习武人应当做到严私德，即，自觉遵守武德内在要求，在练习武术、传承技艺、竞赛执裁等方面严于律己，坚守专业操守；在职业领域弘扬敬业精神，教书育人、立德树人、以武化人。

第二节　中国武术伦理道德之“仁爱思想”

一、仁爱思想的本质内涵

仁爱思想在中国文化史上产生了深远的影响。儒家思想创始人孔子的一生，可以说是“践行仁爱的一生”。包括儒家在内的其他中国传统人文思想，可以说都是以“仁爱”思想为根基衍生出来的，其中尤以儒家的仁爱思想最为人们所熟知。关于仁爱，《论语·颜渊》中载：“樊迟问仁。子曰：‘爱人。’”何以“爱人”呢?《诗经》中载：“弱亦不茹，刚亦不吐；不侮矜寡，不畏强御：惟仁者能之。违强凌弱，非勇也。乘人之危，非仁也。”《论语·学而》中载：“其为人也孝弟，而好犯上者鲜矣；不好犯上而好作乱者，未之有也。君子务本，本立而道生。孝弟也者，其为仁之本与！”《孟子·尽心下》载：“仁也者，人也。”《孟子·公孙丑上》载：“无恻隐之心，非人也。”《正蒙·中正》载：“以爱己之心爱人则尽仁。”可见，仁爱思想的核心是爱人，爱他人应如爱自己一样，要有诸如孝悌、恻隐、怜悯、忠恕、刚

“弱亦不茹，刚亦不吐”释义

正、务本等仁之本心。

二、践行仁爱思想的方法途径

从字形结构看，“仁”由“二”和“人”结合而成。“仁”字体现了主客二元关系的和谐。从主客关系的处理来看，践行“仁爱”的第一要务是修身，这是主体性。“修身”须持之以恒，乃人生长久之功课，即孔子所谓的“吾道一以贯之”。《论语·宪问》里所说的“修己以敬”“修己以安人”“修己以安百姓”；《论语·雍也》里所讲的“博施于民而能济众”；孟子讲的“推恩”，以及“老吾老以及人之老，幼吾幼以及人之幼”；《礼记·礼运》提出的“不独亲其亲，不独子其子”，都说明了仁爱的源泉始基在于修己，其次在于“推恩”，即广施仁爱，惠及更多的人。《论语·阳货》里说道：“能行五者于天下为仁矣。”所谓五者，是指“恭、宽、信、敏、惠”这五个方面，全面兼顾以上五个方面，便是仁爱的具体表现。《论语·雍也》记载：“能近取譬，可谓仁之方也已。”所谓“能近取譬”，就是推己及人，替别人着想，自己想要的，也要想着别人，给别人机会，即“己欲立而立人，己欲达而达人”；自己不想要或不愿面对的，也不强加于人，乃“己所不欲，勿施于人”。

三、中国武术“仁爱思想”的价值

（一）以德服人

“以德服人”是中国武术文化散发出来的历史幽香，也是仁爱思想最为广博的意义体现。“德”者“得”也，有心之得即为“德”，有技之得亦为“德”，以技服人固然可行，但终归为形式和手段，而以心之胸襟气魄征服他人才是最高境界。究其根本而言，就是习武人应当怀有仁爱道德之心。习武人行走于世，如果没有仁爱之心，即使功夫技艺能天下无敌，也很难赢得他人发自内心的尊重和认同。中国传统道德有“君子八德”之说，即孝、悌、忠、信、礼、义、廉、耻。这八个方面超越了习武人的技艺之德，成为其“君子风范”的价值标杆。习武人的“君子八德”具体表现为：“孝”不仅表现为徒弟对师父的孝敬恭顺上，还体现在徒弟对师父技艺的承继发扬上，亦有“信”的成分蕴含其中；“悌”是维系拳艺传承共同体内部关系的情感纽带，尤指同门之间谦恭、友爱的关系；“忠”在各拳派中总体表现为“忠师、忠君、爱国、爱家、爱乡邻”；“信”是指信誉、诚信等，诚实守信、信守承诺等皆属此范畴；“礼”是指社会生活中由于风俗习惯而形成的大家共同遵守的仪式、行为准则等，是维护武术伦理关系的重要方式；“义”是指公正合宜的道理，代表了习武人“伸张正义、见义勇为、以义导利”等道德原则，“义者，宜也”；“廉”是指习武人不能贪恋钱财，待人处事要保持清廉之心；“耻”是指习武人应有羞耻之心，对于自身所扮演的伦理角色，应有明辨是非、躬身自省的道德自觉。

（二）点到为止

中国武术讲究点到为止，这是武术所蕴含的仁爱思想在竞技层面最重要的道德体现。在非战场厮杀搏命的语境中，点到为止的竞技理念无疑是中国武术与西方等外来搏击之术最为显著的区别。中国武术有说招、拆招、喂招之说，而西方等外来搏击文化则倡导倾尽全力，以打倒对方且使其无还手之力为目的。实际上，打到对方、打倒对方并不难，难在如何通过攻防技术的合理运用不对他人的身体乃至生命造成重创。中国武术有“八打八不打”之说。所谓的八打，实际上也是非打不可之打，即一打眉头双睛（眉弓及眼睛），二打唇上人中（人中穴），三打穿腮耳门（面颊和耳门），四打背后骨缝（肩胛骨内外缘），五打肺腑胸膛（两肋），六打撩阴高骨（耻骨），七打鹤膝虎头（胫骨），八打破骨千斤（小腿两侧）。这“八打”的运用，目的在于发挥出一定的技击效果，但绝非无休止的过度技击，具有点到为止的显著特性。这种点到为止的技法运用理念在武侠电影中多有刻画。可以说“点到为止”是中国武术仁爱思想最精确的技术表达。

（三）和谐有度

“度”是中国传统人文哲学的重要概念之一。对于“度”的把握，西方文化强调极致，中国文化讲究中庸，两种不同的“度”之倾向也造成了对仁爱思想理解的偏差。儒家讲究“己所不欲勿施于人、己欲立而立人、己欲达而达人”的仁爱，追求的是彼此共同成就，而西方文化追求的极致仁爱则忽视了他者的感受。中国武术历来讲究和谐有度的大爱。武术技术层面，讲究“刚柔、虚实、进退、动静、开合、内外”等整体和谐；武术意识层面，深谙“内外兼修、刚柔相济、虚实结合、进退相宜、动迅静定、开合吞吐、不偏不倚、不丢不顶、上下相随”等辩证要义。就像有学者所指出的：“从历史中走来的中国武术，在经历了中国传统文化漫长的洗礼与净化后，逐渐形成了‘攻防有度、虚实相生、无过无不及’的技术特征，全力追求‘柔中寓刚、刚中寓柔、动中有静、静中有动’的技击效果，其中蕴含着习武人对‘度’的深刻理解和感悟”[1]。有了对“度”的正确理解和把握，习武人才能真正做到仁爱思想之兼爱。

（四）武以成人

仁爱思想的本质是爱人，爱人的最高境界是成人。传统观念认为，人的身体形态发育是一种自然规律，无须过多干预；人的思想道德会随着个人的成长自然发展完善，所谓“树大自然直”。中国武术的“武以成人”，“从某种角度来说，旨在参证‘本体’，寻求内在的根源，寻求一种能激发人生向上的内在精神动源。”[2]具体表现为，中国武术不仅具有“惯勤肢体、活动手足”的充盈气血、强健骨骼的价值，而且有助于培养人们崇德尚武、谦逊得体的君子风范；有助于培养人们和谐美善、甘于奉献的精神品质；有助于塑造人们虚怀若谷、坦荡豁达的人格品质。在儒家君子文化的引导下，习武人将君子的行为、道德规范作为“成己、成人”的标准，进而实现“文武双全、仁勇兼备”的修身目标。

第三节　中国武术伦理道德之“武以德立”

一、武德的本体阐释

武德是中国武术至为重要的内涵之一，它与文德一起，共同构筑起中国传统文

1 王岗，张道鑫．中国武术“度”之要义诠释［J］．北京体育大学学报，2015，38（5）：8-13.

2 王岗．中国武术文化要义［M］．太原：山西科学技术出版社，2009：116.

化的道德体系。张岱年先生曾指出：“中国传统文化，不但重视发扬文德，而且重视发扬武德。”[1]但究竟什么是武德？虽古往今来众多文人武士对此多有论述，但并未形成统一观点，各成其理，各执一鞭。“武”与“德”两字联用，较早见于《国语·晋语九》“有孝德以出在公族，有恭德以升在位，有武德以羞为正卿，有温德以成其名誉”的记载。这里所说的“武德”，具有立足国家层面的工具性意义。《词源》对武德的解释最能说明武德内涵的广泛特性，“武德即武道”。《中华大辞典》上对武德的解释秉承同样的逻辑，“武德者，武道之德也”[2]。“道”，本意是道路、方法、路径，那么武道，简而言之就是指武术的道路、方法及路径等。武德，便是在武术道路上收获的技术、方法、技巧以及精神思想层面的财富。“武德”不只是静态、抽象的伦理规定，它还包括发展、动态的实践性特征。

武德是以儒家仁学为中心，博采众家思想之所长建立起来的道德体系。儒家提倡的仁、义、礼、智、信、温、良、恭、俭、让，在武术文化中均有所体现，要求习武人以此作为人格修为的理想境界。司马迁在《史记·太史公自序》中也有“非信、廉、仁、勇，不能传兵论剑，与道同符”的记载。实际上，武德思想除了儒家思想，还受到中国传统文化多种思想体系的浸染影响，道、释、墨、法、医等思想均在武术中有所反映。比如，道家的和谐自然、安弱守雌、道者反之动，佛家的禅定、顿悟思想，墨家的兼爱非攻、尚贤节用思想，法家的法、势、术思想，医家的顺四时、调情志、重导引、善吐纳思想，都对武术发展提供了本体论、认识论、方法论上的有益参照。

基于以上分析，我们将武德定义为：在武术思想与实践道路上形成的稳定正向的伦理、意识、价值、行为共识等的集合。

二、武德的两大属性

（一）武德的公共属性

武德的公共属性具体反映在军事伦理与社会伦理两个层面。就军事伦理而

1 王联斌. 中华武德通史［M］. 北京：解放军出版社，1998：1.

2 龚正伟，石华毕. 中华武术武德的源起及基本精神［J］. 伦理学研究，2013（6）：120-124.

言，诸多古史典籍中的武德表述多与国家的综合治理、民生安定有密切关联。《史记·五帝本纪》记载："轩辕乃修德振兵，治五气，艺五种，抚万民，度四方，教熊罴貔貅貙虎。"《韩非子·五蠹》记载："上德不厚而行武，非道也。"《孙子兵法》开篇记载："兵者，国之大事，死生之地，存亡之道，不可不察也。"《尉缭子·兵教》记载："此之谓兵教，所以开封疆，守社稷，除患害，成武德也。"程宗猷的《耕余剩技》要求习武人应："壮干城，靖疆圉，俾师门之指授益藉光且大。"清代梅花拳传人杨炳的《习武序》记载："治四海如磐石之安，登万民于仁寿之域。"《少林拳术秘诀》提出："恢复河山之志，为吾宗之第一目的，倘一息尚存，此志不容稍懈。"以上记载，充分体现出武德在军事伦理层面受到了高度关注。

社会伦理中同样不乏武德的价值体现。如《左传·宣公十二年》中提到的"武有七德"，即"禁暴、戢兵、保大、定功、安民、和众、丰财者也"。《咏春·白鹤拳》则有"五戒"和"五顾"，即一戒淫欲，二戒酒兴，三戒欺侮老人，四戒欺侮小儿，五戒欺侮妇女；一须顾己体，二须爱学弟，三须和乡邻，四须知高低，五须敬师长。然而，随着武举制的废黜（1901年）及冷兵器时代的结束，武德在军事、社会伦理方面上的公共属性趋于淡化，其个体属性总体得到增强。

（二）武德的个体属性

武德的个体属性具体表现在习武个体或者群体的习武心得方面，其中既有个体经验体悟的独特性，也有集体武术智慧的共通性。司马迁在《史记·太史公自序》中写道："习武练剑，内可以治身，外可以应变，君子比德矣。"武术人习武练剑的治身、应变之德集中体现在师父与徒弟两个层面上。

1. 师父的道德体现

师者，传道授业解惑也。作为师父，不仅要对武艺之事有深刻见解，还应在传道授业过程中起到道德示范作用。传授武术技艺，应让徒弟知其然且知其所以然，善解技击方法之惑、为人处世之惑、成长发展之惑、建功立业之惑。师父的道德体现应包含以下几个层面。

（1）传武授艺须谨慎。武艺是技击搏斗的本领，稍有不慎便会伤人性命，致伤、致残、辱门风、害乡邻、乱社会最要不得。明将戚继光曾在《纪效新书》中说："凡武艺，不是答应官府的公事，是防身立功，杀贼救命，本身上贴骨的勾当。”防身立功，杀贼救命固然重要，但若单纯以此为目的，随意将武艺传授他人，则恐其得之容易，用之随意，反而违背师父传武授艺的初衷。因此，师父一定要对传拳授艺之事持谨慎态度，不可轻率为之。

（2）择徒收徒德为先。古有名师出高徒、高徒遇名师之说。这是中国武术师徒传承最理想的状态，“高徒”的首要标准便是其道德品行高尚。未曾习武先习德、武以德立、德为艺先；学拳宜以德为先，缺德者不可与之学，丧礼者不可与之教，不仁者不传，非信廉仁勇，不能传兵论剑。以上所论皆以徒弟品德为择徒之要，即“谈元授道，贵乎择人”。为师者一定要对徒弟的道德品性详加考察，仔细甄选。

那么，徒弟的道德品性究竟应从哪些方面来考察呢？众多拳术戒约对此的规定可谓众说纷纭。《少林拳术秘诀》中说：“师之授技，须先考察其人之性情、志气、品格，经三月之后，始定其收留与否，盖以师择人最严。”《咏春·白鹤拳》中说：“不信者不传，无礼者不教。”《昆仑剑箴言》中有“人品不端者不传，不忠不孝者不传，人无恒心者不传，不知珍重者不传，文武不就者不传，借此求财者不传，俗气入骨者不传，市井人不传，拳脚行不传”的规定。《峨眉枪法·戒谨篇》云：“不知者不与言，不仁者不与传。”《少林武术新戒约》中强调：“凡习武之徒，必须以贤为师，谦虚好学，尊敬师长，崇扬武德。”浙东的《内家拳法》中有“五不可传”之说，即“心险者不传，好斗者不传，狂酒者不传，轻露者不传，骨柔质钝者不传”。可见，师父对徒弟道德品性的考察较为细致，其心性、志气、品格、毅力、教养等多个方面均是考察的范畴。

（3）传技授艺应彻底。师徒如父子的道德伦理关系在武术传承中根深蒂固，“师者曰，徒者诺”是徒弟的不二行为准则。既然亲如父子，师父在传技授艺时就应无所保留，倾囊相授。但“一技在身，如藏至宝，不肯尽其法以诲人，且或需索供养，以厚薄为是非”的现象却屡见不鲜。如果说在朝不保夕、风云难测的封建时期这种现象可以理解，那么在武术传承后继乏人的今天，最需要改变的是这种传技授艺的保守观念，师父须择良徒，更要传真艺。

2. 徒弟的道德体现

（1）正心修身为要。《大学》“八条目”曰：格物、致知、诚意、正心、修身、齐家、治国、平天下。“正心、修身”作为其中重要的两条，对习武人格外紧要。所谓正心，就是正确认识武艺一事，习拳练武要“志于道，据于德，依于仁”；所谓修身，就是以提高个人涵养为要务，要“善修其身，善正其心，善慎其行，善守其德”。如太极拳对入室弟子“忠孝知恩者，心气和平者，守道不失者，真以为师者，始终如一者”的要求就是正心修身的要义所指。

（2）懂礼仪知进退。徒弟应遵循一定的道德礼仪。拳谚云“为武师，须教礼”。武礼也是徒弟道德进境的重要功课。《习武序》中有“凡见师面，即便站起，不可视若路人，不可与师并肩而行”的记载；《少林戒约》中有“平日对待师长，宜敬谨将事，勿得有违抗及傲慢之行为”的记载，另外，其对同门则要求“凡属少林宗派，宜至诚亲爱，如兄弟手足之互助救助，互相砥砺，违此者即以反教论罚之”。除此之外，还有其他方面的礼仪需要注意，如《礼记·曲礼》中有“进剑者左首”的记载，《礼记·少仪》中也有“凡有刺刃者，以授人则辟刃”的规定等。

（3）内存敬畏之心。武术同任何其他人类文化一样，都是先辈智慧心血的结晶，无论何时，都应对其心存敬畏。中国武术萌生于技击格斗之法，却以人文伦理、道德精神为文明旨要。《习武序》中写道：“凡学技之士，务要知安详恭敬。虽曰手舞足蹈，似与文人不同，而其神化莫测，非粗心浮气者所能入也。凡入拳堂时，务要沉细，不可喧哗，方可知进退之中有妙着，趋避之内有利害，万不可视拳脚如戏场，则学习才有进益。”

（4）谦恭和美之量。“礼之用，和为贵”。习武人应有谦恭和美之气量，而非争强好胜之狭私。《六合门拳谱》中记载：“与人相处，第一，同干事，则不怕劳苦；同饮食，则不贪甘美；同行走，勿择好路；同睡眠，勿占好床。第二，宁逊人，勿使人让我；宁容人，勿使人容我；宁吃人亏，勿使人吃我亏；宁受人气，勿使人受我气。第三，人有恩于我，则终身不忘；人有怨于我，则及时丢过。见人之善，则对人称扬；闻人之过，则绝口不言。第四，在练武过程中，人若胜你，则敬重之，不可有傲忌之心；人若不胜你，则谦待之，不可有轻薄之意。第五，人情喜乐时，常率略于信，随意许愿，以后不能践言。多至愤事，为人鄙薄，故喜极莫多言。”河北八极拳门中也提道：“同门之人以和睦为贵，不可逞自己之刚强，灭他人之志气，尤不可因比试之胜负遂引类呼朋，以致同室操戈。”

（5）非遇甚困不发。习武人在掌握一定武术技艺之后，面临的又一道德境遇便是何以用武的问题。《罗汉行功短打》序中说：“兵刃之举，圣人不得已而为之，而短打宁可轻用乎？故即不得不打，仍示以打而非打不可之打。”《少林拳经拳法备要》中说："拳法者，卫身御侮之善术也。"《清史稿・艺术列传》记载浙东内家拳传人王征南"非遇甚困不发"。《少林十戒》有"以慈悲为主，宜济危扶弱，不可逞强凌人"的戒条。以上论述，无不强调习武人"非遇甚困不发"的道德规定。

（6）精研武技不辍。古语云"拳不离手，曲不离口"，说的就是千锤百炼、精益求精的实践进取精神。清乾隆年间著名拳家苌乃周在《初学条目》中说道："学拳宜专心致志，殚心竭力，方能日进一日。"明代石敬岩教人练枪有"左腕右臂青紫流血，恒不绝见"的毅力体现。《少林拳术秘诀》中对习武人有"朝夕从事、不可随意作辍"的规定。万籁声先生对习武有"是以武功一道，非有坚韧不拔之志者，难得有大成功"的论断。《少林拳术秘诀》中的"五要说"要求，"既得方术，要以恒心赴之，勤敏持之，不可中道停辍""盖劲以积日而有益，功以久练而后成"。佟忠义的《武士须知・有恒心》云："学如逆水行舟，不进则退，习文然，习武亦然。吾辈研习武事，期在深造，必须持以恒心，刻苦练习，勿躐等以求速，勿半途而辍业。"

三、中国武术"武以德立"的价值

武德的实质，是习武人经过"内外兼修"的习武过程而达到的一种精神境界。这种境界向下体现为习武人个人对武术技艺的体悟和理解，向上则表现为习武人对国家民族的崛起复兴、对社会文明的进步发展作出的道德贡献。

（一）涵养和谐思想

如果说武德在人类思想进步层面有何助益的话，那便是武德的人文教化过程很好地涵养着中国传统文化中的和谐思想，它让这种和谐思想变得更加鲜活、富有张力。武德的基础体现是技击格斗技术的运用，这是基于生命得以维持呵护的现实考量。但武德的高层次表达，则在于技击格斗技术背后方法手段多样性的艺术追求，对技击伦理道德边界的自觉拓展，对技击人文精神的时代高扬，并由此促成武术文化和谐共生的繁荣面貌。武德文化蕴含着敌我关系"止戈为武"的和谐诉求，蕴含着物我关系"天人合一"的平衡理念，蕴含着身体关系"随曲就伸"的刚柔之道。《孙子兵法》中的"不战而胜，善之善者也"是军事战争层面对和谐思想的最高体现，而习武之道同样追求这种和谐的伦理境界。“‘天人合一’是武德思想理论认知的逻辑起点，而‘以德为先，以人为本’的精神追求，‘刚健有为，自强不息’的实践践行，‘仗义任侠’的行为志向，‘厚德载物、尚中贵和’的思想情怀”[1]都是武德对和谐思想有效涵养的体现。

（二）激发爱国情怀

爱国历来被看作一种大节。纵览中国武术的漫长发展史，不难发现，无论超越世俗、疾恶如仇的武侠，还是默默耕耘、独乐其中的普通习武人，其内心深处无不奔涌着“天下兴亡、匹夫有责”的爱国情怀。爱国情怀是华夏文明的精神体现，是中华民族生生不息的持久动力。爱国情怀的激荡，凝聚成中华民族跌宕起伏、可歌可泣的史诗画卷。在中国武术史上，凡武德高尚者，无不以国家民族尊严为道德自觉，他们为保卫国家民族不计私利、秉承大义、不畏强暴，用鲜血和生命护卫着民族的独立和国家的完整。人们熟知的岳飞、戚继光等，他们既是武艺超群的战将，又是精忠报国的民族英雄；民间自发抗倭驱贼的少林僧人，为洗刷“东亚病夫”耻辱而在擂台争锋的霍元甲、蔡龙云等英雄人物的感人事迹都是武术人爱国情怀的真实写照。

（三）传承优秀文化

弘扬武德文化，就是继承和发扬中华优秀传统文化。武德的通俗理解是武术道德，“道”无限延伸的特性与终生实践的特性决定了传承和发展的无限可能性。武德既是一个原点性概念，又是一个发展性概念，它既吸纳着历代习武人技术体验和思想智慧的累累精华，又指向未来创新的多元发展。因此说，武德是最具时代活力的宝贵文化财富，它能使中华优秀传统文化不断传承、不断创新。透彻了解武德文化内涵，也就等于抓住了中华优秀传统文化的思想精要，无论对人们的道德精神境界提升，还是对人们的社会实践修为，都具有不可估量的重要意义。不仅儒家提倡的“仁、义、礼、智、信、温、良、恭、俭、让、忠、勇”等仁爱思想在武术人身

---

1 彭南京，张羽佳. 传统武德文化中的伦理观念及其现代回响［J］. 体育与科学，2017，38（2）：72-77.

上得到最真实的继承，道家的“道法自然、安弱守雌、道者反之动、以静制动、以柔克刚”思想、墨家的“兼爱非攻、尚贤尚同”思想、佛家的慈悲、禅悟等思想、医家的“三调”养生观和“治未病”的健康理念，也都在武德文化的弘扬中得到传承和发展。

（四）规范行业行为

武术具有典型的行业行为特征。每个行业都有不同的道德标准，用武德来规范各种武术行业行为，便不会使武术从业人员背离社会的总体道德框架，并有助于建立和巩固自己的行业威信。其中，“义”作为武德范畴之一，尤其应当引起武术行业人士的重视。义者，宜也，就是适宜、应该、应当的意思，它是“仁”的具体化。武术行业行为对“义”的遵行既要体现“君子爱财取之有道”，更要注重对“重义轻利”武德传统的继承。1995年国家体委发布的《经营性武术组织管理规定》明确规定：“在武术经营活动中，应当坚持经济效益和社会效益并重的原则，不得违背社会公德和社会公共利益，严格禁止和取缔宣扬封建迷信、拉帮结派和渲染暴力、影响社会治安的行为。”但在现代社会中，一些有违社会公德良俗的现象仍在武术行业内时有发生，如传统武术打假事件、网络约架事件、自媒体虚假炒作事件等，值得武术从业人员警惕反思。因此，继承武德传统、弘扬武德文化任重道远。

（五）倡导实践道德

武德既包括理论性的道德认知，也包括实践性的道德行为。一个民族的武德思想理论、武德传统习俗和武德实践精神，构成该民族武德文化的基本内容。从思想认知的角度而言，当代人有责任将已经形成的武德思想理论体系继承延续下去，同时也要将武德的实践体悟切实转化成人们从事武术的实践行为。师父不仅要口传心授，更要躬身施教、率先垂范；徒弟则要虚心求教、千锤百炼、精益求精。只有如此，武术人才有更多切身的道德收益。空谈误国、实干兴邦，武德的价值并非只体现在“坐而论道”上，它更体现在“一日练一日功、一日不练一日空”的实践技术打磨当中。如果缺少了武术实践行动这个重要环节，那么武德价值便无从谈起，更难奢求习武人在国家危难之际迸发出挺身而出、勇往直前的担当和魄力。

（六）完善人格品质

健全的人格是个人成长发展的坚实基础，也对国家、社会的稳定发展具有重要影响。武德培养兼具养成健全人格的作用。健全的人格不单单体现在武术领域当中，它更应彰显在习武人立足社会交往的宏大环境之中。习武人高尚的人格魅力，会使人在与其相处的过程中如沐春风，信心满满。署名“胡达”的人在《武德论》一文中指出，诸如大智若愚、大巧若拙、大勇若怯、勇而爱人、勇而救人以及不矜、不伐等，是之谓武德。还有一篇题名为《武德十戒》的文章，作者提出习武人需要遵守的十条要求：戒贪、戒躁、戒夸、戒速、戒嫉、戒言、戒浮、戒傲、戒满及戒嗜等。可见，领悟武德的真谛，不仅对人的习武观、世界观、人生观和价值观的塑造具有积极意义，而且对完善习武人的人格品质也大有裨益。

（七）弘扬礼仪文化

“大射、宾射、燕射、乡射”释义

武术礼仪是武德的重要范畴，是外在表达某种情感的规矩、准则、程序规范或规制。早在商周时期，射礼仪式就大有讲究，其等级类别有大射、宾射、燕射、乡射，不同的级别礼仪在规制、器物材质等方面均有严格规定。“故射者，进退周还必中礼，内志正，外体直，然后持弓矢审固，然后可以言中……此可以观德行矣！”随着时代发展，武术礼仪文化得到充实和发展。2009年7月，国家体育总局武术研究院在河南登封召开了武术定义和礼仪会议，进一步明确了武术礼仪的类型及要求。目前所施行的武术礼仪包括四种类型：一是徒手礼，诸如抱拳礼、鞠躬礼、注目礼等；二是持械礼，诸如抱刀礼、持剑礼、持枪礼、持棍礼等；三是递械礼，诸如递刀礼、递剑礼、递棍礼等；四是接械礼，诸如接刀礼、接剑礼、接棍礼、接枪礼等。对武术礼仪文化的遵行既是武以德立价值导向的外在表征，也是中国武术区别于其他国家武技文化的显著特性。

第四节　中国武术伦理道德之“侠义精神”

一、“侠”与“武侠”

千古文人侠客梦。侠是中国人心中的英雄，是理想人格的化身。《韩非子·五蠹》中有“儒以文乱法，侠以武犯禁”的记载。顾颉刚在《武士与文士之蜕化》中写道：“文者谓之儒，武者谓之侠，儒重名誉，侠重义气。……惮用力者归‘儒’，好用力者为‘侠’。”冯友兰在《原儒墨补》一文中指出：“侠之一字，在晚周后期书中，方始见。”可见，侠的起源较早，“侠”的诞生很大程度意味着文武分途的开始。

从字形结构来看，“侠”的字形是由“人”字和“夹”字组成的，人字旁表明这是一种人的行为，夹就是一个大人携带两个小人，意思是有力量的人帮助弱小的人。其实，还可以这样理解：“侠是在‘夹缝’中生存的一群人，一边是弱小之人，一边是强大之人，一方是平民，一方是官府，而侠则是亲平民疏官府之人。”[1]汉代许慎的《说文解字》中对侠的解释是：“侠，俜也。俜，伶俜，孤零之人也。”唐代李德裕的《豪侠论》写道：“夫侠者，盖非常人生，虽然以诺许人，必以节义为本，义非侠不立，侠非义不成，难兼之矣。”可见，古人对“侠”的理解具有多重含义，但“侠”是一个特殊的社会群体，其身手不凡、来去无踪、路见不平、拔刀相助，难以为统治者所容，却因重义轻利、诚信守诺而赢得平民百姓的爱戴，这是“侠”典型的群体特征。就像司马迁《史记·游侠列传》中所概括的“侠”的特点：“其言必信，其行必果，已诺必诚，不爱其躯，赴士之危困，既已存亡死生矣，而不矜其能，羞伐其德。”[2]

“侠”是中国文化的独特产物。刘若愚在《中国之侠》著作中对侠这样诠释：“侠的译词是‘knight-errant’（游动的骑士），下层社会的壮士。”这种理解与中

1　徐光兴．国术魂：中国武术的精神世界［M］．合肥：安徽人民出版社，2015：19.

2　周伟良，杨建营．论武德的历史发展与当代价值［J］．中华武术（研究），2014，3（2）：6-19.

国的“侠”显然不同，其只能说最大程度贴近了西方语境中对“侠”这一类人的理解边界，但并不包含中国古代“侠”的一些显著特征，诸如替天行道、济困扶危、一诺千金、临危不惧、以暴制暴等。

“侠”在中国文化体系中包含两种意思，一是指代人（侠客），特殊的社会人或群体；二是指行为及精神（侠义）。二者相辅相成，共同撑起中国“侠文化”的整体。所谓侠客，多是指具有侠义精神及侠义行为的人，侠义精神的诠释显然离不开“侠”这样的特殊群体。所谓“侠之大者，为国为民”，便是对侠义精神的最佳诠释。就此而言，仅仅依照“侠义精神”的伦理内涵来考察“侠”的历史渊源或社会成分，显然注定是徒劳的、甚至是愚蠢的。因为“具有侠之情怀精神的人数不胜数，无处不在，无时不在，其可以在朝，亦可在野，可以伟大，也可以平凡；可以有历史的线索，也可以完全虚构”[1]，而将侠义精神发挥至极致，将侠的情怀最大程度地发挥出来，则通常需要依赖另一类特殊群体——武者。

所谓武者，通俗而言是指具有武艺本领的人，但有武艺本领的人并非皆可称为“武侠”。中国古代的侠有官侠、盗侠、僧侠、道侠等不同类型，既有贵如战国四公子那样的“卿相之侠”，曹沫那样的“将门之侠”，也有像专诸、聂政、豫让、郭解、原涉那样的“乡曲之侠”“闾巷之侠”“布衣之侠”。在古代，人们根据侠者任侠的方式和目的，赋予了“侠”诸如“游侠”“义侠”“豪侠”“气侠”“节侠”“轻侠”“游侠”“剑侠”等不同称谓。

“侠虽出于武，但并非武士都是侠。侠自有一套规则，比如轻生死、重然诺、酬恩、解难等。”[2]只有那些既有武艺本领，又有侠义精神、侠义情怀、侠义践履的人，才可以称为“武侠”。金庸的小说《神雕侠侣》中有个情节是郭靖在镇守襄阳城时，曾与杨过有过一番对话：“我辈练功学武，所为何事？行侠仗义、济人困厄固然乃是本分，但这只是侠之小者。江湖上所以尊称我一声‘郭大侠’，实因敬我为国为民、奋不顾身地驻守襄阳……只盼你心头牢牢记着‘为国为民，侠之大者’这八个字，日后名扬天下，成为受万民敬仰的真正大侠。”可见，真正的武侠，是

1 陈墨. 武侠电影漫谈［J］. 当代电影，1994（4）：68-75.

2 刘保刚. 试论近代中国的侠义精神［J］. 郑州大学学报（哲学社会科学版），2013，46（2）：149-154.

一群以弘扬侠义精神为价值信仰的习武人。

二、武侠之侠义精神

（一）侠义精神的概念

侠义，通俗而言就是侠之义举、义言、义行。所谓“义”，多指义气、仗义、正义、公义等。《礼记·中庸》中载：“义者，宜也。”韩愈的《原道》载：“行之而宜谓义。”但“行之而宜”的评判主体是谁？显然，从侠义的构词来看，其是由“侠”来评判的，而“重义守信”则是侠义精神的核心要义。

侠义精神，并非指停留在普遍人性生物学意义上的自在精神，而是强化侠士（侠客）“行之而宜”的情感、意志、意识、理念的主动精神。侠义精神为侠士（侠客）所特有的人格品质。“替天行道、惩恶扬善、扶危济困、路见不平、拔刀相助、救人急难、劫富济贫”等都属于侠义精神的伦理道德范畴。所谓侠义精神，就是一群以“侠客”（侠士）自居的人，为了真、善、美等价值追求而付诸行动实践的意识、理念。如果说儒家思想是武德之发端的话，墨家便是侠义精神的策源地。因为“墨家似乎比儒家更具有牺牲精神，儒家还讲一点中庸之道，而墨子所提倡的牺牲自己，为天下苍生谋福利的精神，似乎是比较早的侠义精神的体现”[1]。

（二）侠义精神在武侠中的体现

武侠是武艺功夫的超群出众者，是侠义精神的特殊践行者，是武德道义的坚定捍卫者，是社会公平、公正、正义、善良的集大成者。他们的存在承载着普通百姓对安宁、富足的物质与精神文化生活的殷切期望。“武侠精神严格来说并不是一种追求程序正义的理性精神，而是一种道德——实践精神。”[2]武侠实践遵循的是一种道德正义，这个正义的标准掌握在他们自己手中，从不外借他人。武侠行为效力的

---

1 徐岱．侠士道：金庸小说与中国精神［M］．北京：北京大学出版社，2009：69.

2 时胜勋．“以武为侠”：武侠精神与他们的世界［J］．中华武术（研究），2012，1（6）：35-39.

便捷性、民诉性，使得“武侠”在人们的社会期待中获得广泛认同。例如，东晋时期的祖逖便是武侠精神的忠实践行者。他轻财好侠，为人忠义，为实现“清中原”的誓言“闻鸡起舞”，成为激励后代奋发图强、自强不息的历史佳话。

如果说“侠是中国人心灵世界中的强者典型”的话，武侠则是中国人心灵世界中的强者、大者、仁者的典型。侠义精神是中国历史精神大河中的一股激流。纵观武侠的侠义精神全貌会发现，武侠是一群有血性、有正义感、有责任感、有利他性、有牺牲精神等高尚道德情操的人，是一群有超常武艺本领，富有正义、勇武、重诺、济世等侠义精神的人。

三、中国武术“侠义精神”的价值

（一）彰显民族英雄，厚植爱国情怀

武侠是侠义精神的特殊承载群体，历史上武侠多与民族英雄等列齐观。所谓侠之大者，为国为民。武侠之大，同样以为国为民为最高价值旨归。民族英雄，百姓多以“侠”称之、誉之，“侠”始终是中华民族十分荣耀的道德指向，“侠”一直是中华民族屹立不倒的精神支撑，“侠”历来是中华民族顽强不屈的意志脊梁。武侠对侠义精神的践履既成就了这一特殊人群伟岸光辉的历史形象，丰满了其英勇高尚的人格魅力，又使其成为厚植爱国情怀的成功典范。对有武侠之赞誉的民族英雄的尊崇膜拜已经成为中国人回望历史、展望未来的集体共识。我国历史上有许多英雄人物，他们用自己的卓越战绩、理想信念和高超武艺对保家卫国、固我疆域、捍卫尊严等时代价值进行了独特诠释，成为彰显爱国情怀的生动载体。

（二）提倡自强不息，凝聚尚武精神

“天行健，君子以自强不息。地势坤，君子以厚德载物。”侠义精神的内涵之一就是自强不息、厚德载物的实践精神。只有建立自强不息的理想信念，才能更好地践行厚德载物。对于自强不息的精神品质，毛泽东在《奋斗自勉》中说：“与天奋斗，其乐无穷！与地奋斗，其乐无穷！与人奋斗，其乐无穷！”这同样是对身处逆境之时，需要保持自强不息乐观主义态度的经典诠释。由此可见，自强不息是人成长发展不可或缺的重要精神品质，那些武艺高超的武侠人士更是深谙此理。戚继光《练兵实纪》中对自强不息的尚武精神这样描述：“日西各于便处习学武艺，或学

马，或学披甲，至昏而止。”这种尚武精神的实践对当下的国家、民族、集体、个人而言格外重要。梁启超在《斯巴达小志》中说：“尚武精神乃立国第一基础、国民之元气、国家恃以成立、文明赖以维持者也。”尚武精神不仅具有“外展国威、内示安仪”的社会价值，对个体而言，也具有“操戈、习戈、用戈、止戈”等具体的实践价值。

（三）鼓励见义勇为，弘扬浩然正气

“见义勇为”是侠义精神的应有之意，也是弘扬社会浩然正气的基本价值需求。侠所见之“义”应是社会“公义”，即社会公众普遍期盼的符合公共道德标准的行为，如尊老爱幼、救人于难、见义勇为等，都属于“公义”的范畴。在当今社会的特殊场景下需要弘扬的，正是这种社会公义。作为“武侠”的当代化身，习武人应当有“路见不平、拔刀相助”的胆识与魄力，应当践行“平等、利他、守信”的侠义精神。因为，中华民族自古以来就是一个崇尚节义的民族，忠于国家民族，捍卫和平稳定是人们共同的社会期待，越是沧海横流、世道变迁，越需要人们能砥砺名节，养浩然正气，成人生忠义。

（四）禁止“私法”公用，强化法治观念

侠义精神是中国文化精神的重要组成部分。历史上，上层社会曾经盛行“奉侠、养侠”之风，《韩非子・五蠹》中就有“群侠以私剑养”的记载。侠的存在也一度成为上层权贵宣扬正义的表征，但不可否认的是，侠对上层权贵阶层而言具有明显的工具特质。此举一来可彰显“威强”，二来则便于处理“公法”无法解决的私事。在历史上多以“家法”的形式存在。时至今日，仍有各种令人不解的“家法”存在，虽然其在“公法”面前讳莫如深，却无疑成为社会的顽疾症结。显然，在当今时代，以侠义之名帮助权贵树立并强化“私法”观念，实现“私法”意图早已不合时宜，其严重背离了“侠之大者、为国为民”的伦理初衷，更是于法所不容。中国武术所倡导弘扬的侠义精神，绝不能成为孕育滋长“私法”观念的温床。尤其在法治社会，更应秉承真正的侠义精神践行中国武术的责任使命，从而达到强化法治观念、规范行业操守、树立职业典范的目的。

（五）汲取侠义精髓，剔除伪实假象

《韩非子·五蠹》中有“侠以武犯禁”的记载。“禁”在官方层面表现为不轨于政治伦理，经常挑战官府权威，在民间则意味着对公平正义的强烈诉求。荀悦在《汉纪》中对游侠作如下解释：“立义气、作威福、结私交，以立强于世者，谓之游侠。”游侠“立义气、作威福、结私交”显然是对侠义精髓的曲解和滥用。历史上不少人打着侠士、武侠的名义，背后却干着欺世盗名的不义勾当。《史记·游侠列传》中就记载：“北道姚氏，西道诸社，南道仇景，东道赵他，明公子之徒，以盗跖居于民间。”司马迁《史记·货殖列传》中指责此现象为“侠之羞，不足道”，认为他们“图私利，杀无辜，其实皆为财用耳”，当今武术界应当警惕这种虚伪的侠义现象的滋生泛滥，并予以坚决抵制。

思考题

1. 如何理解“伦理道德”概念内涵？
2. 中国武术伦理道德的范畴是什么？
3. 中国武术伦理道德之“仁爱思想”的践行方略有哪些？
4. 中国武术伦理道德之“武以德立”的内涵有哪些？
5. 中国武术伦理道德之“侠义精神”的时代价值有哪些？

第九章

中国武术的军事渊源

本章导读

中国有“古来习武必知兵”之说，习武人必须了解“兵学”（即现代意义上“军事”理论）。“武”，在汉字中有“泛指干戈军旅之事”的释义。相对于古代军事多层面的内涵，武术所涉及的范围则显得比较小。在冷兵器时代，武术是战场搏斗的主要手段之一，短兵相接时，武术技能可以直接应用于杀敌。但随着战争规模与武器类型的变化，武术在战争中的作用逐渐减弱，武术作为搏斗技术，主要表现在个体或小规模团体搏斗中。同时，武术也逐渐发展为以健身、修身、个体自卫为主体特性的运动项目，并始终与军事保持着积极的互动。

第一节　民间武术与军事武艺的同源异流

一、民间武术与军事武艺的历史渊源

在原始人类的生存竞争中，人与兽斗固然是技击萌生的因素之一，而人与人斗，则与武术的萌生有更为直接的联系。原始人群为争夺头领地位而争斗，为争夺食物、领地而争斗，男性为争夺女性或女性为挑选男性而争斗。这些争斗促进了武器的发展，也促进了击打技能的进步。随着社会生产力的提高、私有制的产生，部落战争频繁出现，战争所需要的一切格斗技术，开始从生产技术中分离出来，通过战争的实践，成为独立的技术领域。战斗经验的总结和技艺的传授，既是军事斗争的需要，也蕴含着武术的萌芽。这一时期，武术与军事技能之间的界限非常模糊，两者往往合而为一。

春秋战国时期，武术开始走向民间，一方面，“士”的文武分途导致“文者益文，武者益武”。社会上出现了专门凭借武术本领立足为生的职业武士群。这种分途为武术在民间的传习提供了师资保证。另一方面，诸侯混战，攻伐激烈，为了生存与兼并，各国都非常重视武备，纷纷推行一系列新的军调制度和选拔将士的措施，如齐国的“技击”制度、魏国的“武卒”制度、秦国的“领士”制度等。春秋五霸之一的齐桓公更是把“有勇不荐”定为犯罪。战国时期的军事家孙膑，十分重视武艺人才在战斗中的作用，《孙膑兵法・篡卒》中说，“兵之胜在于篡（选）卒，其勇在于制（教令）”。这些措施的制定与推行，极大地激发了民间习武的积极性，民间习武之风日盛。《庄子・说剑篇》记载：“昔赵文王喜剑，剑士夹门而客三千人。”《列子》记载，晋国贵族范子华门下众多武士时常较力比武，“虽伤破于前不介意，终日夜以此为戏乐”。《管子・七法》记载了当时比武的盛况，“春秋角试，练精锐气为右，收天下之豪杰，有天下骏雄，故举之如飞鸟，动之如雷电，发之如风雨，莫当其前，莫害其后，独出独入，莫敢禁圉”。两晋南北朝三百余年的历史中，一方面，两晋的兵制继承汉魏，仍以“世兵制”为上。所谓的“世兵制”，即士兵全家变为军籍，以当兵为事业，世代为兵的制度。这使军事技能包括武艺成为家传，对促进武艺的提高起到一定的作用。另外，世家大族和地方豪强为了自卫或扩大势力，发展地方武装，建立“坞壁”，农民成为依附豪强的“部曲”，常习武

“坞壁”释义

练兵，使武艺在民间推广。[1]正是由于习武活动在民间的勃然兴起，武术在民间寻找到更加适合自身生长的土壤。在武术发展、成熟的历程中，虽然军事武艺始终与其保持着千丝万缕的联系，也一直发挥着重要的影响作用，但是民间武术始终是主流。因此，春秋战国之后的武术，其实质就是广泛流行于民间的，以个体习练为特征的武术。它与流行在军旅中，由军事征战中总结出来的，适用于战场的军事武艺，如骑马、射箭、行军、阵形、臂力等既相联系又有区别，可谓是同源异流。

二、民间武术与军事武艺的分野

春秋战国时期，随着社会文化的繁荣与成熟，武术开始从军事武艺的母体中脱胎而出，以具有鲜明特色的文化形态沿着自身的道路发展。总体上看，武术与军事武艺的分野主要体现在以下三方面：

其一，从社会功能看，军事武艺的功能主要用于战场。杀敌与自卫是军事武艺的唯一功能。武术也具有上述和军事武艺相同的功能。但除此功能之外，武术具有更多的社会功能，包括健身性、艺术性和娱乐性。武术作为一种独特的文化现象，与多种文化形态相互渗透、结合。武术充分地汲取中国古典哲学思想中的精华，并与养生文化、娱乐文化、伦理文化等相结合，发挥出多方面的社会作用。这些特点与作用是武术文化千百年来历久不衰，且日益获得人们喜爱的根本原因。

其二，从技击特色看，武术与军事武艺虽然都具有共通的技击性，但二者的技击性有明显的区别。军事武艺的技击强调实践性，简单实用，一招毙命，因而动作较为单一；武术固然也强调实践性，但其战略战术思想的丰富性使其实战的技击变化更加丰富多变。特别是武术发展成熟之后，各拳种、各流派的实践技巧更是千变万化。另一个显著的不同点是军事武艺以集体阵战为主要形式展开，而武术技击技巧却多以单打独斗、个体对战为前提。这种技击上的集体性与个体性的不同，构成了军事武艺与武术在技术上的巨大差异。

其三，武术广泛流行于民间，这也是武术与军事武艺相区别的标志之一。军事

1 国家体委武术研究院. 中国武术史［M］. 北京：人民体育出版社，1997：107.

武艺多为响应战事而存在，民间武术则在格斗之外，还可发挥健身、娱乐之功能。

如前所述，武术与军事技术分野最重要的标志是二者在技击性质上已有了不同。军事武艺的技击主要是实战性、集体性，而武术的技击除实战性外，还具有娱乐性，更重要的是个体性。[1]

正如有的学者所言："在我们思考武术与战争的起源问题时，将会发现两者之间存在着密切联系。因为，对两者之源头的追溯，其实即是对人类暴力产生原因的推测。就源头而言，两者实质是一回事；只是在社会发展与人类进化的过程中，暴力的形式才有了分化：个人之间的暴力冲突导致了武术技击的产生，群体之间的暴力冲突促使了军事战争的形成。"[2]

第二节　军事对民间武术的影响

一、军事激发了民间习武之风

"兵者，国之大事"也，自古以来，军事在国家生活中始终具有重要的地位和作用，历来都受到统治者的高度重视。为了满足国家对军事的需要，国家常常投入大量的人力、物力、财力来发展武备，想方设法地增强军事实力。对军事的重视必然导致对武艺的重视，其中最重要的一项就是将士的选拔与训练。《孙子兵法·篡卒》中说："兵之胜在于篡卒，其勇在于制。"《管子·七法》中也说："为兵之数：存乎聚财，而财无敌；存乎论工，而工无敌；存乎制器，而器无敌；存乎选士，而士无敌；存乎服习，而服习无敌；故兵未出境，而无敌者八……。"战国时期的兵家吴起在与魏武侯议论如何选兵练兵时也指出："一军之中，必有虎贲之士。力轻

1 旷文楠．兵家与武术的同源与交流——兵家与武术文化论之一［J］．体育文史，1990（2）：27-30.

2 乔凤杰．正出而谲用——"武术与兵家"研究之一［J］．广州体育学院学报，2006（3）：79-81.

扛鼎，足轻戎马，搴旗斩将，必有能者。若此之等，选而别之，爱而贵之。”[1]可见，聚积财富、搜罗人才、训练精锐部队、制造精良兵器，常常是统治者的强兵治国之策。针对将士的选拔与培养，有“锐士”制度，始于唐的“武举制”，宋、明、清的“武学”等。首先，这些选拔军事人才、鼓励练兵习武的措施，对武术本身也有重要的推广作用。仕宦利禄之诱，激发了人们的习武热情，尤其是对于出身寒微的平民与士兵，籍武艺入选军中，凭军功而晋升腾达，无疑具有极大的诱惑力。而且，在社会动荡时期，民间许多人习武是为了准备从军。吴殳曾说，“余少时见中原多事，尚得见用，必于兵事，故常于里中诸少年驰射于郊，习读孙武，戚继光之书，攻求其故”“若止眩俗，不能杀中原流贼者，吾不学也”[2]。其次，选拔武勇的条件与标准对民间习武的内容常常产生重大的影响，有许多本属军事技术的技艺，如“射箭”“投石”“翘关”等在民间得到了较大的普及。“寓兵于农”的军事政策进一步使各种军事武艺在民间空前地发展起来，这对后来各具特色的地方武艺的形成有不小的影响。与此同时，对士兵武艺训练的重视，使一些军事家自觉地对各种军事技术进行总结、概括，从而促进了武术与兵家谋略的结合，推动了武术训练理论、战术思想的发展。

武术器械也是随着战争的发展而发展的。从人类文明起始，人类总是把自己生产力进步的最新成果运用于战争。战争方式的演变，直接影响着武器的使用与改进，早期一器多用的兵器形制被高度精炼、便利和专门化设计的兵器所替代，如弓、弩、剑、枪等，兵器的种类和数量由简单向复杂发展。那些古老的、形制特殊的兵器，由于缺少临阵实用性而逐渐被军中淘汰，有的自此绝灭，有的被民间吸收、改造，成为民间“十八般兵器”库中的一种。总之，适应不同时期阵战发展需要而产生的长兵、远射、短兵器械，极大地丰富了后世武术演练器械的种类和数量，对中国武术蔚为壮观的各式各类器械的形成与发展有着重要的推动作用。[3]

---

1 马明达. 说剑丛稿［M］. 兰州：兰州大学出版社，2000：3-6.

2 任海. 中国古代的武术与气功［M］. 北京：商务印书馆国际有限公司，1996：96.

3 李厚芝，邱丕相. 论古代武术与古代军事技术的异同关系［J］. 西安体育学院学报，2004（1）：41-43，61.

士兵来自民间，在一定时期内又要回到民间。士兵服役期间所学的武术，在其解甲归田后，对推动民间武术技法的发展仍有影响，特别是杀伤性不太强的徒手攻防技术，经加工提炼后还能得到发展。秦时的“角抵戏”，就是从春秋战国时期的“相搏”中分化出来的一个项目，并在民间得到很大发展。另外，武艺从军队传到民间，使武术在农村广泛发展。宋时有宗族乡豪组织民众习武及私人授艺等现象。因为乡村武术受实战需要的制约，普遍注重实战应用，所以在习练项目上与军队武艺具有相当多的共性。但是由于各地习武传统不同，习练项目及练法多有区别，因此乡村武术呈现出了多样化的内容。[1]

二、军事思想中蕴含的用武理念

（一）“谨慎为战”“不战而胜”的战斗思想

在近代世界史上，欧洲列强发动的战争，多数是为了占领土地、掠取资源、完成资本主义的原始积累。《战争论》认为：战争是政治的继续，战争是不择手段地摧毁敌国的国防力量，占领敌方土地，夺取对方资源。

以《孙子兵法》为代表的中国兵家著作，则是体现了另外一种思想，孙子在兵法的首篇就提出“慎战”的战略思想。孙子说：“兵者，国之大事，死生之地，存亡之道，不可不察也。”接着他对战争的准备做了分析，“故经之以五事，校之以计，而索其情，一曰道，二曰天，三曰地，四曰将，五曰法。道者，令民与上同意也，可与之死，可与之生，而不畏危也；天者，阴阳、寒暑时制也；地者，远近、险易、广狭、死生也；将者，智、信、仁、勇、严也；法者，曲制、官道、主用也。凡此五者，将莫不闻，知之者胜，不知者不胜。”也就是说，战争是关系到国家生死存亡的大事，在战争开始之前要做充分的准备，要从五方面进行系统的分析：“道”，是民心之向背，民众与决策者是否同仇敌忾，是否可以与主君同生死；作战时，寒热季节对我是否有利；作战的地点是远还是近，是开阔还是狭窄；带兵的将领是否有智慧、有权威，是否爱兵如子，赢得士兵的爱戴，是否勇敢，治兵是否严格；军队的编制、供给、装备、训练如何等。既然有这么多战略要素，有这么

---

1 蔡宝忠. 中国武术史专论［M］. 北京：人民体育出版社，2003：81.

多不确定的因素，而且关系到国家的存亡，因此对战争必须慎之又慎。在《孙子兵法》的“作战篇”中，孙子还对作战的基本规律做了分析：发起战争需要动用四匹马驾的车千辆，还需要重车千辆，披甲的士兵十万，还要向千里之外运输粮食，还要花费说服邻国的外交费用，还有武器等器材的补充，车辆盔甲的修补，每天要开支“千金”，用这样的军队去作战，要求速战速胜，如果旷日持久，就会使军队疲惫，锐气挫伤，如果兵疲、气挫、力尽、财竭，则列国诸侯就会乘虚起兵进攻。故明主虑之，良将修之，非利而动，非得不用，非危不战。战争关系到国家的危亡，非不得已不战，战首先要充分估计是否对自己的国家有利，不能因为个人的一时意气而动武。

国家之间的动武，必须慎之又慎，对个人来说，也是如此。习武主要为了修身养性，在当今，武术作为竞技比赛、文化交流的手段，已经成为世界性的正式体育竞赛项目。但是武术的特殊属性，也让不少习武人抱着侠者的理想，武德与武侠之传统要求见义勇为，路遇不平，挺身而出。如遇他人有困难，应当热心相助，这是文明社会提倡的风气。但是，切不可以认为自己学了几招，就轻易用“以暴制暴”的方式处理现实生活中遇到的问题。见义勇为必须勇敢而有智慧，也必须遵守法律规范，因此需要慎之又慎。兵学中“慎战”的思想，提示我们既要有“该出手时就出手”的实力与勇气，也要谨慎地处理武力运用的时机和程度。若是不得已而用之，则应当迅速地制服对方，或者是摧毁对方的攻击力。

在战争手段的选择上，中国的兵法也体现了“避免杀戮”的思想。“不战而屈人之兵”，是孙子提出的“全胜”思想。“凡用兵之法，全国为上，破国次之；全军为上，破军次之；全旅为上，破旅次之；全卒为上，破卒次之；全伍为上，破伍次之。是故百战百胜，非善之善者也；不战而屈人之兵，善之善者也。”这种“全胜”的思想，就是用不流血的斗争方法，迫使敌方屈从于我方的意志，达到“自保而全胜”。这是一种进步的人道主义军事思想，它把战争从野蛮残暴和毁灭的斗争行为，引向力求保全敌方的人力物力为己所用的比较文明的斗争行为。“故上兵伐谋，其次伐交，其次伐兵，其下攻城。胜在妙算最好，退而求其次，才靠外交，外交不行，才野战，野战不行，才攻城，攻城为不得已”，表现了古代军事家以民为重的思考。许多学者认为，这是中国军事思想中的特色。无疑，对习练武术的人来说，不动武以屈人之“兵”，是对抗的最高境界。“慎战”与“不战而屈人之兵”是兵法对习武人重要的警示。

（二）“善战者，先为不可胜”的备战思想

《孙子兵法·形篇》中说：“昔之善战者，先为不可胜，以待敌之可胜。不可胜在己，可胜在敌。故善战者，能为不可胜，不能使敌之必可胜。故曰：胜可知，而不可为。”这段话大致可理解为：善于用兵作战的人，总是首先创造自己不可战胜的条件，并等待可以战胜敌人的机会。使自己不被战胜，其主动权掌握在自己手中；敌人能否被战胜，在于敌人是否给我们可乘之机。因而，善于作战的人能够创造不被敌人战胜的条件，但不一定使敌人被我战胜。所以说，胜利可以预见，却不能强求。

上述备战思想同样适用于武术。武术作为搏击的手段也好，作为竞技体育也罢，综合战斗力的高低，是在与对手的比较中表现出来的。要战胜对手，先要整体提高自己的战斗力，让对手无可乘之机，然后等待战胜对手的时机。

从现代竞技角度来考虑，一个武术运动员的竞技能力是由多方面组成的，包括体能、技术、心理意志、战术意识、临战时的状态。体能有速度、力量、耐力、灵敏等。人的身体机能状态也有周期，人在竞赛时可能处于最佳竞技状态，也可能处于“低谷”状态。对手的实力由其体能、技术、心理、战术组成。对手临战时的状态，还有竞赛的规则，裁判的水平与公允度，都影响比赛的胜负。对武术运动员来说，首先要提高自己的竞技实力，从心理训练、技术训练、身体机能训练方面入手，并且根据自己的特点突出技术优势，这需要在日常的训练中完成。只有在平时做好全面、系统、有针对性的训练，才有可能立于不败之地，才有可能在竞赛中取得好成绩。孙子“先为不可胜，以待敌之可胜”的思想，提示我们要战胜对手，必须从提高自身的实力开始，而这种提高需要日积月累。另外，习武不仅是为强身健体，更重要的是培养自身的意志品质。

（三）“攻其无备，出其不意”的“诡道”思想

《孙子·计》云：“兵者，诡道也。故能而示之不能，用而示之不用，近而示之远，远而示之近。利而诱之，乱而取之，实而备之，强而避之，怒而挠之，卑而骄之，佚而劳之，亲而离之。攻其无备，出其不意。此兵家之胜，不可先传也。”孙子的“兵以诈立”的思想，可以归为十类：一是示形，给敌人显示假象，并使其做出错误的行动。二是利诱，利用诱饵使敌人出击，从而歼灭他。三是使乱，就是使

整齐的敌阵混乱，从而打击他。四是使怒，激怒敌人使其丧失理智从而击败他。五是使骄，用计使敌人骄傲，忘乎所以，从而击败他。六是使劳，用计使敌人疲乏劳累，从而将其击败。七是使离，这是用计离间敌人，从而削弱敌人的力量。八是突袭，在敌人没有准备的情况下，发起进攻，从而给其沉重打击。九是避实击虚，避开敌人兵力充实、强劲的部位，而击其空虚、薄弱环节。十是攻其必救，这是避开敌人初出时的锐气，而当敌人欲归，出现惰气时，发起攻击的方法。

武术作为一种竞技项目，讲究堂堂正正地面对对手。但是竞技是一种有节制的对抗，允许在规则限定下发挥最大的综合力量。正如战争是交战的国家之间力量、智慧、意志的综合较量一样，武术的攻防格斗本身就是“斗智、斗力、斗技、斗勇”的过程。如何运用各种手段，有目的地造成对手产生错觉，使对手出招以应我虚招，在武术散打的战术中这称为“佯攻”，如指上打下、指下打上、欲左示右、拳引腿发等；或故意暴露破绽，给对手造成错觉，如肘关节抬高，将腹肋虚出，待对手出腿进攻则迅速接腿摔倒对手；或以下潜之势让对手认为我将用摔而下降重心，引动对手瞬间，迅速上步冲拳或蹬腿。传统武术拳论中所谓“虚实”“闪转”“佯攻”“虚招”等，均出于这种攻其无备、出其不意的“诡道”思想。

三、军事作战策略中的武术技击思想

（一）知彼知己，百战不殆

孙子说：“故知胜有五：知可以战与不可以战者胜，识众寡之用者胜，上下同欲者胜，以虞待不虞者胜，将能而君不御者胜。此五者，知胜之道也。故曰：知彼知己，百战不殆，不知彼而知己者，一胜一负，不知彼，不知己，每战必败。”（《孙子·谋攻》）在战争中，要开仗，首先要知道对手是谁，这时候是否可以打，自己的部队兵源多寡，是否都能调动自如，官兵意愿是否一致等。如果这些明了，则可能胜。

“知彼知己，百战不殆”是孙子兵法中毛泽东引用最多的军事原则。“知己”，主要靠内部上命下达、下情上报，内部通气，内部监控等手段实现。“知彼”，充分了解敌方的内情。孙子还提出，“明君贤将，能以上智者为间者，必成大功”。这些原则在现代战争中仍然被应用。现代战争的知彼手段，已经大大发展了，卫星测控技术、监听监控技术等，先进的现代技术使人们大大拓宽了视野。

王宗岳在《太极拳论》中强调“人不知我，我独知人”，太极拳《打手行动要言》指出：欲要引进落空，四两拨千斤，先要知己知彼，欲要知己知彼，先要舍己从人，平时走架是知己功夫，打手是知人功夫，所谓知己知彼，百战百胜也。

散打对抗更是必须了解对手的实力，是技术强，还是体力好，是属于急躁型的还是慢热型的，擅长什么技术，要在充分了解对手的基础上才能因敌制胜。散打竞赛的“知彼”有两个主要途径，一是在战前了解对手的技术特点、体能与状态。可以通过观察他的训练，了解对手整体队伍的技术风格，教练的特长，观察他与其他对手比赛的情况，或是通过分析对手比赛录像，了解对手的技术水平。二是在对抗中先试探，赛中的试探是一种领悟，如一起腿进攻被对手接腿摔，或是一接触就感觉对手拳重，则我应该慎重起腿，或采用周旋的方式，消耗其体力，以点数来取胜。只有在充分了解对手的基础上，才能应对自如。

（二）在对战中掌握主动权

《孙子·虚实》中提到，大凡先期到达战地等待敌军的就精力充沛，主动安逸，而后到达战地匆忙投入战斗的就被动劳累。所以，善战者调动敌人而决不为敌人所调动。能够调动敌人使之自动前来我预想的战地，是用利益引诱的结果；能使敌人晚我来到战场，是设置障碍、多方阻挠的结果。所以，若敌人处军安逸，就使之疲劳；若敌人粮食充足，就使之匮乏；若敌人安然不动，就使他不得不行动起来。孙子强调要保持战斗的主动权，调动敌人而不被敌人调动，孙子说：“微乎其微，至于无形，神乎其神，至于无声，故能为敌之司命。”必须达到非常微妙、非常神奇的境界，才能主宰对方，调动对手，这也是武术技击中所追求的至高境界。

掌握战争的主动权，是兵法之要。掌握主动权，需“先发制人”，抢在敌人前面，抢占有利地形，争取有利时机，主动粉碎敌人的企图，使敌人被动。孙子说：“以轻疾制敌也”，轻者便捷，疾者迅速，都是抢在敌人的前面。《孙子·军争》讲两军争胜，跑得最快，是“卷甲急进，白天黑夜不休息地急行军，奔跑百里去争利”。《孙子·九地》中讲“兵之情主速，乘人之不及，由不虞之道，攻其所不戒也”。“兵之情主速”，以迅雷不及掩耳之势，打敌人一个措手不及，给敌人以致命的打击。

武术临战之时，也要争取主动权，不让对手了解我之意图，在隐蔽性、灵活性和快速多变中争取主动，如“长拳二十四要”中描述的“拳如流星”“快如风”便是以快来掌握主动的战术。散打对抗中“快打慢、重打轻、巧打拙”的规律，提示我们在对抗中要以“快”“重”“巧”赢得主动。要判断快，迅速明了对手的意图；要移动快，以接近对手，占领有效的击打角度；还要出手快、出腿快，实施有效打击。

“后发先至”也是掌握主动权的一种方式，《孙子·军争》有“后之发先之至”，是让敌人按我们的设想运动，或是在识破敌人的意图后，利用他在运动中的破绽，将其消灭。这种理念被太极拳广泛应用。这里的“后发先至”，必须以“人不知我，我独知人”作为前提，“听劲”就是“听懂（了解）”对方的进攻意图，并在对方按预定方式行动时击败他。散打运动中，“后发先至”也可理解为“防守反击”，对方先发动作，我方识破对方意图，阻截对方或是有效闪躲对方进攻后反攻对方，趁对方“旧力略过，新力未发”之时，攻击对方，达到后发先至的效果。

（三）充分利用对方的弱点

在战争中之所以重视应变，是由战争本身的变化性决定的，军事人员对每一次战争，每一次战役，乃至每一场战斗，都应依据时间、地点和条件的变化，迅速作出恰当的反应，这种针对各种情况而适时反应的能力，在兵学里称为因敌制胜（应变）。《百战奇法·变战》里曾说：“凡兵家之法，要在应变，好古知兵，举动必先料敌。敌无变动，则待之，乘其有变，随而应之，乃利。”这也是强调在运用自己的认知能力时，应当时刻将对方的认识水平及可能发生的决策变化估计在内。唯有这样做，才会对自己有利。[1]

俞大猷在《剑经》中强调：“盖须知他出力在何处，我不在此处与他斗力，姑且忍之，待其旧力略过，新力未发，然后乘之，所以顺人之势，借人之力。”程宗猷在《少林棍法阐宗》中说：“倘与棍遇，惟随其器，而审其所待以为利者为何在？则乘其利之隙处，用穿提以入之，盘旋出入，得势得机，因敌制胜，用棍之善者也。”这些是以棍对抗之时的“因敌制胜”。“江西揭暄子《兵法圆机》记载相搏

1 张文儒．中国兵学文化［M］．北京：北京大学出版社，1997：330.

的情景道：‘当思搏法，此临时着也。敌强宜用抽卸，敌均宜用裆抄，敌弱宜用冲躁’说明对抗比武时，情况不同，用的招式也应不一样。”[1]

现代武术竞赛的散手教科书中，散手的常用战术形式有14种[2]，所有战术的运用，都是依据对手临场情况而实施。如“直攻战术”，是当对方的反应速度、动作速度、位移速度弱于自己时，当对方的体力不足时，当对方的防守姿势出现空隙时应用；“强攻战术”，是自己力量、速度、耐力比较好，但技术不如对方时，对方心理素质比较差时，或是对方近战能力较差时使用；“重创战术”，是在自己的攻击力量和技术比对方好，但耐力差，或者攻击力量好而技术不如对方，或者在比分落后情况下应用；“反击战术”，是遇到性情急躁、缺乏比赛经验、喜欢猛打猛攻的对手时应用，以反击为主，主动进攻为辅，以主动进攻掩盖自己反击战术的意图，刺激对方，使其更加急躁，为反击战术创造条件；“体力战术”，指如果对方的耐力较差时，则应连续进攻，不给对方喘息的机会，迫使其体力下降，以此取胜。必须根据对方的情况应用不同的战术与技术，这便是“因敌制胜”。散手比赛是在规定的时间和地点中进行的，周转余地也很小，因此，充分利用敌方弱点，迅速果断地因敌采用不同的战术非常重要。

四、军事将领推动了民间武术的发展

春秋时期的“兵”来自贵族。贵族是能文能武之士，具备侠义精神，在国家需要的时候冲锋在前，就连国君也不例外。《左传》所记载的战斗，没有一个畏战的，君主亲自御车操戈，以亲自赴战场为荣，以为国家牺牲为荣，这种社会风气无疑促进了武术的发展。

古代军队将领中，对武术发展有划时代贡献，并有较为详细的文字记载的，有明代抗倭将军俞大猷与戚继光。

俞大猷（1503—1580年）善骑射，抗倭时屡建战功，升至总兵。他指挥的

---

1 国家体委武术研究院. 中国武术史［M］. 北京：人民体育出版社，1997：267.

2 中国国家体育总局. 中国体育教练员岗位培训教材武术（散手）［M］. 北京：人民体育出版社，1999：304-307.

“俞家军”与“戚家军”齐名，有“俞龙戚虎”之称。俞大猷著有《剑经》《射法》《正气堂集》等文集传世。其中《剑经》就是他从李良钦处学习荆楚长剑（棍术）的记录。他有许多独到的见解，如“刚在他力前，柔乘他力后。彼忙我静待，知拍任君斗”“旧力略过，新力未发”“阴阳要转，两手要直，前脚要曲，后脚要直。一打一揭，遍身着力，步步进前，天下无敌”等，已经成为武术理论的经典论述。戚继光称他的棍法“一架截，如转圆石于万仞之山，再无往歇”。何良臣所著的《阵纪》中载：“棍法之妙，亦尽在大猷《剑经》。”特别是他与少林寺僧人的武术交往，更显出军事将领对武术发展的作用。少林寺以棍显，可是俞大猷南征途中到少林寺查访，发现当时少林僧人所习棍法因“传久而讹，真诀皆失”。遂择二僧人随军南下，亲授军中棍法三年，使二僧徒得其“千古不发之秘”，后僧徒北返，乃广传其棍法精髓，致少林寺棍法臻于化境。两位僧人在俞大猷晚年还南下探望，传为佳话。

抗倭英雄戚继光（1528—1587年）是一位对武术发展作出杰出贡献的军事将领，自幼随父习武，终身从戎，南平倭寇，北御鞑靼，身经百战，屡建奇功，历任参将、都指挥使、副总兵、总兵、太子大保、加封少保等。他在浙江义乌抗倭时，招募当地青年组建新军，训练严格，纪律严明。他根据倭寇武技优势和“人自为战”的作战特点，创造了以“长短兵迭用”为特点的“鸳鸯阵”。在平定倭寇之战中，他显示出超人的军事指挥才能，使倭寇闻风丧胆，被后人誉为民族英雄。“戚家军”与少林僧兵以及少数民族武装力量联合抗倭时，相互学习，使中原武术与少数民族武术得到融合，推动了武术的进一步发展。他总结练兵与作战的经验并写成《纪效新书》《练兵实纪》《武备新书》《临兵要略》等兵书。其中《纪效新书》中的“拳经捷要篇”被认为是完整记载套路的最原始典籍。“拳经捷要篇”在广泛收集民间武术的基础上，将武术技术进行了系统的分类，记载了踢、打、摔、拿、跌的五大技术。对拳法之作用，习拳之要领，步法之要诀，“拳经捷要篇”都有详细的论述。戚继光还提倡“各家拳法兼而习之，正如常山之蛇阵法，击首则尾应，击尾则首应，击其中而首尾相应。此谓之上下周全，无有不胜”。他综合各家之长，编成拳三十二势，“绘之以图，注之以诀，以启后学”。《纪效新书》成为研究中国古代武术典籍必备的参考书目。

第三节 民间武术对军事的作用

一、“冷兵器时代”武术对军事的作用

拳法一直是民间武术的主体，虽然“无预于大战”，但能“活动手足，惯勤肢体”，是初入艺之门。因此，军事训练也吸收了不少朴实无华的拳法作为士兵活动身体，其是掌握器械技法的基础。同时，军队从民间征集士兵，有武技的人随时可能应召入伍，被选拔入伍的士兵常将其掌握的武技带入军中，那些适合军阵实战需要的技术自然被保留在军中，从而有助于军事技术的发展。而当大批将士解甲归田时，他们又会将其所掌握的军中技艺带回民间。明末战将陈王廷解甲归田后，“忙来时耕田，闲来时造拳”，便是其生动一例。古代军事技术与古代武术就在这样的双向交流过程中不断地相互吸收、相互促进，从而得到推广、发展和完善。[1]

先秦兵家均十分强调从个人武力的角度对战士进行选拔与训练。1972年山东银雀山出土的汉代竹简《孙膑兵法》为久已失传的古籍。该书《篡卒》章说“兵之胜在于篡（选）卒，其勇在于制（教令）。”孙膑十分重视武艺人才在战斗中的作用：“篡卒力士者所以绝阵取将也。”他认为武艺高强的战士可直入敌阵，以擒其将领。所以孙膑主张“私公之财一也”。财同材，指人才。他认为只能以武艺高下这同一标准来选材，不能分贵贱。战国时期，以周公与姜太公对话形式写成的《六韬》，为先秦重要兵书之一。此书《农器》一章论述了许多兵器源于农具，因而民间武艺与军阵武艺有着紧密联系。《六韬・武车士》还根据不同兵种对武士有不同的要求，确定不同的选拔条件：“武车之士”应善跑、善射与力大；“武骑之士”应体质强健、敏捷、精于骑射。《六韬・练士》根据士卒的不同体质、武艺、个性等予以分类和训练，以适应不同的任务：“军中有大勇力、敢死乐伤者聚为一卒，名曰冒刃之士。有锐气壮勇强暴者聚为一卒，名曰陷阵之士。有奇表长剑，接武齐列者，聚为一卒，名曰勇锐之士。有披距伸钩，强梁多力，溃破金鼓，绝灭旌旗

1 李厚芝，邱丕相. 论古代武术与古代军事技术的异同关系［J］. 西安体育学院学报，2004（1）：41-43，61.

者，聚为一卒，名曰勇力之士。有踰高绝远，轻足善走者，聚为一卒，名曰寇兵之士……有才技兼人，能负重致远者，聚为一卒，名曰待命之士。此军之练士，不可不察也。”卫国军事家吴起著《吴子兵法》亦十分强调对战士的武功训练，如“用兵之法，教戒为先”“教战之令，短者持矛戟，长者持弓矢”。[1]

后世军事家也重视个人武艺的习练和作用。戚继光出生于武术世家，自幼在父亲的教诲下学文习武，可以说是明朝杰出的武术大师，如一战龙山所时，三箭射死敌酋而解围，显示出了高超的射箭本领。戚继光非常好学，曾经跟俞大猷学过棍，向谭纶学过剑，拜唐顺之练过枪，他将所学贯彻到武术强兵思想中，从主观上推动了武术在军中的兴起。戚继光主张训练要讲究实用，不搞花架子。他还聘请民间拳师和武僧开设武学馆，专门针对倭寇的作战特点进行专门训练，吸取了大量的武学技艺。

二、“火器时代”武术对军事的作用

进入“火器时代”，个人武艺在军事战场上的作用尽管大幅降低，但仍有重要影响并焕发出新的生命力和多元价值。

清末民国时期，中华民族一度“到了最危险的时候”，有志、有识之士从救亡图存的立场出发，重新认识和发挥武术的军事价值。如当时面对全盘西化的民族虚无主义者，有人撰文认为：“吾国人冥顽不悟，轻视旧有之国粹，而稗贩于外，以骛他人之皮毛。”作者还说：“窃谓今也欲求强国，非速研究此术（武术）不可。……故今日主持国事者与教育家，皆不可不栖神营心于此也。”[2]这反映了在当时武术被忽略的情况下某些有识之士的呼声，它代表了武术发展的历史潮流，在当时是有一定积极意义的。民国之前，推行军国民教育者尊崇尚武精神，但大多采用西式火器和体育，提倡武术者很少。民国以来，国粹体育逐渐为人所重新认识，孙中山认为：“最后五分钟之决胜，常在面前五尺地短兵相接之时，……技击术与枪

---

1 国家体委武术研究院．中国武术史［M］．北京：人民体育出版社，1997：44-45.

2 佚名．论今日国民宜崇旧有之武术［N］．神州日报，1908-07-02.

炮、飞机有同等作用。”[1]可见，人们对武术的军事功能有了较深刻的认识。在这一认识的推动下，武术被广泛地作为军事训练和教育手段在社会各界推行起来。

在民国时期“体育救国”和“体育军事化”思想的指导下，武术的军事价值也得到了人们的关注。中央国术馆馆长张之江视“国术为达成军事目标之最佳手段”，他提出“强国之本，在于强种，强种之本，在于强身，而强身之本，要以国术为唯一方针”[2]。他视国术为强国与御侮的重要工具。谭梦贤认为：“为今之计，除提倡科学救国外，在发达国民体育，尤应注意军队体育之训练，是为当今更切要之急务……”[3]谭氏继而将拳术视为军人必学之术。

在上述各种思想的指导下，这一阶段的武术在军队、社会、学校训练和教育中均得到了有力发展，其军事功能也达到无以复加的地步[4]。首先，武术在军队训练中得到了空前的发展，何键提出“武术军事化，军队武术化”口号并创办了“四路军技术教导大队”，该队从1930年至1937年的7年中就为他的军队培养了大约3 000名武术骨干。同时，全国各地的国术馆还向当地驻军、学校派驻了大批毕业学员或本馆拳师[5]。国民党32军军长商震热心在军中提倡武术，聘请不少国术教官到军内任教；冯玉祥部和湖南驻军的国术也闻名于时[6]。当时还有人建议，各级军官最低限度应练习一种国术，士兵除刀枪为必要术科外，每人应练习两种以上拳术，并提出设立国术教导员，为军师（独立旅）之军训体育委员会的委员，该员至少须能教授太极拳、形意拳、八卦掌、少林拳4种拳术及枪剑刀棍等器械。其次，武术的军事功能在社会教育中也得到了重要体现。1935年，范振兴撰文《我对于国术的所见》认为；“现在战事利器日进千里，战事日渐趋于科学化，于是好多人便说国术是没用的东西了，其实他们未免太过浅视，他们忘记了国术足以养成国民英雄振作之气，而那亦实是战事胜利上必要的一个条件，众志成城，尚武之风实为国防的利

---

1 孙中山. 孙中山全集［M］. 上海：广益书局，1929：403.

2 佚名. 论今日国民宜崇旧有之武术［N］. 神州日报，1908-07-02.

3 谭梦贤. 军队统一国术之当见［J］. 国术统一月刊，1934，（2）：10-22.

4 易剑东. 试论近代武术军事功能的演化［J］. 成都体育学院学报，1995（1）：23-28.

5 中国近代体育史［M］. 北京：北京体育学院，1959：253.

6 中国近代体育史［M］. 北京：北京体育学院，1959：248.

器，而在处处落人后尘的现在中国，谈到国防，我们尤不能不锻炼成铁般健壮的战士……”[1]

时至今日，武术对增强士兵身体素质、勇武精神仍有多方价值，这从习近平考察部队时观看士兵武术演练中可见一斑。

三、武术对军事人才的输送

（一）推荐勇武人才，举用勇武之士

先秦时期统治者便重视武术人才在军事中的作用。齐国的“技击”制度，魏国的“武卒”制度，秦国的“领士”制度等。春秋五霸之一的齐桓公更是把“有勇不荐”定为犯罪。据《管子》等书所记，春秋五霸之首的齐桓公多次责令地方官吏注意发现并荐举武术出众的人才。“于子之乡，有拳勇股肱之力筋骨秀出于众者，有则以告，有而不告，谓之蔽才，其罪五。”（《管子·小匡》）。兵家有“兵之胜在于篡兵”（《孙膑兵法·篡卒》）的说法，魏晋南北朝时采用“府兵制”的方法，并不断提高选拔士兵的标准，既要求会拳术的捕虏擒拿技术，也要会使用戈、铤、戟等长短兵器的技术，既要能疾跑，也要能逾城越堑，攀登跳跃，长途负重行军。这些对武术技巧和速度、耐力、力量诸方面，均有严格要求。

（二）确立武举制度、选拔武艺人才

“教法格”释义

武举制实质上是国家采用制度的手段来选拔武术人才，起源于唐，完备于宋，中断于元，兴盛于清，延续千年之久。唐代选士的标准是很高的。一般力士分等级：头等是力负六百三十斤，行五十步，其次是引弓二百四十斤，弩射，如果是臂张弩射，射程二百三十步四发四中；如果是单弓弩射，要射及一百六十步，四发四中，才算及格。另外，行军要骁捷。从1954年四川成都万佛寺出土的唐代石刻力士残像上，可以看出是一个健壮有力的典型形象，上体的各部肌肉清晰可见，显示了当时练武、练功对身体肌肉的良好作用。宋代对比武选锋也非常重视，比武的内容有弓矢、刀、枪等。通过比武分出上、中、下三等，军队颁布有统一的训练要

1 范振兴．我对于国术的所见［J］．体育杂志，1935，1（3、4）：252-260.

求，即“教法格”，并配有图像口诀，使兵士诵习。从以往学者们对于武举制的研究来看，人们主要着眼于武举制对武术发展的促进作用，却很少反过来看：通过武举制这样一种人才选拔的制度，武术为国家输送了大量的军事人才。

（三）建立武学体系，培养“出众”武士

宋明清在积极完善武举制度的同时，又设立了武学，并形成了培养与培训武术人才的体系。北宋庆历六年，“以春秋大教弓射一石四斗，弩引三石八斗，枪刀手胜三人者，立为武艺出众格”（《宋史》卷一九五）。北宋熙宁元年十月，就诏颁了“河北诸军教阅法，凡弓分三余，九斗为第一，八斗为第二，七斗为第三”（《茶香室丛钞》六卷）。又元丰元年十月“在京校试诸军技艺格第为上、中、下三等。步射六发而三中为一等，二中为二等，一中为三等。马射五发，骤马直射三矢，背射二矢，中教等如步射法……枪刀并标排手角胜负，计所胜第贵”（《宋史》卷一九五）。武学所教习内容与武科考试内容相符，使武术教育与武举考试更加紧密地结合在一起，有助于唐以后数代王朝社会“尚武”风气的形成，这也是武举制度长期存在的民众基础。

四、武术对军事思想的启发

（一）道德层面：“严禁恃强凌弱”

中国武术受到了内敛、中和的儒家文化的浸润，养成了“不凌弱、柔远人”的文化品质。中国武术从技法的习练到武德层面的修为都在潜心追求“内圣”而非“外王”。习武过程中，当拳性由“明”至“暗”时，出拳有了柔性，横暴之气自会渐渐收敛。一旦至化劲阶段，敛气入骨，以心行气，但求处处平和顺畅，圆转无不如意，收发无不随心，这时才有可能大彻大悟，觉以往之非，恨闻道之晚，深知“山外有山，天外有天”，虚己待人，谦和忍让，决不与人作无谓之争。真正的武林高手，大多儒雅清秀，似有仙风道骨。他们目光清朗透彻，神态和蔼安详，步履轻灵飘逸。但真正遇到了系生命于呼吸之间的情况时，其由内而外散发出来的杀气，以及透过目光所传递出的令人震惊的精气神又会让人不寒而栗，真可谓“以意击人”，往往不用动手，或凭借本人在武林中的威望，或凭借自身功力的一次展示，就可达到从心理上给对方造成巨大威慑的效果，从而阻止一场

武力冲突的发生。

兵不血刃而天下亲，中国兵学认为最好的胜利，是全胜。《司马法》分析古代战争，说夏用“德”，殷用“义”，周才用“力”。用“力”杀人是最低等的。唐太宗问李靖：“兵法孰为最深？”靖答：“臣尝分为三等，一曰道二曰天地，三曰将法。”道是什么？是“神武而不杀”。《三略》中说：“柔能制刚，弱能制强。柔者德也，刚者贼也。弱者人之所助，强者人之所攻。”孙膑兵法的“伐国之道，攻心为上”，既是对孙武“不战而屈人之兵”的阐释，又是对“不战而屈人之兵”的改造。它突出了“心理威慑”的含义，抓住了“不战而屈人之兵”的实质。[1]

（二）精神层面：注重胆量和勇气的培养

武术搏斗虽然与战场冲锋的气势不同，但对交手双方来讲，也是生死之地。《少林拳术秘诀》说：欲学技击必须破生死关。戳脚的《交手要诀》讲，凡与人交手务要壮起胆来，盖胆者心之辅，胆壮则心亮，手脚自不忙乱。戚继光的“三十二式中”第一式就有“对敌若无胆向先，空自眼明手便”之句。

有胆量则镇定、坚定、果断，才敢充分地表现出自己的训练水平，从竞赛的角度考虑，技术水平的发挥是与心理状态直接相关的。武术的谚语有“一胆、二力、三功夫”之说。胆气有天生的，也有训练出来的。孙子说：“勇怯，势也”。孙子也认为勇怯取决于战势。勇怯是士兵上战场的临场发挥，这种发挥取决于战场上的形势和地理环境。

现实中，我们发现，有的人在一个场合中胆小，顾虑重重，但在另外的场合则可能奋不顾身。作战时，指挥员也要善于营造“势”，让战士能同仇敌忾，能够形成如“转圆石于千仞之山”之势，那就锐不可当。而在武术搏斗或是散打对抗中，充分调动自身的长处，营造一种强势镇住对手，是胜利的关键所在。胆气与人的技术及体力也是关联的，如戚继光所说的“艺高人胆大”。胆气与技艺也是相辅相成的。

我国古代军事家都极其重视战斗中士兵的胆气。孙子说：“对于敌方三军，可

1 王岗. 中国武术：一种兵学文化的展现［J］. 天津体育学院学报，2007（6）：483-486.

以挫伤其锐气，可使丧失其士气，对于敌方的将帅，可以动摇他的决心，可使其丧失斗志。”善于用兵的人，敌之气锐则避之，趁其士气衰竭时才发起猛攻。这就是正确运用士气的原则。不论战场还是赛场上，意志都是非常重要的。

《吴子》指出，凡兵战之场，立尸之地，必死则生，幸生则死。两兵相接之地，就是生死之地，必须要有不怕死的勇气才可能生存，即所谓的“置于死地而后生”。何良臣在《阵纪·募选》中指出，“最喜诚实，犯忌游闲，不在武技勇伟，而在胆气精神，首取胆气，次取臂力便捷”，并指出“伶俐而无胆者，临敌必自利，有艺而无胆者，临敌忘其技，伟大而无胆者，临敌必累赘，有力无胆者，临敌必先怯，俱败之道也”。

战争中，将领要激起士兵勇敢杀敌的勇气，要做到“智、信、仁、勇、严”。要在平常的训练中严格要求，严格训练；要有智慧，战术决策能得到战士充分的信任，坚决执行；要爱护士兵，让士兵愿意冲锋陷阵，这是鼓动士气的关键所在。国家还要调动力量，让战士赴前线倍感光荣，还要体恤战士的家属，让其无后顾之忧。此外，在鼓励我方士气的同时，还要想方设法让敌方军心动摇或士气低落。楚汉之争“垓下之围”的“四面楚歌”，就是刘邦军队动摇项羽军队士气的典型范例。

思考题

1. 武术与军事武艺的主要区别有哪些?
2. 军事武艺对武术思想产生怎样的影响?
3. 军事武艺在策略上对武术有什么样的启发?
4. 武术对军事产生什么作用?

第十章
中国武术的健康智慧

本章导读

在社会发展的不同历史时期，中国武术作为一种独具特色和饱含中华民族智慧的文化，发挥着积极的作用和价值，比如武术的技击价值、娱乐价值、教育价值和健身价值等，都显示了武术文化内容的丰富性，同时武术也具有超越一般体育层面的意义。中国武术是中国传统文化的内容之一，因此，武术必然会长期受到中国传统文化的熏陶。尤其是在阴阳五行学说和传统医学经络学说等理论体系指导下，人们经过长期的探索与实践，在身体健康与生命认知领域逐渐积累了丰富的实践经验和一些有关健康的理论智慧，为在快速发展的当代社会，促进人们身体健康和调节生活方式带来了很多的益处。当然，这些养生健身的知识也彰显了中国人的生存智慧与传统文化特色，具有一定的时代价值与意义。

第一节　中国武术健康智慧的理论基础

一个民族的传统文化非常重要，从某种意义上可以理解为，传统文化为人们认知客观世界和进行社会活动提供指导。长期以来，中国传统文化中的阴阳五行学说作为我国古代的辩证唯物观，不仅为人们认知世界和解释世界提供了方法论，而且形成了中国人特有的身体健康认知系统。在传统文化中有两个重要的概念："取象比类"和"推演络绎"，这是我们中国人认识外界事物的方法，或者称为逻辑。中国武术健康智慧来源于中国传统文化，因此，阐释中国武术健康智慧的内在机制，首先得学习和认知中国武术健康智慧的理论基础。

一、中国武术健康智慧理论中的阴阳五行学说

阴阳五行学说和我们的生活息息相关。按照中国哲学的观点，五行主要指金、木、土、水、火，这些都是大自然存在的物质，中国人习惯用五行来比喻世界万物，于是久而久之，阴阳五行就成为一种我们认识事物的抽象理论。这种理论既是中国古代哲学体系中的重要内容，也是中医的重要理论基础。阴阳五行学说为中国武术在身体健康领域的发展提供了重要理论支撑，成为中国武术健康智慧的理论基础。

（一）中国武术健康智慧在于调节身体的阴阳平衡

阴阳学说起源于人们对客观世界的观察。中国古代著名的医学专著《黄帝内经》记载了很多有关中国古人对自然观察认知的经验。古人通过对自然长期的观察，发现天和地可以使用阳和阴来表示，在此基础上，古人认为世界万物皆由阴和阳构成，阴阳是对立统一的矛盾关系，也是宇宙生发的原因和结果。于是，古人就按照这种逻辑的推理，逐步形成了对人身体的认知体系，并把天、地、人相互关联。这就是中国人认知世界的方式，也是中国人长期观察自然的推理结果。因此，《中医理论基础》一书中说道："阴阳学说贯穿中医理论体系的各个方面，用来说明

人体的组织机构、生理功能、疾病的发生发展规律。”[1]

传统医学和养生学都认为人体的阴阳失调是疾病发生的根源。因此，通过食疗、药疗、生活方法和身体运动等多种方式，来调整人身体内部的阴阳，促进身体阴阳平衡发展是促进人体健康的重要理念和方法。武术的健身功能与价值以及身体健康智慧皆源自阴阳学说的身体健康观。比如武术理论中提到的“练养结合”，其实也是一个阴阳平衡的观念。武术健身理论认为，人体运动训练过度，就会造成人体“阳气”大量消耗，因此，在身体外部练功的同时，也要做好身体内部“阳气”（即人体能量）的补充，讲究动静结合（即阴阳平衡），只有如此，才能达到修养身心和促进健康的目的。于是很多武术拳种都建立起相对系统的内外结合的训练内容和方法，以促进身体的阴阳平衡。

阴阳不仅仅是描述身体生理功能和诊断疾病的方法和依据，在武术拳种流派和招法招式名称中，也有很多阴阳名称的使用。如清代太极拳名家王宗岳所写的《太极拳论》中记载：“太极者，无极而生，动静至极，阴阳之母。”王宗岳借用了当时的阴阳学说，通过阴阳理论来阐释人体运动与阴阳之间的关系，并以此来说明习练太极拳时从静到动的转化关系。当然，随着现代社会科技的快速发展，“分子生物学研究不断深入，生命现象中具有相互对立制约关系的基因和基因组不断被发现，同时一个基因在不同的生理病理条件下也常常表现出相互对立矛盾的两个方面。因此，阴阳学说的运用也就变得越来越普遍。”[2]所以，中国的阴阳学说对人体健康的认识是非常独特的，国外学者也普遍认同这一个观点，即阴阳概念提供了一个智慧的架构，它充分体现了中国人的科学思维，特别是在生物学和医学领域。

（二）中国武术健康智慧源于五行学说的思想

在武术健康理论中，除了阴阳学说的重要影响，中国传统文化中的五行学说对武术健身的实践也起到了重要的指导意义。五行学说和阴阳学说都是中国古代

---

1 印会河. 中医基础理论［M］. 上海：上海科学技术出版社，1984：15.

2 沈晓雄. 阴阳学说：一个风靡现代医学界的科学概念［J］. 中医药导报，2018，24（4）：1-6.

哲学的重要内容，两者构成了中国古代辩证哲学的基本认知体系。五行是古人根据长期观察一年四季自然界变化的规律，即春生、夏长、秋收、冬藏的自然变化法逐步总结出来的知识智慧。当然，按照中国传统文化的认知方式，五行并非是我们日常所见的实物。中国古人运用取象类比的方法，将具有相同性质的事物归为一类来概括世界万物。如中国古人将树木的生长形态引申为具有升发、舒畅等特性的事物，并将其归为“木”；将具有热度的火引申为具有温热和升腾等特性的事物，并将其归为“火”；将土地播种和收获引申为孕育生化特性的事物，并将其归为“土”。通过类比的原则就可以把世界万物都归到五行这个范畴，这是中国古代文化的智慧。按照归类演绎的特点，中国古代哲学的五行自然与武术有紧密的联系。

通过武术锻炼增强体质，达到健康的目的，而中国的传统医学则是将药物等方法作为治疗人类疾病的传统手段。从终极目的而言，武术和中医是殊途同归的。在中国传统文化观念影响下的武术，必然会受到中医的身体五行学说的影响。在长期的发展实践中，武术结合传统医学的身体五行认知观点，总结出通过武术锻炼身体的不同部位相应提升不同脏器系统健康的道理。如形意五行拳（也称为形意母拳）是形意拳系中最基本的拳法，它包括劈拳、崩拳、钻拳、炮拳、横拳。形意五行拳以五行学说来命名并将其对应相关的身体部位，如“第一曰劈，其形似斧，五行属金，五脏养肺；第二曰崩，其形似箭，五行属木，五脏舒肝；第三曰钻，其形似闪，五行属水，五脏补肾；第四曰炮，其形似炮，五行属火，五脏养心；第五曰横，其形似弹，五行属土，五脏养脾”。不难看出，形意拳正是按照取象比类和类比推演的方法，采用中国传统文化的五行学说作为提升体质、增进健康的思想观念和理论依据的。

武术谚语中经常讲“拳起于易，理成于医”，说的就是武术健康智慧与中国传统文化及传统医学的紧密联系。中国文化向来强调“术道合一”的传统理念，武术健康智慧在于通过术的练习，使人体悟到天道的发展规律，并最终实现对“天人合一”的生命认知。

二、中国武术健康智慧理论中天人合一的身体运动观

阴阳学说和五行学说对武术健康智慧理论的形成产生了重要的影响与作用，身

体内部的阴阳平衡以及人体脏腑器官的内在联系都成为武术健康智慧理论的思想来源与实践路径。此外，中国武术健康智慧还体现在将中国传统文化的天人合一思想与武术紧密结合起来。

（一）整体系统的中国武术身体运动逻辑

“天人合一”是中国哲学的重要概念和内容，是中国传统文化的精华。我们的祖先千百年来以种田耕地为生，村落是人们生活的重要居住地，因此，田地农作物收获对人类生存就非常重要。正因为如此，对农作物有较大影响的气候观测就成为很重要的事情。所以，古人从大量的生活实践中观察与体悟人与自然的关系，并最终总结和提炼出精深的“天人合一”思想。而在传统文化熏陶下发展起来的中国武术，必然会受到“天人合一”思想的影响。天人合一不仅体现在人与自然的和谐共生上，而且代表了古人对一切宇宙生命形式的认知。武术关于健康和生命系统的认知智慧，从认知人体运动与健康的关系逐步拓展到认知人与自然的生存法则与相互依存的关系上。此外，武术中的天人合一不仅仅包含身体内与外的合一，也包括人与外界的合一。因此，以中国传统文化为逻辑出发点的中国武术，其练习不仅仅强调身体的整体全面训练，更强调形神兼备、内外合一。

“天人合一”的整体系统论思想对武术的发展产生了重要影响。中国武术的四击八法中，四击为“踢、打、摔、拿”，八法为“手、眼、身法、步、精神、气、力、功”，其基本包括身体的所有运动形式，这就是传统文化中整体论在武术中的体现。在身体训练内容上，武术不仅要求有外在的体能训练，而且强调对内在意、气、神的追求。中国武术拳种繁多，仅流派就有一百多种，各种流派技法也不尽相同。武术内容如此丰富复杂与古人对身体的认知有较为密切的关系。

武术健身理论认为，人体各个器官组成了一个复杂的、相互联系的系统，一个器官功能的发挥要多个器官配合才能完成。如肺主气，但肺与脾的关系非常密切，人体气的生成，主要依赖肺的呼吸功能和脾的运化功能，而肺与肝的关系则表现在气血运行的相互调节上，肺与肾的关系则表现在体液代谢的协调上等。正因为如此，武术的健康理念也是将人体的整体系统纳入考虑的视野，认为只有全方位的身体运动才能促进体质健康。如较有代表性的形意五行拳，劈拳练肺、崩拳练肝、炮拳练心、钻拳练肾、横拳练脾。又如华佗五禽戏，虎戏练肺、鹿戏练肝胆、熊戏练脾胃、猿戏练心、鸟戏练肾。每一套武术动作都不是简单的一个动作或者针对某一个身体器官功能的练习，而是将身体脏腑作为整体系统进行锻炼，从而促进人体阴阳的整体平衡和体质健康的提升。此外，在“天人合一”的理念指导下，武术也要符合自然环境的发展规律。如武术练功中讲究不能在湿寒有风的地方进行，人在体质虚弱的时候应注意休息，顺应季节的发展而采用不同的练功内容等都体现了武术“天人合一”的生态共生观念。

（二）形神兼备的中国武术身体运动特点

中国武术比较注重内外结合，在强调身体外在运动的同时，追求身心一统，达到身心同健的目的。比如太极拳以“心静体松”为要旨；华拳以“心统性情”，强调“心正而后身正”；形意拳因“心意诚于中，肢体形于外”又名心意拳；通背拳也讲究“心法慧勇”，以心志活动为首务。众多拳种在理论上都重视“身心合一”，在技术上又都实践着“心身交益”。总之，心身交益、和谐统一是武术健身最重要的内容之一。[1]

形神兼备作为武术练习中最为基本的要求，在套路演练和功法练习时均有显著的体现。如武术中的桩法练习，无论形意拳的三体式，还是太极拳的混元桩等，都要求三个阶段循序渐进，即调形、调息、调神。调形是通过身体形态的正确调整，为下一阶段的呼吸和内在意识做好准备。如练习太极混元桩时，如果两手臂上抬过高，或者肩部紧张，都会造成一定程度上的呼吸不畅，影响身体的松静状态并干扰心神的练习。调息，主要指呼吸，武术中的呼吸也分很多类型，如顺式呼吸、逆式呼吸等，无论采用何种呼吸方式，其目的都是通过呼吸促进人体松静状态的形成。调神主要指意识的练习，如传统练习方法中的“意守”就是调神的一种方法。此外，在练习中，形神兼备还表现在身体外形与人的意识的相互协调配合上。如太极拳在练习搂膝拗步推掌时，讲究形到意到，形停意至，即手掌推掌动作停止时，意识须停在手掌的手心位置（劳宫穴）。“正是由于这种人类健康的需要，太极拳被推至一个促进健康的极高地位，不仅成为促进体格、躯体、身体健康的方法和手段，更将其健康促进作用指向了精神、身心、心理等方面。究其因，相对其他体育

1 郭志禹．武术文哲子集－基本理论与思维的探析［M］．北京：现代教育出版社，2010：55.

运动而言，太极拳所倡导的意念引导动作的身体运动要求，无疑更具心理运动的智慧。”[1]

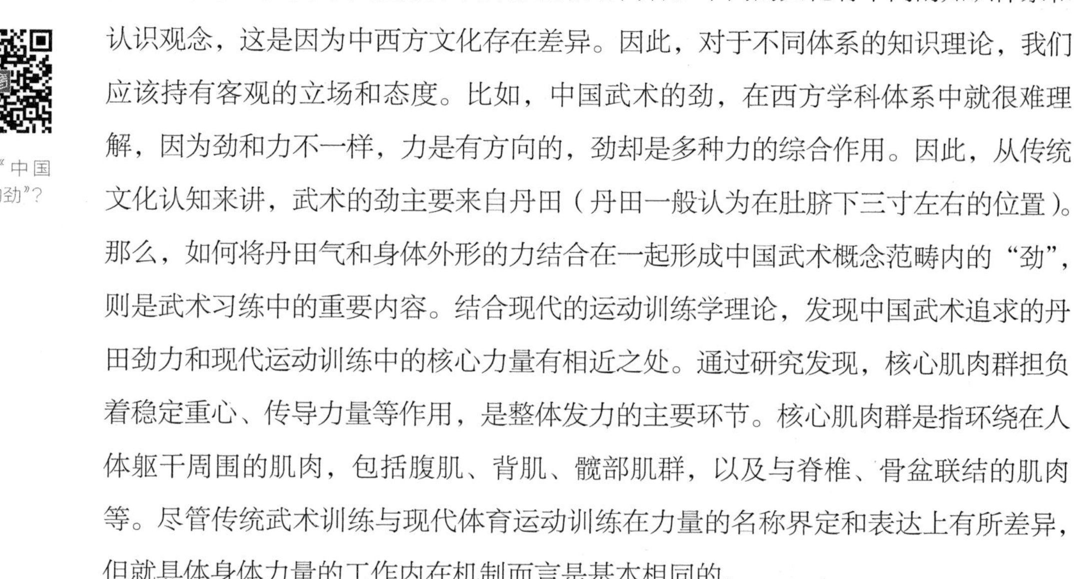

何谓“中国武术的劲”？

另外，在传统武术的诸多练习中，都讲究气沉丹田，从而保证身体呼吸和气血的正常有效运行。从传统文化的角度来看，中国传统文化理论有着自己独特的认知方法和路径，很多传统文化理论具有一定的道理。比如中国存在了几千年的经络穴位理论，现已成为中国健康知识体系的核心内容。不同的文化有不同的知识体系和认识观念，这是因为中西方文化存在差异。因此，对于不同体系的知识理论，我们应该持有客观的立场和态度。比如，中国武术的劲，在西方学科体系中就很难理解，因为劲和力不一样，力是有方向的，劲却是多种力的综合作用。因此，从传统文化认知来讲，武术的劲主要来自丹田（丹田一般认为在肚脐下三寸左右的位置）。那么，如何将丹田气和身体外形的力结合在一起形成中国武术概念范畴内的“劲”，则是武术习练中的重要内容。结合现代的运动训练学理论，发现中国武术追求的丹田劲力和现代运动训练中的核心力量有相近之处。通过研究发现，核心肌肉群担负着稳定重心、传导力量等作用，是整体发力的主要环节。核心肌肉群是指环绕在人体躯干周围的肌肉，包括腹肌、背肌、髋部肌群，以及与脊椎、骨盆联结的肌肉等。尽管传统武术训练与现代体育运动训练在力量的名称界定和表达上有所差异，但就具体身体力量的工作内在机制而言是基本相同的。

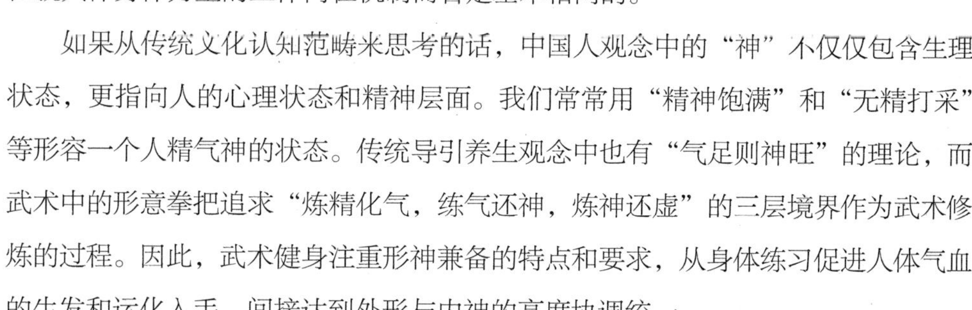

如果从传统文化认知范畴来思考的话，中国人观念中的“神”不仅仅包含生理状态，更指向人的心理状态和精神层面。我们常常用“精神饱满”和“无精打采”等形容一个人精气神的状态。传统导引养生观念中也有“气足则神旺”的理论，而武术中的形意拳把追求“炼精化气，练气还神，炼神还虚”的三层境界作为武术修炼的过程。因此，武术健身注重形神兼备的特点和要求，从身体练习促进人体气血的生发和运化入手，间接达到外形与内神的高度协调统一。

1 高亮，王岗，张道鑫．太极拳健康智慧论绎［J］．上海体育学院学报，2020，4（7）：77-84．

第二节　中国武术健康智慧的技理特点

中国武术不仅仅具有实战功能，而且具有很好的健身养生功能。从古代的导引健身术到流传已久的形意拳、太极拳等，都显示了武术独特的健身价值和丰富的健身方法与手段。中华优秀传统文化中的阴阳五行学说和传统医学的气血脏腑理论以及经络学说，都为武术健康智慧的技理奠定了坚实的理论基础与方法论。总体而言，中国武术健康智慧的技理特点主要表现为以形导气的武医融合和经络贯通的身体运动法则两个方面。

一、以形导气的武医融合

"气"对大家来说并不陌生，在中国词语中有大伤元气、气势磅礴、血气方刚等。可见，"气"这个概念就存在我们日常的生活中。当然，古人通过长期的观察和总结，把"气"逐渐变成中国哲学中的重要概念。我国著名传统文化专家张立文认为："气的内涵，既是客观存在的实体，又是主体的道德精神。它是一个涵盖自然、社会、人生的范畴，也是中国哲学发展史上各派各家共同使用的范畴。"[1] 当然，这是中国哲学范畴内人们对气的认识。在中国武术认知范畴内，气的概念和作用指向更偏向人体生命活动状态。气不仅是人体健康的重要因素，而且武术健身技理体系主要是以气为核心建构的。

（一）以气为主的练习法则

古代医书《难经·八难》中提道："气者，人之根本也。"古人把气当作人体生命活动的基础，古人发现，气在身体营养物质的推送、防御外邪入侵、对血液等身体物质的固摄等方面都有着重要作用。正因为"气"对于人体身体健康的重要性，因此，武术训练与"气"具有紧密联系。如武术中的八法讲究"手、眼、身法、步、精神、气、力、功"，其中就有对"气"的要求。再如太极拳练习中要求"气

1　张立文. 气［M］. 北京：中国人民大学出版社，1990：5.

沉丹田”，即要通过意识和呼吸来协调身体运动等。此外包括武术中经常讲的“炼精化气”，其实指的就是对肾脏功能的锻炼。可见，武术中对人体的气有着如此深刻的认识，在一定程度上反映了中国古人的智慧。

由于气对人体机能运行如此重要，在武术技击训练和健身练习中，练气和运气都是非常重要的内容。如《形意拳图说》一书讲道：“拳虽变化万端，玄妙百出，若概况言之，总不外乎练气两字而已。”[1]又如《陈氏太极拳图说》序中写道：“天地之道，阴阳而已，人身亦然。顾人身之阴阳，往往不得其平，则血气滞而疾病生，故炼气之术尚焉。”[2]在心意六合拳中，也提出内三合的练功原则，即心与意合，意与气合，气与力合。由此看来，各门各家对气的练习与运用是非常重视的。传统中医认为，血属阴，气属阳，血不能自己运行，需要通过气的推送作用，方能将营养物质运输到身体的各个器官。人体得到气血的滋养方能进行正常的生理功能运化，人体才得以健康。所以，古代医书《素问·八正神明论中》说：“血气者，人之神，不可不谨养。”而对人体而言，气血的充足和运行的顺畅是人体健康或者体质强壮的一个反映。因此，武术中的训练常常将气与力结合在一起。

武术不仅仅强调身体的强壮，即外练，同时更加注重内在气的练习，即内功训练。武术中有各种劲力动作，这些劲力动作都要呼吸的有机配合，所以，加强呼吸练习，再结合意识的配合调节，就能逐渐形成所谓的武术“内功”。换句话说，内功就是更好地协调呼吸与肢体的配合，以及神经系统与肌肉的配合能力。通过学习会发现，武术中很多内容都与中医知识相关联，因为武术想要达到增强体质、增进健康的目的，首先要清楚人体的健康机理是如何运行的。客观地讲，武术中重视气的练养主要受到传统医学中藏象学说理论的影响。“藏象学说是通过对人体生理、病理现象的观察，研究人体各个脏腑的生理功能、病理变化及其相互关系的学说。”[3]按照藏象学说，肾为人体先天之本，脾为后天之本，古人尤其强调先天之本，即元气的重要性。正因为如此，历代武术先辈围绕中医气说理论的逻辑不断进行实践探索与理论总结，在练气内容与手段方面日益丰富和完善。在诸多拳学理论文献

---

1 凌善清．形意五行拳图说［M］．北京：北京市中国书店，1984：8.

2 陈沛菊，乔凤杰，译注．陈氏太极拳图说译注（卷首）［M］．北京：北京体育大学出版社，2005：1.

3 印会河．中医基础理论［M］．上海：上海科学技术出版社，1984：28

资料中，能看到有关练气养气的诸多论述，这也恰恰反映了气论对武术健康理论思想的影响。

此外，中国武术健康智慧还表现在对“气”的哲理化上。著名哲学家张立文先生认为，在中国哲学范畴发展史上，气的演变是一个不断变化内容丰富的过程。气除了是人生性命的含义，还“是道德境界，气是集义所生的一种道德理想，它充塞于天地之间，与天地之气相同，它不是具体的血气，而是知气、神气，属于一种精神、意识或意志，亦是道德修养。”[1]习武人通过武术锻炼身体，不仅仅是为了保养元气，提升身体的体质和健康，还为了进行“以气贯之”的品格修炼。因此，在中国武术的健身养生范畴内，气的练习是从自然的身体到社会的身体的修炼过程。武术练习不仅可以使习武人身体健康、体质强壮，还可以培养人的浩然正气，提升人的品格修养，这也正是武术超越一般身体练习意义的健康智慧。

（二）以形导气的练习路径

在武术范畴中，养气和练气是促进人体健康的重要路径。在中国文化发展的不同历史时期，各家各派都非常重视养气的练习，并由此形成了博大精深的中国养生文化。中国道家学派的代表人物庄子留下了大量有关养生的宝贵文献资料，对中国养生文化的理论发展作出了重要贡献与价值。如庄子内篇的《养生主》，就是一篇专门谈论养生之道的文章。庄子认为，养生就是要顺应自然的变化规律，并将这种顺其自然的养生法则扩展到为人处事和生活态度上。此外，《黄帝内经·素问》中记载：“虚邪贼风，避之有时，恬淡虚无，真气从之，精神内守，病安从来。”这其实是告诉人们如何正确处理天气对人的影响变化，以及合理看待对物质的追求，只有物质和精神相对平衡发展，才能逐步获得身心两方面的健康。不难看出，中国古代传统文化观念充分体现了古人的养生智慧。

导引术是武术特有的健身方式。古人发现可以通过身体的拉伸来达到调节身体健康的效果。因此在实践中逐步形成了中国特有的以形导气的健康思想与智慧，即颇具特色的养生导引术。导引术发展历史悠久，在先秦时期已有呼吸导引的记载，西汉时期已经有了《导引图》。此外，历史上也出现了大量在养生导引方面颇有成

---

1 张立文．气［M］．北京：中国人民大学出版社，1990：5.

就的人物，如“善导引行气”的彭祖，著名文学家陆游、苏轼等。武术非常注重气的练习，其练习路径基本沿袭了导引术的实践发展。具体而言，以形导气表现在意识的训练、身体形态与呼吸的配合两个方面。意识的训练既有静态的意识练习，也有动态的意识练习。如武术中的“意守丹田”，就是一个在相对静态的身体状态中对意识的注意力的训练方法。此外，武术中有很多站桩训练强调对意识的强化训练，如形意拳的三体式、太极拳的混元桩等。在形意拳三体式站桩训练中，注重前手前撑、后手下按的意念训练，以此来培养意识引导人体气血的运行。太极拳也非常重视意识的训练，如搂膝拗步动作，当手臂向前推掌时，思想要集中在手掌中的劳宫穴，即传统武术讲的“意守劳宫”来引导身体气血的运行。以形导气最有代表性的是武术的养生功法，如八段锦、五禽戏和易筋经。这些古人的养生智慧成果一直流传至今，并对人类的健康事业发挥着积极的作用。

武术中相对缓慢的练习方式对人体健康有着积极作用。其实，意识训练在动功中体现更为明显，主要训练方法是通过身体形态的调整配合呼吸完成对气的导引练习。少林五形拳是少林拳法中较有代表性的一套拳法，少林拳论中讲道：“至于五拳之精意，龙拳练神，虎拳练骨，豹拳练力，蛇拳练气，鹤拳练精。苟能持之以恒，只能身坚气足，心强力壮，手灵足稳，眼锐胆实。”[1]另外，武术中还有一种比较基础的练习方法，即“扎马步”。少林拳法曾提出“练气之学，以运使为用，呼吸为功”，并指出运使的基本方法是通过马步练习逐步获取的。在练习马步的时候，要求提肛、收腹，通过呼吸把气存在胸腹部位置。尤其在冲拳时，不能将气全部呼出，否则就会全身松懈没有力气，这就是武术练习“扎马步”的基本要求。经过长期的马步练习，不仅腿部、背部肌肉力量增强，呼吸能力也会大幅度提高。此外，武术习练中讲究“提、托、聚、沉”四种呼吸方法，因此，武术中也有“外练筋骨皮，内练一口气”的说法。如八卦掌的转旋功，注重“内修意气劲，外练骨肉筋”的练功要求。“通过身体拧转能使全身穴位在压挤和松舒的交替作用下，得到刺激，开关利气，通经活络，有助于内气归聚丹田和流注肢体末梢，具有融通内外气的锻炼作用。”[2]由此不难看出，武术中以形导

1 吴图南. 国术概论［M］. 北京：北京市中国书店，1984：43.

2 康戈武. 中国武术实用大全［M］. 北京：中华书局，2014：320.

气的身体运动方法有着完整的逻辑体系和运动原则，并非简单的肢体伸展运动，其身体运动的背后表达了中国人特有的逻辑思维和健康认知的传统观念，也是武术健康智慧之所在。

二、经络贯通的运动法则

武术的健身方法有一定的内在要求。在以形导气武术练习中，“经络”对健身强体起到了重要作用。经络理论是中国优秀的文化遗产，而经络学说则是中国传统中医理论体系中的重要内容。早在2 000多年前的医学专著《黄帝内经》中就有较为系统的记载。目前，经络学说已经成为中医治疗身体病症的一个重要理论依据和治疗手段。经络学说理论的发展与成熟对武术健身养生理念、内容和方法的发展产生了重要影响。

（一）遵循经络走向的特点

传统医学的观念认为经络不通是人体百病之源，人们常常把各种疾病都归结为经络问题。因此，在传统医学疾病治疗中，通过针灸、按摩等方法来刺激相应的经络穴位，达到通经络、活气血和治疗各类疾病的目的。对武术而言，其通过长期大量的实践，结合传统经络学说理论，逐渐形成了以遵循经络走向为特点的身体运动方式。要求人体运动必须遵循经络的走向，同时配合意识和呼吸，形成系统化的经络运动，以此达到增强体质、增进健康的目的。

内养外练是古代流传至今较为典型的传统武术健身理念。太极拳依托于传统中医经络学说，形成了颇具特色的健身功法。以太极拳动作为例，阐释中医的经络理论如何与武术的健身养生相结合。如太极拳的代表性动作“金刚捣碓”，其动作强调了身体运动与经络走向的关系。“金刚捣碓”右拳上抬和下落的动作，与身体任督二脉的经络气血运行走向一致。该动作练习的震脚砸拳一势，与太极拳要求的“气沉丹田”及身体经络的下行路线刚好对应，起到了以形导气、疏通经络和以气聚力的作用。武术练习中要求身体的外形运动路线和人体内的经络运行方向要一致，这就体现了武术中“内外结合”的特点。同样，还有很多武术拳种的锻炼方式也遵循了这个原则。如形意拳五行拳法中的劈拳动作的运动路线，主要是顺应了“手太阴肺经”的经络走向。因此，在练习劈拳时，动作从胸部上抬到前伸下落，意识伴随着动作从胸走到手，其整个上肢的运行路线与身体经络运行路径一致，起到了刺激经络、调动气血和促进人体健康的目的。此外，太极拳著名的论著《陈氏太极拳图说》（1933年开封开明书局出版）对十二经有着较为详细的论述，充分说明了武术与人体经络之间的关系。在武术发展历史上，有“武医不分家”之说，练武不懂医，那就等于对武术的健身机理不清楚，不但不利于武术技法的掌握，也不利于武术的传播与推广。

总之，身体运动与经络的相互配合是中国武术特有的健康智慧，它不同于西方身体体操式的拉伸，武术内外结合，尤其是结合身体经络运行的健身机理是中国武术健康功能的特色，也是建构中国武术健身话语体系的一个重要内容和实践路径。尽管身体舒展对身体气血的调动都有相似的功能，然而，中国武术以传统医学经络理论为基础，区别于西方的身体运动健康知识体系。时至今日，中国武术对促进人类健康依然具有积极贡献和当代价值。

（二）意识与经络的有机结合

中国武术的智慧之处在于强调身体内部健身机理，而非简单的外部肢体运动，这是和西方体育运动不同的地方。武术的运动更注重内与外的结合，而且内在的意识提升尤为重要，再配合呼吸和经络的运行，身体动作必然带有独特的运动节奏与韵律。这种意识与经络结合的身体运动广泛存在于武术运动中，如太极拳、形意拳等。

武术中的意识对气血的运行具有较好的促进作用。如太极拳的起势，站立时需要意守丹田。当双手上抬时，要求意识集中于两手背上抬的感觉；当双手下落时，要求意识集中于手心下按的感觉。又如形意拳中的三体式，要求在做动作时，意识要集中体会前手向前撑和后手向下按的感觉，同时还要体会两手之间的相互“争力”。心意拳中的虎扑则要求身体下蹲时，气沉丹田，向前推掌时要求丹田之气沿两臂到达两手的掌心，所以有“心与意合”之说。而在这些武术运动中，练功的意识和气血经络的运行都会产生密切的联系，从而在最大程度上促进了身体的内外结合，达到外练内养的健身目的。这种传统医学人体经脉与气血运行之间的逻辑关系，也成为武术促进人体健康的重要健身机理。

古人把一天分为十二个时辰。按照这种时间观念和传统中医的理论，十二时辰与十二经相对应。十二经脉循环往复，将气血推送至全身各处。一些武术拳种就有子午功的练习，在身体阴阳之气转化的时间，子时（晚上23时至凌晨1时）和午时（中午11时到1时）进行武术内功的练习，以达到养气血、促进身体健康的目的。不难想象，人体经络理论与身体运动机理的结合，使武术运动的健康机理阐释更加系统化。对人体而言，疾病的产生与健康促进本身就是一个复杂的过程，因此，武术健身借助传统医学系统论和辩证法综合的气血运行机制的阐释无疑是一种人类智慧的体现。

“系统论”释义

经络学说是我国传统医学的宝贵遗产，在中国几千年的发展历史中，传统医学对预防和治疗人类疾病作出了重要贡献。然而，任何事物都有一定的局限性，中国传统文化整体性、辩证法在彰显优势的同时，对问题机理的具体细化阐释也具有相对的不足。比如，人体为什么会有经络？以及经络为何按照十二个时辰的运行规律进行周而复始的循环等，这也是武术在今后促进人类健康的现代化科学发展中所面临的问题。因此，在借鉴多种文化的基础上，博采众长，更加科学合理地阐释武术运动的健康机制也是今后武术发展的主要内容。

第三节　中国武术健康智慧的当代价值

中国武术颇具特色的健身功效给人类带来健康福音的同时，也彰显了中国传统体育特有的思维逻辑和文化智慧。中国特色社会主义进入新时代以来，我国社会主要矛盾已经转化为人民日益增长的美好生活需要和不平衡不充分发展之间的矛盾。因此，随着国民文化素质的不断提升，人们越发重视身心健康，健康成为国民所需，也是实现中华民族伟大复兴的中国梦的重要支撑。

一、健康中国振兴中华民族的国家战略价值

2016年10月，中共中央、国务院印发了《“健康中国2030”规划纲要》重要文件。2019年7月，国务院成立健康中国行动推进委员会，全面推进健康中国的工作。2022年10月16日，党的二十大报告中又明确指出：“推进健康中国建

设，把保障人民健康放在优先发展的战略位置。”不难看出，国民体质健康已经上升为国家发展战略的高度，与振兴中华民族、实现中华民族伟大复兴事业息息相关。

（一）健康中国为武术发展提供了时代契机

2019年7月，由国家卫生健康委员会负责制定的《健康中国行动（2019—2030年）》出台。该文件围绕疾病预防和健康促进两大核心，促进以治病为中心向以人民健康为中心转变。对于广泛开展的全民健身运动，提出了“扶持推广太极拳、健身气功等民族民俗民间传统运动项目”。一系列文件的出台，突显了武术在全民健康事业中的地位和作用，为武术健康事业的发展提供了时代契机。

武术作为中华优秀传统文化的代表，在不同历史时期彰显了积极作用和社会价值。从古代“既得艺、必试敌”（《纪效新书》）的军事武艺到民国时期中央国术馆提出的“强国强种”的国术，从新中国“更高、更难、更美”的竞技武术进入国际体育舞台到新时代背景下国民健康与振兴民族的国家战略之举，不难看出，武术从传统走向现代的发展路程中，始终与社会的需求紧密结合，并成为社会文化发展的一部分。2020年12月，太极拳被列入《人类非物质文化遗产代表作名录》，再一次彰显了太极拳对人类健康事业的当代价值。健康中国的国家战略实施在一定程度上为武术的健身发展之路指明了方向。立身于国家战略的中国武术，在传统语境下和现代社会环境中，应抓住时代契机，对自身进行梳理、整合、归纳、创新，应借鉴中西方文化，在传统中创新，使武术健身机理阐释从模糊走向清晰化，武术健身方法从多元走向标准化，武术健身内容从繁杂走向规范化，武术健身效果从主观走向客观化。

随着时代的发展，武术的教育功能与健康功能得到了广泛认可。根植于中国传统哲学与传统医学的武术，强调练养结合，形神兼备，并注重身心一统的健康目标，已经成为广大人民群众喜闻乐见的健身运动项目。2014年3月，教育部正式发布《完善中华优秀传统文化教育指导纲要》文件。其中明确提出：“加强对青少年学生的中华优秀传统文化教育，要以弘扬爱国主义精神为核心，以家国情怀教育、社会关爱教育和人格修养教育为重点，着力完善青少年学生的道德品质，培育理想人格，提升政治素养。”该文件还提出了“分学段有序推进中华优秀传统文化教育”的指导思想和基本原则，要求小学阶段以开展“启蒙教育”和“认知教育”

为重点，培养学生了解和热爱中华优秀传统文化的感情。因此，学校武术在传播中华优秀传统文化的同时，对促进我国儿童青少年群体的身体健康具有积极的时代价值和意义。如今，学校武术的实施与推广应立足于“健康中国”建设，按照“武术教育＋健康”的融合模式，推动武术健康事业的全面发展。

（二）体医结合为武术健康智慧提供了现实发展路径

武术与医学的结合具有悠久的历史渊源，历史上，很多武术名家既擅长武术，又精通医学，如著名的武术家王子平、郑怀贤、马凤图等，他们为“武医结合”的发展作出了积极贡献。其中，最为典型的是1220年嵩山少林寺创设少林药局[1]，并逐步发展形成了禅武和禅医的少林武医特色。

随着现代科技进步与社会的快速发展，人们在享受科技改变生活的同时，也因为生活、工作等多种原因要面对更多的压力，从而导致“亚健康”群体大量产生。研究发现，近年来因慢性病导致的死亡人数在逐渐增加，现代人对健康知识和健康生活方式缺乏了解和重视，导致健康状况和生活方式令人担忧。正因为如此，《“健康中国2030”规划纲要》就明确指出要“推动形成体医结合的疾病管理与健康服务模式，发挥全民科学健身在健康促进、慢性疾病预防和康复等方面的积极作用”。《中共中央国务院关于促进中医药传承创新发展的意见》中再次提出和强调“结合实施健康中国行动，促进中医治未病健康工程升级。大力普及中医养生保健知识和太极拳、健身气功（如八段锦）等养生保健方法”。

在健康中国背景下，体医结合为武术健康事业的发展提供了具体实施路径。在国家实施的“治未病”工程中，已经明确了武术健康应走向体医结合，达到防病治病的目的。2019年11月，中华武术健康大会在北京举行，在这次会议上，“武术科学”被重点强调，并首次提出“武术健康产业”的定位和“武术处方”概念。可以说，武术的体医结合的健康发展之路已经开始起航。今后的武术健康工程发展，必将在武医的机理研究、标准制定、实践探索和效果认定等方面进行更为深入和富有成果的探寻与发展。

拓展阅读：武术健康产业

1 释永信. 少林功夫出段位教程［M］. 北京：人民体育出版社，2019：9.

二、传承并弘扬中华优秀传统养生文化价值

中国武术的健康理念与养生方法不仅仅局限于身体技术的使用范畴，其健康理论体系与实践探索是中华优秀传统文化的智慧结晶，是中国人体察和认知生命、理解人与自然和谐共处的生态发展理念。因此，武术健康工程的发展，某种意义上，也是建构传统体育文化话语权，体现中国传统体育文化特色和风格，传承并弘扬中华优秀传统养生文化价值的体现。

（一）体现人与自然的生命认知观念

在某种意义上，武术的健康智慧推动了人从健康身体到健康生活的过渡，在人与社会之间发挥着积极的调剂作用与价值。如太极拳的“松柔缓慢”调适着当今社会的“节奏太快”；“舒展身心”调适着当今社会的“空间狭小”；“心静身正”调适着当今社会的“心浮体躁”；“回归自然”调适着当今社会的“物欲横流”。这种良性映射体现在个人的身心健康、生活态度、价值观念、应对策略，以及人类群体发展方式和人与自然的关系等各方面。[1]所以说，武术从技术到文化的提升，展现了习武人的智慧。如从最初的身体练习，到对生活方式的感悟与思考；从动作的动静、快慢，身体的开合拧转、吞吐起伏，呼吸的提托聚沉，到发现身体技术与文化的关联；从技术风格的特色与技法的丰富多变，到对人的观念的传统惯性与现代张力的领会。武术本身体系内容的丰富性与复杂性，促使人们对简单身体运动的理解更为深刻和深入，并由此感知和体悟从健康身体到健康生活再到健康人生的逻辑生成，从而使武术的习练具有了更为特殊的意义与价值。

武术的健康智慧实现了人从健康身体到生命认知的转化，习练武术本身是一个身心不断完善的过程，而这一过程又完美演绎了由术至道的发展。习练武术，更是在思考武术、反思人生、审视生命。此外，中国武术关于象形仿生的理念、天人合一的思想，也在一定程度上加深了对人与自然的关系和生命本身的意义与价值的理解。

---

1 王岗，李梦．太极拳与当代人的生活方式［N］．中国社会科学报，2018-7-13．

因此，武术蕴含的丰富哲理性也是武术健康智慧的关键所在，如太极拳甚至被誉为“哲拳”。“太极拳是以中华文明的优秀智慧成果为理论依据，以中国武术中的基本攻防格斗技术为基础，在太极、阴阳、五行等诸多传统文化思想精髓的涵养下，化育而成的一种以太极拳技术为载体，以太极拳修炼为过程，以促进人的生命健康、启迪人的智慧光芒、促进人与社会和谐进步为目的的一种优秀的传统中国文化”。[1]在一定意义上，太极拳所代表的文化符号已经成为中国文化的典型代表之一，无论在国际体育舞台还是文化交流传播方面，“健康＋文化”的太极拳武术文化模式已经成为当前武术健康智慧的重要内容。

（二）构建中国特色的武术健康话语体系

当前中国所处的新时代，是一个文化自信的时代，也是一个彰显中国特色、中国风格和构建自身话语体系的时代。从某种意义上来说，构建武术健身话语体系，就是完成武术现代化发展的过程，就是中国文化传播的过程。长期以来，武术对于身体健康的成效尽管得到了国内外普遍的认同，但由于西方体育话语权的长期影响，武术健身机理的阐释主要偏重于使用运动人体科学、运动训练学和现代生理学等学科理论知识。因此，在一定程度上，武术与传统医学的融合发展与机理阐释还有待丰富和完善。中国武术的健康智慧并非仅仅停留在传统的整体系统论和天人合一的传统哲学层面。新时代背景下，在借鉴与融合中西方文化知识体系的框架下，按照中国传统文化的逻辑和现代科学的知识体系，去逐步构建更加客观、科学、合理的健身机理和学科知识，去逐步构建具有中国特色、中国风格的武术健康理论体系，实现武术自身的现代话语权，是武术健康智慧理论的主要发展任务与方向。

同时，构建中国特色的武术健康智慧话语体系可以更好地促进中华优秀传统文化的传承与发展。2017年国务院办公厅印发的《关于实施中华优秀传统文化传承发展工程的意见》提出：“把中华优秀传统文化全方位融入思想道德教育、文化知识教育、艺术体育教育、社会实践教育各环节，贯穿于启蒙教育、基础教育、职业

1 王岗．对太极拳概念“应该是什么”的新思［EB/OL］．中国发布网，2018-12-20．

教育、高等教育、继续教育各领域。”武术由于其特殊的民族性、传统性和文化性，集健身、教育于一体，是文化传统、思想观念、情感认同、价值取向的集中体现，在某种程度上是一种“国家文化符号”的象征。在儿童青少年的教育中，武术可以积极发挥促进身心健康、完善实践教育、健全人格培养、培育民族精神、传承传统文化、彰显文化自信、传播中国故事等功能，助力实现和发挥构建武术健康智慧话语体系的当代价值与功能。

思考题

1. 如何理解中国武术健康智慧的理论基础？
2. 中国武术健康智慧的技理特点是什么？
3. 健康中国背景下中国武术如何发挥在健康领域的价值？

第十一章
中国武术的教育传承

本章导读

中国武术的教育传承是通过教育途径对武术技艺、精神、价值理念进行继承与发展。它能够对武术文化进行活态保护，是武术文化创造性转化、创新性发展的途径。“有文事者，必有武备”，武术的教育传承自古有之。因其内容和方式随时代变化而不断做出调适，所以武术的教育传承是我们更好地认识、理解武术历史与文化的途径。

本章介绍了武术教育传承的意义、内容与途径，具体包括武术的教育传承在武术发展与文化传承创新过程中发挥的作用和价值，武术教育传承的内容，武术教育传承途径及其特点和作用。希望读者通过教育传承这一视角的学习对武术的起源、发展、演变有更加全面的认识。

第一节　中国武术教育传承的意义

一、教育传承是中国武术文化延绵不绝的保障

（一）教育传承保障中国武术技术传递与拳种形成

首先，教育传承是武术技术有序传递的保障。武术是攻防格斗的身体实践，这种身体实践的技能在传递过程中有赖于教与学的良性互动。无论武术实战技术，还是武术套路技艺，抑或是武术功力功法，都需要通过师生之间教与学的互动，即在语言讲解、身体示范、搭手实战、点拨指导、交流讨论过程中，规范有序而又潜移默化地完整传递。其次，教育传承促进拳种流派的创生与革新。在技艺完整传递过程中，教学双方会对技理技法进行深度思考、领悟，并结合自身优势进行调整、改良、创新，从而产生新的技法技理，进而推进拳种流派的开枝散叶。如太极拳从陈氏衍生出杨氏、从杨氏衍生出武氏、从武氏衍生出孙氏等，蔡李佛拳由蔡拳、李拳、佛拳融合而来，大成拳由王芗斋集多家武艺之长而创立[1]，这些体现着武术教育对技理创新和新拳种流派的孵化。

（二）教育传承保障中国武术理论积淀与创新

理论的积淀与创新是一个长期的、不断积累和演化的过程。人类在认识和改造世界过程中形成了多样认知，认知经过反复实践验证，逐渐条理化、结构化，变成知识、知识单元，并在提出问题与解决问题过程中升华为理论。所以经典理论是对知识的积累与创造，是集体智慧的结晶。武术的教育传承使人们在实践中对武术产生的新思考得以有序积累并传递下去，通过代代相传，不断继承与发展。创新是在新环境中，以质疑现有理论为出发点并在逐渐解决疑惑的过程中加以突破与创造。因此，教育传承使武术理论逐渐丰富和完善，使武术技术更加精巧和细致，使武术内涵更加丰富和深邃。进言之，教育传承是去粗取精、去伪存真的过程；是扬弃继

1 郑旭旭. 中国武术导论［M］. 北京：高等教育出版社，2010：131.

承、转化创新的过程；是文化再生与增值的过程。[1]

（三）教育传承保障中国武术精神经久不衰

历史孕育而生的武术文化，携带着中国文化气质与中华文明精神。在对传统文化与精神的继承中，武术先贤不断注入时代的精神与理念，使武术文化在跌宕起伏的历史激流中永葆时代价值。宏观讲，上古时期，武术因人类、部族的生存而产生；王朝更迭，武术因行军布阵、阵前拼杀而重实战；太平盛世，武术偏重艺术修养、生命修炼、道境追求；国家危难，习武人用身体力行诠释“捐躯赴国难，视死忽如归”的爱国情操；实现中国梦之际，习武人通过身体实践谱写新时代精神。微观讲，抗倭名将戚继光对保家卫国、英勇不屈的身体力行；迷踪拳创始人霍元甲对自强不息、刚健有为的躬身实践[2]；八卦掌创始人董海川对厚德载物、生生不息的深刻体悟；太极拳创始人陈王廷对道法自然、天人合一的不懈追求，都体现了武术精神。武术精神镌刻着先贤们的智慧与志向，诉说着习武人的气节与责任，浸润着时代的风格与主题，而正是教育传承使得武术精神经久不衰、历久弥新。

二、中国武术教育传承是培育与弘扬民族精神的载体

民族精神是民族生命力、创造力和凝聚力的集中表现，是民族赖以生存和发展的核心与灵魂。在文化全球化浪潮中，我们面临西方文化的强势渗透，各种思潮暗流涌动，云诡波谲。如何在文化激荡与碰撞中坚守固有的精神家园，在民族林立的舞台上引吭高歌，在世界文化交流中彰显民族特色，这都需要我们对民族精神的继承以及对民族品格的坚守。

2004年，中宣部、教育部联合发布的《中小学开展弘扬和培育民族精神教育实施纲要》中提出，要增加中国武术内容，明确武术教育是弘扬和培育民族精神的

1 郑旭旭．中国武术导论［M］．北京：高等教育出版社，2010：131.

2 王岗．虚无与提升——中国武术教育的问题与求解［M］．北京：北京体育大学出版社，2017：151.

手段[1]。武术强调内外兼修，包括内在品性的修炼和外在技艺的锤炼。习武即修身，习武人将武术修身作为人生品德修养与精神培育的重要途径。而武术精神正是人们在长期奋斗中培育、继承、发展起来的民族精神。因此，武术教育传承能够激发、锤炼、培养国民的主体意识，并使其主动传承、发扬民族精神。

（一）激发国民创造精神

源远流长、博大精深的武术来自人们不竭的创造精神。从简单直接的军阵格杀到对道的不懈追求，从砍、刺、劈的单招单式到复杂精妙的势势相乘，从五兵到十八般兵器，从军事武技到拳种林立，从搏杀到仁爱、礼义、文明、道境等，精深的技法技艺、丰富的文化内涵，都是武术人创造精神的直接体现。武术教育传承，就是要传承和发扬这种创造精神，在传承的基础上，实事求是、拓展思路、去粗取精、去伪存真，从而推动武术理论不断完善、技艺不断精深、形式不断丰富、内涵不断深化。

（二）锤炼国民奋斗精神

“天行健，君子以自强不息”，诠释了刚健有为的民族精神。有为，即有远大志向，并为此不懈拼搏奋斗。刚健有为，是中国人对人生态度的集中概括和价值提炼。孔子认为，天体运行健动不止、生生不已，人的活动乃是效法天地，故应刚健有为、自强不息。这种积极奋进精神在新时代建设中是不可或缺的精神力量。

中国人的自尊心和自豪感是通过自强不息的精神激发出来的。自强不息体现在习武人“冬练三九、夏练三伏”对身体和意志的磨砺中，体现在反复体悟对精益求精的追求中，体现在长期艰苦的身体实践对坚韧不拔、顽强拼搏精神的培育中。将文化教育和身体教育有机统一的武术教育能够培养国人沉稳内敛、坚忍顽强、踏实奋进的实干精神，这正是对消费主义、享乐主义、空想主义等不良思潮的一种有力抗衡。

1 国家体育总局武术研究院. 我国中小学武术教育改革与发展的研究［M］. 北京：高等教育出版社，2008：2.

（三）培养国民团结精神

武术教育传承培养国民团结精神主要体现在爱国、仁爱以及礼仪等方面。其一，团结精神体现在爱国精神中。民族危难之际，习武人会为国家和民族利益团结一心、挺身而出，保卫家国、抵御外侮。这是武术教育“天下兴亡、匹夫有责”的社会责任感和重义轻利、舍己为群的献身精神[1]。其二，团结精神体现在博大的仁爱精神中。仁的核心是爱人，是“己所不欲，勿施于人”，基本思想是以仁慈、善良、爱心来待人接物。武术强调以和为贵的仁爱之心，在切磋武艺时点到为止、以武会友；面对对手时，主张不战而屈人之兵，先礼后兵，以制服对方为主，避免杀人取命。其三，团结精神体现在尊师敬友的礼义精神中。“未曾学艺先识礼，未曾习武先明德”，德与礼是武术学习的首要内容。诸拳种流派要求子弟门人尊师重道、友爱同仁、谦逊有礼、孝悌忠信。如少林典籍《绘象罗汉行宫》之《短打十诫》强调：“强横无义者不传。强横则为乱，无义则负恩。”苌家拳《初学条目》规定：“学拳宜以德行为先，凡事谦逊，不与人争，方是正人君子。”[2]

三、中国武术教育传承是对人类文化遗产活态保护的积极贡献

拓展阅读：非物质文化遗产

1964年《威尼斯宪章》将各国文化遗产看作人类“共同的遗产”。1976年11月16日，联合国教科文组织成立世界遗产委员会（Word Heritage Committee），在世界范围内对自然和文化遗产进行保护，后于1992年正式设置了世界遗产中心（World Heritage Center）。20世纪70年代后，人们对文化遗产的认识逐渐深化，将文化遗产分为物质文化遗产和非物质文化遗产。中国于1985年签署《保护世界文化和自然遗产公约》[3]。2005年，国务院印发《关于加强文化遗产保护的通知》，提出对非物质文化遗产采取“保护为主、抢救第一、合理利用、传承发展”的方针。另外，国务院于2006年、2008年、2011年、2014年、2021年公布了五批国家级非物质文化遗产项目名录。

1 郑旭旭. 中国武术导论［M］. 北京：高等教育出版社，2010：126.

2 徐才. 武术学概论［M］. 北京：人民体育出版社，1996：91.

3 郑旭旭. 中国武术导论［M］. 北京：高等教育出版社，2010：131.

武术是中国和世界的非物质文化遗产。武术内容丰富、流派众多，其所具有的文化品格是中华文化精神的体现，也是整个人类文化多样性的体现。通过有序的武术教育，非物质文化遗产得到活态保护。武术不仅是中国人智慧的体现，更是人类文明的象征。2020年12月17日，联合国教科文组织（UNESCO）在牙买加首都金斯敦宣布正式将太极拳列入人类非物质文化遗产代表作名录。武术是中华优秀传统文化的代表，也是中华民族带给世界的礼物。

第二节　中国武术教育传承的内容

一、中国武术拳种

拳种是武术基本的呈现主体，武术的技术发展、理论积淀和文化传承无不以拳种为载体展开。拳种流派的丰富多彩、各有所长，成就了武术的枝叶繁盛与博大精深。正是由于中华文明的历史悠久、理论丰厚以及多民族的交流交融，才形成了风格多样、异彩纷呈的拳种流派，这是中国人智慧和创造力的体现。

1982年，武术挖掘整理小组将拳种的概念特点界定为“源流有序、拳理明晰、风格独特、自成体系”。1983年至1986年，在国家体委武术挖掘整理领导小组统一部署以及各级体委武术挖掘组的积极参与下，动员全国8 000余名专职武术工作者和业余爱好者，开展我国武术史上空前的“普查武术家底，抢救武术文化遗产”工作，初步查出129个拳种、门派。命名方式主要有：以“佛圣道仙、神祇鬼怪”命名，如佛汉拳、罗汉拳、文圣拳等；以“门”命名，如八门拳、自然门、拦手门等；以“姓氏”命名，如苌家拳、岳家拳、莫家拳等；以“人名”命名，如燕青拳、太祖拳、孙膑拳等；以“地名”命名，如少林拳、梅山拳等；以“动物”命名，如龙形拳、白虎拳等；以“手法”命名，如劈挂拳、通臂拳等；以“步法、腿法”命名，如弹腿、戳脚等；著名拳种，如形意拳、八卦拳、太极拳等。

一个完整的拳种除包含相对稳定的动作结构外，还包含相对完善的理论典籍。如太极拳以掤、捋、挤、按、採、挒、肘、靠、进、退、顾、盼、定为基本方法，因此又称太极十三势。其理论内容有《太极拳论》《十三势歌》《太极拳论》《十三式行功心解》等。不同拳种具有不同的定势、动势、结构、韵律等。

二、中国武术教学训练体系

武术在源流有序的传承过程中逐渐形成了完整的教学训练体系。教学训练大多从基本功和基本动作开始，之后通过套路练习掌握各种动作技击方法，继而两人按照固定动作往复进行攻防练习，熟练地掌握动作技击方法运用后，再逐渐过渡到对抗性练习和实战。总体而言，武术训练体系包括基本功法、套路和散手三部分。其中基本功指基本动作、方法及功力训练；套路练习包括单练、对练、多人演练；散手包括喂招、拆招、模拟、实战等练习内容。

（一）基本功

“十大形”释义

不同武术拳种有着不同的基本功训练内容，总体而言主要涉及手形、手法、步形、步法、桩法、身法、腿法、跳跃、平衡、翻滚等，并视拳种技法特点和技击原理而有各具特色的硬功、柔功、轻功、内功训练方法。如山西的形意拳，拳势紧凑、劲力精巧，以三体式为基本桩法，以五行拳和十二形拳五拳八式为基本拳法。河南的形意拳拳势勇猛、气势雄厚，多称“心意拳”，以十大形为基本拳法。[1]

（二）套路

拳术套路又被称为“拳套”，是单人、双人或多人进行套路练习的训练形式。根据练习时是否手持器械，单练又可以分为拳术和器械两类。对练是在单练基础上，两人或两人以上，在预定条件下进行假设性攻防练习的套路训练形式。对练可分为徒手对练、器械对练以及徒手与器械对练等。

---

1 全国体育院校教材委员会. 中国武术教程（上册）[M]. 北京：人民体育出版社，2003：134.

（三）散手

“散手”指套路的实用性单势练习和对抗性练习。中国武术的传统训练往往以基本功为基础，先学套路，待熟练后老师就会逐步讲解每个技击方法的攻法、防法以及各种变化，这样就把套路拆散为散势，这个过程旧称散手[1]。散手训练体系主要包括喂招、拆招、模拟、实战等形式。喂招是指师父陪着徒弟练习招式时，师父不断佯攻并令徒弟接招，以此检测徒弟的招式是否有进步，同时锻炼徒弟的应变能力，以求获得更大的进步。拆招与喂招相对应，即拆解对方的进攻招数。模拟是模仿实战中技术动作的运用，有针对性、计划性地进行战术练习。模拟练习可提高战术意识、动作判断能力、反应能力。实战是检验和提高技术、战术的重要方法，是总结、积累实战经验的有效措施。

习练者在长期的喂招和拆招训练过程中，逐渐掌握武术的技法和用法。现在常见的武术对练套路就是由这种递手练习发展而成的，只是内容更为复杂，动作更富于变化。在递手的基础上再逐步过渡到随意使用方法的对抗性练习，以进一步提高习练者攻防实战的能力和积累实战的经验[2]。

三、中国武术礼仪

“学艺先识礼，习武先明德”。武术礼仪是习武人应共同遵守的道德行为规范，是习武人文明礼貌的一种体现。武术的“礼”表现为一种制度、规则，是一种社会意识观念；“仪”是“礼”的具体表现形式，根据“礼”的规定和内容所形成的一套系统而完整的程式。武术礼仪文化按照文化三层次理论可分为物质、精神、制度三个方面。其中物质层分为服饰礼仪、器物礼仪，精神层分为语言礼仪、礼义，制度层分为礼制、礼法、礼典等。武术礼仪的礼法仪式主要由拜师之礼、学艺之礼、比武之礼等组成。武术礼仪包括外在的礼仪方式和内在的礼仪精神。外在的礼仪方式包括抱拳礼、鞠躬礼、拱手礼、跪拜礼、持械礼、接递械礼；内在的礼仪精神包括尚武崇德、习武修身、与人为善等。武术礼仪具有教化功能，即内化为“德”，

---

1 温力. 中国武术概论［M］. 北京：人民体育出版社，2005：141.

2 温力. 中国武术概论［M］. 北京：人民体育出版社，2005：141.

外化为“仪”。武术礼仪具有很强的凝聚情感作用，小到规范约束个人，大到构建和谐社会[1]。

以常见的抱拳礼为例。抱拳礼动作要求：并步站立，头正身直，眼睛目视受礼者，面容举止自然大方。双手呈左掌右拳，左掌掌心掩贴右拳拳面，高与胸齐，距胸前20～30厘米[2]。具体含义：其一，左掌表示德、智、体、美“四育”齐备，象征高尚情操。屈拇指表示不自大，不骄傲，不以“老大”自居。右拳表示勇猛习武。左掌掩右拳相抱，表示“勇不滋乱”“武不犯禁”“止戈为武”，以此来约束、节制勇武。其二，左掌右拳拢屈，两臂屈圆，表示五湖四海（左手掌五个手指指五湖，击左掌的右手四个手指四海），天下武林是一家，谦虚团结，以武会友。其三，左掌为文，右拳为武，文武兼学，虚心、渴望求知，恭候师友、前辈指教。

器械礼以抱刀礼、持剑礼为例。抱刀礼动作要求：并步站立，左手抱刀，屈臂使刀斜横于胸前，刀背贴于前臂内侧，刀刃向上；右手呈掌，以掌心附于左手拇指第一指节上，高与胸平；两臂外撑，肘略低于手，目视受礼者。持剑礼动作要求：并步站立，左手背剑，屈臂抬起使剑身贴于前臂，斜横于胸前；右手呈掌，以掌外沿附于左手食指根节，高与胸平；两臂外撑，肘略低于手，目视受礼者[3]。受礼者在接受施礼者行礼后，须以点首礼或抱拳礼对施礼者答诺。

四、中国武术文化空间

2005年国务院办公厅在《关于加强我国非物质文化遗产保护工作的意见》中把文化空间作为非物质文化遗产的一个基本类别，定义为“定期举行传统文化活动或集中展现传统文化表现形式的场所，兼具空间性和时间性”；以此为依据将武术文化空间定义为：“某个集中展示武术文化活动或武术文化元素的地点，

1 张继生. 中华武术礼仪［M］. 北京：中国旅游出版社，2013：151.

2 中国武术协会. 武术套路竞赛规则与裁判法（2012）［M］. 北京：人民体育出版社，2012：101.

3 中国武术协会. 武术套路竞赛规则与裁判法（2012）［M］. 北京：人民体育出版社，2012：101-102.

或确定在某一周期举办与武术文化有关的一段时间。”[1]按武术文化空间的空间性可将其分为固定场所类和无固定场类两种，按武术文化空间的历时性可将其分为初始性类和再生性类两种。固定场所类武术文化空间，包括传统乡村庙会和传统节日以及以血缘宗族为社会单位的村落等。无固定场所类武术文化空间，包括各类武术比赛、武术影视、功夫舞台剧、武术网站等。初始性武术文化空间兼具地理和时间双重属性，如武术庙会、武术村落、特定帮会、民族节日等。再生性武术文化空间是指那些具有浓郁文化传统，且因某种原因中断的武术原产地、展示地进行修复、再造的场所或重新恢复的展示时间。武术文化空间具有文化传承、文化教育、文化整合等功能，具有地域性、活态性、传承性、整体性、场域性的特征[2]。

首先，文化空间是一个文化的物理空间或自然空间，是一个文化场所、文化所在、文化物态的物理“场”；其次，在这个“场”里有人类的文化建造或文化的认定，是一个文化场；最后，在这个自然场、文化场中，有人类的行为、时间观念、岁时传统或者人类本身的“在场”。传统武术作为一种文化的真实存在，其不但属于时间范围的历史范畴，也属于空间范围的地理范畴[3]。例如，少林拳产生于嵩山少林寺这一特定的佛教文化环境中，是在特定地点（少林寺）、特定时间（日程表）按传统方式（武术演练）进行的有特定含义（禅武合一）的文化空间[4]。

高校武术教育也是重要的武术文化空间，如在高校每年定期开展的武术文化节或组织校内外武术比赛，依托高校的文化教育环境开展的武术课程以及组织的武术社团等，兼具文化空间的时间性和空间性等。

1 吉灿忠. 武术“文化空间”论绎［D］. 上海：上海体育学院，2011：35.

2 吉灿忠. 武术“文化空间”论绎［D］. 上海：上海体育学院，2011：45-51.

3 王岗，朱佳斌. 传统武术保护与传承的实施路径［J］. 首都体育学院学报，2011，23（4）：292-295，312.

4 牛爱军，虞定海. 传统武术在非物质文化遗产名录中的归类研究［J］. 体育文化导刊，2008（4）：119-120.

第三节　中国武术教育传承的途径

武术招式招法、礼仪规范、文化精神通过什么样的方式得以代代相传？历史上，武术主要依靠口传身授的师徒传承和以共同爱好、共同目的或同一拳种流派而结成的民间武术结社组织进行传承。近代以来，武术被列为学校教育内容，成为国民教育不可或缺的一部分。文化全球化浪潮中，人们愈加关注对文化多样性的保护，武术也被列入非物质文化遗产进行更好的保护与传承。时至今日，学校、家庭（师徒）、社会对武术的传承相辅相成，已构成武术教育传承的多元途径。

一、学校武术教育

学校武术教育是指在学校范围内开展的、以青少年学生为对象的武术教育活动，既包括大、中、小学校的武术课程、武术社团和竞赛活动等武术通识教育，也包括武术学校、体育院校和师范院校开展的武术专业教育。

（一）学校武术教育的基本情况

1. 早期的学校武术教育

早期的学校武术教育传承可追溯至商周时期。在“庠”，也就是古代的学校中，学生学习军事武艺，接受武士教育。至周代，学校教育内容为“六艺”，礼、乐、射、御、书、数。其中礼、乐、射、御均与武术有关。至唐代始有武学之名，而宋代武学成为一种学校建制，学习内容主要为弓马骑射和兵书策问。[1]南宋后武学停止，明初建文元年（1399年）武学恢复，学习内容为习演弓马及课读《武经七书》《百将传》等。[2] 至清代，官学强调文武兼习，不再单设武学，武生被纳入儒学之

1 周伟良. 中国武术史［M］. 北京：高等教育出版社，2005：52-53.

2 周伟良. 中国武术史［M］. 北京：高等教育出版社，2005：78.

中，各类官学中设儒生教习和武学教习。[1]

2. 武术与现代教育制度的接触

武术进入现代学校教育始于民国时期，初衷是作为强国强种的重要手段。从1914年徐一冰在《整顿全国学校体育上教育部文》中指出中国武术是"最高尚""最古、最良"的体操术，将武术添入体操科内，以修养勇健之体格，到张之江等人将"武术"易名为"国术"，其社会地位逐渐从民间向官方过渡。1915年4月，在天津召开的全国教育会联合会上，通过《拟请提倡中国旧有武术列为学校必修课》议案，教育部令"各学校应添授中国旧有武技，此项教员于各师范学校养成之"。[2] 一系列政策的颁布促使武术再次进入官方教育序列，武术地位得到提高。学校课堂的教学丰富了武术的教学方法，促进了对传统武术的整理、理论研究和教材的编写，使武术的普及程度提高。

由于武术成为各类学校体育课和课外活动中的学习内容，对武术教师的需求量增加，促进了武术专业教育的兴盛。一方面，师范院校增设体育系科，开设武术课。同时，出现了武术专业教育机构，如1917年北京体育研究社附设"体育传习所"，培养武术和体育的师资。1920年改为北京体育学校，学制由原来的一年改为三年。创办于1928年的中央国术馆设教授班和师范班。1933年，张之江创办"中央国术馆国术体育传习所"，1934年改名为"中央国术馆国术体育专科学校"，1936年易名为"国立国术体育专科学校"，1941年再改名为"国立国术体育师范专科学校"，将民国时期武术专业教育推向了高峰。这些学校培养的学生也为日后新中国武术事业的开拓发挥了重要作用。

3. 当代学校武术教育

中华人民共和国教育部于1956年公布的第一部《中小学体育教学大纲》中将武术列为体育课内容。1961年教育部颁布第二部《中小学体育教学大纲》，规定了武术教学内容和学时数。其中，小学从三年级起学习武术基本功、基本动作、组合动作、武术操、初级拳；中学学习初级拳二路、青年拳、青年拳对练等。小学武术

---

1 国家体委武术研究院. 中国武术史［M］. 北京：人民体育出版社，1997：289.

2 国家体委武术研究院. 中国武术史［M］. 北京：人民体育出版社，1997：347.

在体育课中为每学期6学时、中学每学期8学时[1]。20世纪80年代开始，学校武术活动受到进一步重视。1987年《全日制小学体育教学大纲》明确把武术列为三至六年级的基础教材之一。一些学校还成立了武术协会、武术俱乐部、武术队，或成为武术特色学校、武术传统项目学校等[2]。1993年，国家体委群体司、国家教委、国家体委武术研究院联合召开会议，决定在《国家体育锻炼标准施行办法》中增加武术试点，并制定具体方案。2004年，中宣部、教育部联合发布的《中小学开展弘扬和培育民族精神教育实施纲要》中明确提出体育课应适量增加中国武术等内容。2009年，教育部体育卫生与艺术教育司和国家体育总局武术运动管理中心在全国进行武术段位制进入大、中、小学的试点工作。各省、市、自治区中小学生武术比赛、大学生武术比赛开展得多姿多彩。随着武术运动不断深入发展，武术教育理论不断完善、武术师资力量增强，作为爱国主义和民族精神的培育手段，武术通识教育在各级各类学校更加普及和深化。

1958年，在山东青岛举行的全国体育学院院长会议上明确提出要在体育院校中开设武术课程，并将武术列为必修课。北京体育学院、上海体育学院、武汉体育学院成立了武术专项班。1961年，国家体委组织编写第一部全国体育学院本科生讲义《武术》，使武术专业教育逐渐规范化。1963年，北京体育学院开始招收武术专业研究生。因“文化大革命”，学校武术教育曾一度停摆。1972年各体育院校陆续恢复招生，1977年高考制度恢复以后，武术专业教育进入新的发展时期。专业教材数次修订与更新，教学内容逐渐丰富与标准，专业教育规模不断扩大。1986年，上海体育学院获批武术理论与方法硕士学位授予点。1996年，上海体育学院获批武术理论与方法博士学位授予点，翌年更名为民族传统体育学。2004年设立“民族传统体育学”博士后流动站，使武术高层次人才培养体制逐渐完善。当前，高等学校武术院系已经成为培养武术高层次人才、传承武术文化的主要阵地，武术课外活动、武术竞赛、武术课间操也逐渐成形。

---

1 邱丕相. 中国武术史［M］. 北京：高等教育出版社，2008：183.

2 国家体委武术研究院. 中国武术史［M］. 北京：人民体育出版社，1997：395-398.

（二）学校武术教育的发展定位

1. 立德树人是武术教育发展的根本任务

拓展阅读：立德树人

习近平在2018年9月10日召开的全国教育大会上指出："要把立德树人融入思想道德教育、文化知识教育、社会实践教育各环节，贯穿基础教育、职业教育、高等教育各领域，学科体系、教学体系、教材体系、管理体系要围绕这个目标来设计，教师要围绕这个目标来教，学生要围绕这个目标来学。凡是不利于实现这个目标的做法都要坚决改过来。"立德树人是"立育人之德，树有德之人"。武术教育，尤其是普及性的大中小学武术教育，其定位应是以武术为载体来实现立德树人的根本任务。维系一个民族长期发展和存在的往往是人们内心的价值积淀。人在社会中生活必须遵循社会组织为维持一定的社会秩序而建立的各种社会规范，并做出正确的道德选择。学校应以立德树人为根本任务，融入社会主义核心价值观。在武术教育中应深入挖掘武术中蕴含的"理想信念""爱国情怀""品德修养""知识见识""奋斗精神""综合素质"等，并以此为指南对武术学科体系、教学体系、教材体系、课程体系、管理体系进行高质量建设和内涵式发展。

2. 文化教育是武术教育的重点内容

武术教育是"文化的传承和发扬"，"没有文化的武术是贫乏的、没有文化的武术是暴力的、没有文化的武术是断裂的"[1]。通常认为武术文化包括"物器技术""制度习俗""精神价值"三个层次，在各阶段教育中武术教育的侧重点是有所偏重的。如青少年武术教育应以培育和弘扬民族精神为内核。武术作为典型的东方文化样式，脱离了单纯对技术技能的工具性追求，进入了一种对至真、至善、至美的生命境界塑造的大道追求。不仅可以从多个视角去感知它的博大精深，而且还能将其置于历史文化的传统中，感受其魅力和价值，进而对博大精深的中国文化产生自豪感和自信心。

因此，要充分发挥武术的文化教育功能，须在教学中，从哲学、伦理、兵学、美学、养生等角度出发，使武术课成为解读传统文化的、身心一体的课，而不仅仅在健身、娱乐、休闲的方面教授武术。武术教育中不仅学习知识、技能，还能接受

1 王岗. 虚无与提升——中国武术教育的问题与求解［M］. 北京：北京体育大学出版社，2017：147.

民族文化的熏陶和教育。在大中小学校开展武术教育，让学生身体力行地感受中国传统文化的思维方式、方法、原则，对提升精神境界、塑造民族精神发挥着不可估量的作用。正因此，文化教育是开展武术教育的重点之所在。

3. 培育和弘扬民族精神是武术教育的内核

民族精神是一个民族在长期历史发展中积淀的最优秀、最积极的观念文化，是一个民族赖以生存和发展的精神支柱。中华民族精神是中华民族绵延发展的深层动力和精神气质，民族精神和传统文化是知与行的关系。民族精神是民族智慧、民族情感和民族共同心理和思想倾向的主导方面，与一个民族的共同价值目标、共同理想、思维方式紧密相连。弘扬民族精神需要载体，而武术经久不衰，经历数千年仍流传于世，主要原因是它体现了中国文化的基本精神。“作为受到中国文化浸染的传统武术，从诞生到发展一直被中国文化所孕育和滋养，在传统武术的精神追求和习武人的道德风范上都体现了中国文化的鲜明特征。自强精神在传统武术中具体表现为通过长期艰苦的武术训练达到磨炼意志、提高技艺、培养胆气的目的，树立远大的志向”[1]。武术蕴含的如“诚信守义”“厚德载物”“自强不息”“爱国保家”“勤劳勇敢”等精神都是民族精神的体现。这些民族精神在构建和谐社会、提升中国文化软实力、重塑国家形象等方面发挥着重要的现实作用。

二、师徒传承

师徒传承是武术最基本的教育方式，是指师父与徒弟双方按照一定的规范要求、遵循一定的权利义务，以传习某种技艺为纽带而进行的一种教育活动。师父通过口传、身传、心授的形式，将武术技艺、情感、精神、追求和责任完整地传递给徒弟。在中国传统文化与艺术教育的漫长历史中，师徒传承作为一种普遍的教育形式，发挥着重要作用。

---

1 邱丕相等. 武术文化传承与教育研究［M］. 北京：高等教育出版社，2011：78.

（一）师徒传承的原因

师徒传承作为武术传承的一种重要方式具有历史与文化的必然性。

1. 社会私学体系是师徒传承的外部原因

自春秋时期起，士阶层出现，私学勃兴。儒、墨、法、道、阴阳家等私学学派以所长立学，收徒教学，形成争鸣与包容的学术氛围。如《史记·孔子世家》中记载："孔子以诗、书、礼、乐教弟子，盖三千焉，身通六艺者七十有二人。"《墨子·公输》中记载墨子"弟子禽滑厘等三百人"。先秦时期私学发展为中国教育思想与教育理论的出现奠定基础。后世私学虽几经禁毁，但依然得以复兴并达鼎盛之势，与官学相辅相成，为人才培养贡献力量。其背后所蕴含的求真务实的理性精神，肯定自我创造与完善的主体精神，以及注重尊师重道、尊严良知的人道主义精神已根植于民众的社会心理。[1]

私学盛行，武术教育深受影响。特别是在战国时期"文武分途"及汉代"独尊儒术"的局面下，官学很少见到武术，武术历史是依靠私学延续传承的。即便是纳入现代教育体系后，原有的拳师设场授徒、以拳种流派为基础的武术社团等私人形式的教育方式依然广泛存在。可以认为，武术师徒传承正是对我国故有的私学的一种延续。[2]

2. 实践性与感悟性是师徒传承的内在原因

武术是具有浓厚中国文化特色的身体实践。对武术的认识、感悟、研究及理论提炼均建立在对武术技艺的学习、运用基础上，而非像其他学问那样依赖文字理解[3]。这种实践性要求习武人遵循一定的学习规律。"武术是身体动作，必须得有人教，学会以后可以自修，是无法直接自学的，不管公布了多少秘密，光有书本也还是不够。"[4] 简单动作或许可依赖图画、文字描述、现代多媒体技术来学习，但自学

1 江百龙，黄治武. 我国民办武术学校兴起的社会学原因探微［J］. 武汉体育学院学报，2005，39（2）：70-73.

2 王巾轩. 师徒制下的武术文化传承——基于吴式太极拳师徒传承的个案研究［J］. 上海体育学院学报，2014，38（4）：89-94.

3 周伟良. 论非物质文化遗产保护中的传统武术［J］. 北京体育大学学报，2008，31（7）：868-870.

4 李仲轩口述，徐皓峰整理. 逝去的武林——1934年的求武纪事［M］. 北京：当代中国出版社，2006：165.

复杂招式是有难度的，即便是学习能力强的人。因此，教师的存在不可或缺。待招数熟悉之后进入对劲力的把握阶段，则更需要老师时时提点、交流感悟、传授经验。这种感悟具有个性化，每个人的认知、理解和感受不尽相同，需要匹配个性化教学方式。因此，师徒传承是一个合适的选择，它具有小规模、个性化、精耕细作等特点。

3. 非标准性和长期性是师徒传承的客观原因

首先，传统武术纷繁复杂、多姿多样，拳种流派颇多，体现出武术在长期发展过程中没有形成统一的技术标准。自武术逐渐与军事分离且不以杀伐制敌作为唯一的价值取向后，“花法”便衍生出各种不同的演练风格。不同拳种更多体现在对武技理解和演练上的“异趣”[1]。由于个人的审美取向、攻防理解、个性特征、身体条件、品性志向等方面存在不同之处，因此，人们对攻防技击的演绎、功能阐释也不同，如少林“主于搏人”，内家则“以静制动”（黄宗羲《南雷文定王征南墓志铭》）。因此，拳种在早期形成阶段带有创始人浓厚的个人色彩。这种极具个人风格的演练形式通过传授获得社会认可，渐成拳种，而对同一拳种再进行不同风格的阐释又会形成新的流派。既然是因“异趣”而出现拳种流派，那么便不具备将所有“异趣”统一标准的逻辑。师父选择的传人必是在某些方面适合或是认可这一风格的，因此武术非标准性是师徒传承的客观原因之一。

其次，武术的完整传承往往需要漫长的时间积累。十年、二十年，甚至更长，这种长期培养过程需要稳定的师徒关系作为保障。[2]这主要是由于择徒的谨慎、技艺的复杂以及对精深技艺的道境追求所致。其一，武术界拜师择徒需要数年考察，在此期间师徒双方都会对彼此的德与能进行考量，考量合格方举行拜师仪式，正式入门学习。其二，武术的技术内容较为复杂、内容繁多，需要较长的训练周期来打牢基础、逐步提高。其三，武术追求“阶及神明”的状态，“非用力之久不能豁然贯通焉”，这种近似完美主义的倾向促使习武人在传授与学习过程中持之以恒地锤炼与打磨身体、技艺、思想。种种因素造成漫长的武术学习与传承周期，而这种特点只有贯穿生命全周期的师徒传承才能得以实现。

1 温力. 中国武术概论［M］. 北京：人民体育出版社，2005：298.

2 郑旭旭. 中国武术导论［M］. 北京：高等教育出版社，2010：134.

（二）师徒传承的文化内涵

1. 以武德教育为重点

武德是习武人应遵循的道德准则、行为规范。这种准则和规范是与每一个历史阶段中社会普遍奉行的道德标准、道德理想相一致的[1]。法律是社会生活的底线，道德是社会生活的理想。道德让社会向着文明、和谐与善良的理想状态发展。武德引导着习武人更好地处理与自己、与他人、与社会间的关系。

武术以德为先，首先体现在拜师择徒上。各拳种流派都有择徒标准。如《峨眉枪法·戒谨篇》中写道："不知者不与言，不仁者不与传。谈元授道，贵乎择人。"黄百家《内家拳法》中写道："五不可传：心险者，好斗者，狂酒者，轻露者，骨柔质钝者。"武术的传承如果没有合适的传人，宁愿失传也不轻易与人。如《昆吾剑箴言》中写道："可传之人不传，失人；不可传人而传，失剑。如认人不真，宁失人不失剑。"

其次体现在拳种流派的师门规诫中。待入门之后，各门派均有对门人的行为戒约，以强化对习武人品行的规范。如苌家拳《初学条目》中规定："学拳宜以德行为先，方是正人君子。学拳宜发涵养为本，举动间要平心气和，善气迎人。"《咏春白鹤拳·拳谱》中讲到"学习拳术要坚持四善："善修其身；善正其心；善慎其行；善守其德"。不遵守师门规诫和违背社会道德的人，将受到惩戒并逐出师门。在这种对德极度推崇的氛围熏陶之下，塑造出习武人良好的道德情操，诞生了众多德艺双馨的武术家。[2]

2. 以模拟血缘关系为纽带

武术师徒关系是一种模拟父子血缘的关系，通过将师与父、徒与子同构，将二者紧密联结在一起，同时规范双方的职责与义务。这种联结，不仅拉近了师徒的距离，让师徒之间更顺畅地进行交流与技艺的传授；同时也建立了相处时的规范，以保证师道尊严、兄友弟恭；还象征着技艺将会作为一种门派资产传下去，具有强化责任感与认同感的作用。

1 温力. 中国武术概论［M］. 北京：人民体育出版社，2005：371-372.

2 全国体育院校教材委员会. 武术理论基础［M］. 北京：人民体育出版社，1997：184-185.

3. 以口传、身传、心授为方式

口传，即口头传承，指通过口述形式进行教学与传播，如拳谚、拳诀、故事等。身传，指身体示范，教师手把手地教授。心授，指隐性知识的传授，老师在长期对学生进行耳濡目染的过程中，通过言谈话语、身体力行、交流感悟使其获得对技艺的深度理解。

武术口传、身传、心授的传习方式有历史与现实两方面原因：其一，在历史上，个人拳械技艺的传习在中国历史中大部分时期属于一种俗文化，是大众的、通俗的、流传于民间的。由于一些拳师没有接受过系统的文化教育，不擅长将对拳法的理解以文字形式记录下来，只能选择口传。如《手臂录・卷二・针度篇》中记载吴殳向石电学习枪法的故事，“予受敬岩戳革之法，练习二年，手臂粗得柔熟，乃许受枪法。敬岩不娴文字，法法口传”[1]。其二，对杀伐之术的谨慎使得拳师们不愿选择容易广泛传播的文字形式。武术是一种技击术，既能用于防身自卫，也可作为谋生手段。这种特殊性使得武术传承需更为慎重，不能让别有用心的人学去危害社会，即“贤良秘授纾危困，邪妄休传害众生”（《拳经・张横秋先生传授习练手法密要・道勿滥传》）。

（三）师徒传承的作用

师徒传承在武术发展过程中发挥着巨大的作用。这种方式有独特的运行机制，依托中国传统文化土壤，依靠人们的文化认同发挥作用；同时也进一步加深这种认同，以便实现代与代之间武术文化的完整传递。[2]

1. 保证武术整体性传承

师徒传承以师徒关系为纽带，以师门规诫为行为准则，以技艺传承为主要内容，加之同门、家族、同行的舆论监督，共同构建一个武术传承文化空间。通过长期、面对面的教学与交流，日积月累的行为体验与习惯养成，以及师父耳提面命的教导与徒弟耳濡目染的浸润，武术的技术、技理、经验、审美、礼法，甚至是情

1 温力. 中国武术概论［M］. 北京：人民体育出版社，2005：348-350.

2 王巾轩. 师徒制下的武术文化传承——基于吴式太极拳师徒传承的个案研究［J］. 上海体育学院学报，2014，38（4）：89-94.

感与追求得以完整地传递给下一代。这是师徒传承对武术传承与发展起到的关键作用。

2. 促进武术拳种流派形成壮大

首先，师徒传承营造了一个相对稳定封闭的学习环境。徒弟是精挑细选、通过严格考核而来的。师父选择徒弟的要求一般为身体条件、心理素质、道德情操等方面适合该拳种流派的特色与要求。师父愿意倾尽全力授之。师徒双方有着共同的目的和意愿，学习效率和效果能够保证。其次，以师徒关系为核心结成的类似家族的门派有利于武术技艺特色的保持、经验的积累与拳理拳法的深化。师父的全部心血完整地传给徒弟，徒弟通过实践与思考将师父的成果进一步提炼，再传给下一代，如此，技术和理论体系得以完善。由此促进拳种流派发展壮大，逐渐形成千姿百态、丰富多彩、各有所长的武术技术体系与思想学说。

3. 彰显武术文化特色

文化全球化，一方面使人类生活方式与价值追求呈现趋同的态势，另一方面又促使人们对同质化表现出谨慎与警惕，并倡导多元文化与民族特色。越是民族的、越是具有文化特色的，越有着艺术、经济与文化价值，越值得被关注、研究与传承。在世界文化交流舞台上，武术是中国文化的名片，武术师徒传承的模式与西方其他运动相比具有不同的文化特色。充满着中国人情感厚度、处世哲学与价值取向的师徒传承像罩着绢纱的烛火，温暖、静谧而持久，默默地守候着武术人心灵的归宿。

三、其他传承途径

（一）民间社会武术组织和活动

除学校教育传承和师徒传承外，民间武术/社会组织和活动对武术的传承也发挥着重要作用。历史上，以民间结社进行传承的比比皆是。宋代出现以武术为内容的民间结社，是武术教育的重要场所，如北宋时期的“弓箭社”“忠义巡社”，南宋时期的“角抵社”“相扑社”“锦标社”“射弓踏弩社”等。《梦粱录》记载：“武士有射弓踏弩社，皆能攀弓射弩，武艺精熟，射放娴习，方可入此社耳。”

辛亥革命前后，在“强国强种”“尚武图强”思想带动下，社会上出现了一批武术社团，如精武体育会、中华武术会、北京体育研究社、四民武术研究社、天津中华武士会等。这些武术社团通过聘请各地武术家公开授拳、定期组织表演和比赛等方式，促进了武术的传承。[1]

新中国成立以后，群众性武术活动也多姿多彩地持续发展着。如各省市县成立的武术队，改革开放之后各地建立的武术辅导站、文化宫开办的武术培训班、民办武术馆校社等，“武术之乡”评选活动，各级各类武术竞赛、交流、展演、武术节、年会等，这些民间组织和社团对武术传承发挥着重要作用。

（二）非物质文化遗产保护

武术入选国家级非物质文化遗产名录项目

以申请非物质文化遗产保护的形式进行传承是传统武术的重要传承途径。自2006年起，国务院先后公布了5批国家级非物质文化遗产名录，武术界有35项入选。

太极拳于2020年12月被列为人类非物质文化遗产代表作名录。通过申请非物质文化遗产，传统武术拳种流派的珍贵技艺、理论、资料及传承人获得了保护，通过全人类的力量延续文化多样性、保护文化生态、进行活态传承。

思考题

1. 如何理解武术教育传承的意义？
2. 武术的教育传承包括哪些内容？
3. 武术的教育传承有哪些途径？

---

1 林伯源. 中国武术史［M］. 北京：北京体育大学出版社，1994：414-417.

第十二章

中国武术的文化传播

本章导读

中国武术作为一种独特的身体文化，彰显中华文化核心思想理念、传统美德和人文精神，其以多元化形态在灵活多变的身体技艺表达中弘扬与传播着中华优秀传统文化。于国人而言，它是一种富有深邃内涵的身体文化信仰；于外国人而言，它是能够跨越语言、民族、地域障碍的一种身体文化智慧。中国武术在长期的发展进程中，通过物态、制度、行为、精神等文化形态向世人展示着中国武术源流有序、风格独特的文化性格，在此过程中也丰富着自身的内涵与外延。

通过本章学习，了解中国武术的文化属性，明晰中国武术的文化传播价值和效能；熟悉中国武术的文化形态，了解中国武术的物态文化层、制度文化层、行为文化层和精神文化层等具体内涵；了解中国武术的文化传播类型，熟悉中国武术人内传播、人际传播、群体传播、组织传播和大众传播等方式。

第一节　中国武术的文化传播概述

一、中国武术的文化属性概述

众所周知，中国武术是以中华优秀传统文化为“根”和“魂”，且透显着中华文化核心思想理念、传统美德和人文精神等主要内容的一种独特的身体文化。武术汲取了中华优秀传统文化的丰厚养料逐步枝繁叶茂，铸就其博大精深“体格”的同时，更在表现形式上，既体现出中华优秀传统文化的普遍共性，又彰显着武术拳种各自的独特个性。

所以说，作为脱胎于华夏民族生产和生活实践，且具有显著地域性文化特征的中国武术，伴随着时代更迭，使得以攻防技击为主导的武术发展之路，逐步被以技击展演、健身修心为终极追求的价值取向路径所取代。这一点，应该是源于“武术文化中所表现出的不同人文层面，无一不是标志着中华民族固有的生存方式和生活理念。它能够全面地展示中国人的‘中庸思想’及追求‘天人合一’和信守‘厚德载物’的处世特点；表现出中国人‘礼仪之邦’风范等等。这些生存和生活的理念无不代表着中国文化的全貌”[1]。

据此，从武术文化的内涵出发，我们应该明晰它作为一种社会行为，渗透了华夏民族的价值观念、风俗习惯和行为准则，受到中华优秀传统文化的影响和规约。与此同时，我们更应该坚定中国武术是一个独特的“文化事项”的鲜明立场，尤其应该强化它是一种文明的文化信仰。它不仅具有稳定的结构和多元化形态，并以动态的身体表达形式为载体，而且还能在灵活多变的身体技艺表达过程中，传播和弘扬中华优秀传统文化。

二、中国武术的文化传播价值释义

自古以来，中国武术承载着自卫防身、强种强国、提振精神、崇德向善等独特

1　王岗．中国武术文化要义［M］．太原：山西科学技术出版社，2009：21.

拓展阅读：土洋体育之争

价值，且具有健体、自卫、修身、明心见性等复合功能。基于此，进入近现代社会以来，在经历了民国时期的“土洋体育之争”事件以后，武术逐渐完成了其从民间社会走进学校课堂，从而被赋予了新的功能和价值。然而，就中国武术的功能价值具体呈现来说，由它所延展出来的“竞技武术”“传统武术”“大众武术”等称谓，显然已经不能全面涵括中国武术所彰显的健康、教育、产业等多元文化价值，更不必说“它涵溶了中国传统文化的各种成分和要素，在武术的内部结构和外部形态上进行着‘形’与‘意’的交融。我们可以清晰地看到中国人独特的思维方式、行为规范、审美观念、心态模式、价值取向、人生观和宇宙观等在武术中都有集中的反映”[1]等客观现实。正因为如此，中国武术俨然已成为多层次、宽领域展现中华优秀传统文化精髓的全息影像。因此，伴随中国特色社会主义进入新时代，以及“文化中国”国家意志持续强化、中华优秀传统文化的内涵阐释工作和中华文化“走出去”核心任务被提升至前所未有的国家战略高度，更“使得具有彰显国人尚武精神、锤炼国人精神品质和品德信仰等重要价值的中国武术，在当代有了厚积薄发的突破口”[2]。

（一）中国武术的文化传播突出价值功用

中国武术尚和合、崇正义、倡文明是其核心价值功能。

首先，“武术的独特价值取向是和谐，全面实现武术技击、养生、修性等多方面的功能的方法是和谐，衡量着诸多功能的总体价值尺度是和谐，其所追求的终极目标，仍是和谐。和谐成就了武术特殊的美，构成了武术发展的根基”[3]。由此可见，尚和合的价值观已经贯穿整个武术体系，且借助不同的拳种充分体现中华优秀传统文化中“天人合一”理念。如《管子·内业》中提出“天出其精，地出其形，合此以为人”的形神论；《拳意述真》中说“因为人一小天地，无不与天地之理相

1 全国体育院校教材委员会. 武术理论基础［M］. 北京：人民体育出版社，1997：2.

2 李臣. 新时代中国武术要更好地“走出去”［N］. 中国文化报，2018-05-11（3）.

3 全国体育院校教材委员会. 武术理论基础［M］. 北京：人民体育出版社，1997：43-44.

结合”;《八卦掌学·八卦掌神化之功借天地之气候形式法》指出“练功者‘须择天时、地利、气候、方向而练之’”等习拳理论。

再者，中国武术历来以抑恶扬善、伸张正义为处世逻辑。它不仅体现出对弱者的庇护之情，而且还表达着对强者的规训之意。这一点，中国武术各门各派都有相应的明确要求。如《王征南墓志铭》中提出的“不得恃强凌弱，任意妄为”“济危扶倾，忍辱度世”“为人正直，见不平之事，遂挺身而出”规约戒律。《少林戒约》(宗法第一时期)指出“纵于技术精娴，只可备以自卫，切戒逞血气之私，有好勇斗狠之举”。《昆吾剑箴言》指出，“倘遇自鸣得意者，任其狂悖，不必与人争辩。即得真传，又须涵养性情。倘无知之徒妄加讥贬，只可任其糊迷，不必与之较量”等等。

此外，中国武术更是一种承载着独特身体文化智慧的中华文明。因为，中国武术不仅有着惠民利民的价值理念、崇德向善的社会风尚、武以化人的教化思想等中华文化核心内容，而且更有着特殊的身体文化表达方式，如“‘学拳以德行为先’所展现的‘争斗而有礼让、有劲而不粗野、艺纯熟而不玄浮、情饱满而含蓄内向’的德艺统一的东方文明教化气质；武术站桩过程中‘提挈天地，把握阴阳，呼吸精气，独立守神，肌肉若一’的天人合一的身体修行境界追求；技术实践求证中‘以心行气、以气运身’‘刚柔并济、内外合一’‘形神兼备、体用两全’的内外兼修的体悟思想意识养成等向上向善文化精髓”[1]。

要言之，武术是在长期历史发展进程中，受到中华优秀传统文化的乳汁滋养所形成的独特身体文化智慧结晶。它不仅有精湛的技术，且富有深邃的文化内涵，更渗透着中国古典哲学、美学、伦理学、兵法学和中医学等内容。因此，进入新时代，要传承好、弘扬好、推广好中国武术，必须从武术内核和深层认识武术哲理、伦理、学理和医理，充分发挥武术的健身、防身、修身、悦身和医身等功能，使其真正肩负起武以载道、武以化人、武以成人的铸魂培元的载体使命。

(二)中国武术的文化传播互惠融通效能

中国武术突破语言、民族、地域等方面的局限，通过身体语言沟通，容易被广

1 李臣. 新时代中国武术文化“走出去”的使命担当[N]. 中国社会科学报，2019-02-26(6).

大受众接受。此外，在跨文化交流与合作中，中国武术跨越价值理念、风俗习惯、宗教信仰等方面存在的障碍，对“亲诚惠容、民心相通、达成共识”贡献着独具中国特色的身体文化智慧。

因此，在构建人类命运共同体日益成为国际共识的新形势下，中国武术作为承载“讲好中国故事”的独特身体文化载体，应凸显其助推“一带一路”沿线国家多元文化深度融合效能，在人文交流与合作方面释放正向融通的效能。这既是中国特色社会主义进入新时代国内外形势对中国武术文化“走出去”赋予的新历史使命，又是中国武术自身适应时代发展所应有的责任担当。再者，在构建人类命运共同体过程中，中国武术在促进文明交流互鉴、增进人民健康效益等方面发挥重要作用，以讲好中国武术故事、提升中华文化软实力为着力点，深化中外人文交流合作。

当然，中国武术的惠民价值还表现在它对世人“治未病”的健康促进功效方面，如疾病预防、治疗、康复等方面呈现的积极效益。中国武术所透显的中华文化智慧，如“动静互转”的气血调理之功，“内外合一”的身心修炼之法，“自然而不强为的运动规律”等武术功法习练理念，其蕴含阴阳互补哲学思想，对因快节奏生活导致身体机能衰退所引发的疾病，能够提供独具中国特色的身体锻炼方案。

此外，中国武术的文化智慧还凸显在化解冲突、战乱、恐怖威胁等困难上。比如，中国武术在双方交流中所彰显的攻防对抗智慧，即“以逸待劳”的克敌之法，“点到为止”的御人之术等以谋略为上乘境界，所达到的“不战而屈人之兵”的战略效益。对当今世界部分区域存在的摩擦、争端、冲突等诸多问题的化解，这种智慧具有一定的参考价值。

党的二十大报告中提出，到2035年我国发展的总体目标之一是建成文化强国，那么中国武术应发挥其效能，助推“一带一路”倡议理念深植海外民众心中，促使广大民众心中产生文化认同。中国武术还应“以人为本”，全方位展现其“以人民为中心”的多维业态开发与价值转化，在各国各地区实现创新性表达。此外，中国武术还应把“和而不同”的价值理念，如天人合一、贵和尚中、内外兼修进行精准诠释，以推动构建人类命运共同体。基于此，才能有效增强海内外民众对中华文化的好感度、参与度和认同度，进而对“和谐世界”宏伟愿景的有序实现贡献其独特的文化力量。

第二节　中国武术的文化传播形态

据史料记载，“先秦时期，中国武术开始成为一种文化形态，其重要标志之一便是自觉性武术意识的出现及武术理论的初步形成”[1]。当时，人们有一种从事武术活动、参与武艺较量的意愿，以追求战胜对方的满足感。然而，随着人类社会的不断发展，武术逐渐融入了中国哲学、医学、伦理学、绘画、书法、音乐、戏剧等文化元素，既使其传播的内容更加厚重，又成就了其“源流有序、拳理明晰、风格独特、自成体系”的文化格局。

因此，自20世纪90年代有学者提出“中国武术文化的历史作用与地位”[2]理论命题以来，关于武术文化的结构，如“中国武术文化的结构三要素，即技击观、价值观、伦理观”[3]；武术文化的特点，如“武术文化作为一种实体的延续，必须坚持‘打练一体’的模式”[4]；以及中国传统文化，如中国传统哲学、兵家、儒释道文化、美学等，与武术文化的交叉研究有序铺开，进而催发武术文化的功用与价值、武术文化学、武术文化与医学、武术文化传播、区域武术文化等研究热潮。

基于此，在文化强国战略目标引领下，以“中国武术文化”为主题的武术文化研究更是相继迸发，并促使武术文化成为“显性文化”。这一点，也正是因为中国武术文化包含许多人类共同遵循的哲学思想、生存智慧、健康理念，彰显着许多反映人与人、人与社会、人与自然和谐共生发展规律的理性认识。

物质文化是人类在适应自然的同时，改造自然、征服自然的创造及其成果，反映的是人与自然的关系；制度文化和行为文化是人在建立社会、推动社会发展过程中的创造及其行为的自觉，反映的是人与社会的关系；精神文化是人在自身发展的过程中主体意识的自觉及其精神创造的能力和成果，反映的是人与自我的关系[5]。而

1　国家体委武术研究院．中国武术史［M］．北京：人民体育出版社，1997：35.

2　旷文楠．中国武术文化的历史作用与地位［J］．体育文史，1988，(8)：2-7.

3　李成银．试论中国武术文化的结构［J］．体育科学，1992，12(4)：19-21.

4　郑旭旭．武术文化刍论［J］．武汉体育学院学报，1992，(2)：12-16.

5　陈江风．中国文化概论［M］．南京：南京大学出版社，2005：6.

中国武术所蕴含的如“道与器、体与用、精神与物质、审美与事功”[1]等方面的中华文化智慧，对当下中国武术文化创新性发展理论阐发给予了新方向。中国武术文化应以其内涵和外延的再考量为基点，融入创新意识和创新精神，从物态文化层、制度文化层、行为文化层和心态文化层四个方面，深度挖掘其文化传播价值，彰显独具中华文化特色的身体文化智慧，并对教育强国、文化强国、体育强国、健康中国，以及构建人类命运共同体等国家宏大愿景的有序实现贡献独特的正能量。

一、物态文化层的中国武术物化知识力量构成

从“‘物化的知识力量’构成的物态文化层”[2]视角来看，中国武术所呈现的物态文化，主要是和武技相关联的器物，如武术器械、武术拳谱、武术文化古迹等。物态文化是“人类在长期改造客观世界的活动中所形成的一切物质生产活动及其产品的总和，是文化中可以具体感知的、摸得着看得见的东西，是具有物质形态和实体文化事物”[3]。武术物态文化是与武术生产相关的活动方式衍生出的产品集合体。长期以来，武术物态文化不断实施创造性转化，以满足人类的自卫需要，主要“包括古代的冷兵器，现代的武术器材，与武术相关的文物、建筑等等”[4]。这也提升了中国武术的物质形态和实体文化内涵。如今，中国武术物态文化应以武术器物体系为基础，分实中国武术新型物态文化体系建设，并以满足人民美好武术文化生活新需要为前提，彰显时代特征和气息。这一点也正是社会生产力发展水平在武术器物文化载体上的直接反映。

基于这种直接反映，不同历史时期创制的武术器物，是把当时先进的科学技术适时运用到国家自卫需要的体现。如石刀、铜矛、青铜剑、铁刀等中国武术的物态文化载体，与武技相关的器物的次第出现过程，正是社会生产力发展水平与武术文

---

1 李建中. 中国文化概论［M］. 武汉：武汉大学出版社，2005：14.

2 张岱年，方克立. 中国文化概论［M］. 北京：北京师范大学出版社，1994：4-7.

3 曲文军. 中国传统文化与现代化［M］. 济南：山东人民出版社，2011：126-127.

4 温力. 武术与武术文化［M］. 北京：人民体育出版社，2009：26-31.

化之间内涵有序提高的过程。

当然，也正是基于此种武术器物文化与社会生产力水平不断适应、不断协调、不断促进的人类社会发展基本规律，以及中国武术器物文化为适应中国特色社会主义新时代，展现其“蕴含的‘观象制器、利用易简’生存智慧；承载的‘纳礼与器、器以载道’民族精神；凝聚维系民族连续发展的文化认同”[1]等多元积极效益，才使得处于全媒体时代的中国武术器物文化的创新求变，唯有以“时代所需、社会所需、深研细究”[2]为核心要义，研制合乎信息化、网络化、数字化时代特征的武术文化器物，并使之与当代武术发展所需的物态文化相适应，进而推动主题鲜明、精神向上的武术文化产品研发与优化升级，才能实现凸显时代风尚的中国武术实体文化的创新发展。

二、制度文化层的中国武术新型社会规范表现

从中国武术传承、发展的社会环境和社会的组织形式所体现的各种社会规范构成的“制度文化层”视角来看，中国武术的传承、发展在古代主要是以军队和民间的武术社团为传播平台得以实现的。它借助刀、枪、剑、棍等武术器械，作用于军队的规范化训练，使得中国武术与军事活动的关系愈发密切，并在一定程度上延伸和拓展了其发展场域。关于这一点，南宋著名豪放派词人辛弃疾是这样论述的，“八百里分麾下炙，五十弦翻塞外声，沙场秋点兵”[3]，也正是伴随此种沙场练兵的恢宏场景，在不同历史时期的持续强化，才使得传承和发展中国武术的军事武术模式在不断前行。而对以拳种为纽带、以家族为本位的民间武术传承来说，它在家族或类似于家族的社会组织成员之间，所展现的独特的传承方式，则深刻反映了中国武术作为中华文化特有的身体技艺所承载的血缘责任与担当。

也正是基于中国武术传承、发展的血缘责任和担当，以及军队和民间兵员的更

1 李松杰. 充分认知器物文化蕴含的力量［N］. 中国文化报，2018-01-12（3）.

2 彭庆阳. 书法应该追求怎样的“时代性”［N］. 中国文化报，2017-09-03（5）.

3（宋）辛弃疾. 辛弃疾词集［M］. 上海：上海古籍出版社，2010：142-143.

替，对中国武术的生存环境、习练方式、组织形式等制度准则所产生的不同程度的推进，使得中国武术在古代以军队和民间的武术社团为传播平台的传承发展方式，实际上是“创造了一个属于他们自己，服务于他们自己，同时又约束他们自己的社会环境，创造出一系列的处理人与人相互关系的准则，并将它们规范化为社会经济制度、婚姻制度、家族制度、政治法律制度”等社会规范表现。

而对近代以来中国武术文化的多元化发展来说，不管是以政府为主导的竞技武术传承，还是以学校为主要场域的武术教学传承，甚至以民间武术社团为组织形式的社会武术传承，其根本还是以拳种为纽带，对“源流有序、拳理明晰、风格独特、自成体系”[1]的129个拳种，以异于家族本位的血缘传承方式进行宽领域的交流、合作与推广。也正是这种宽领域的新型传承方式的有序激发，使得长期以来主要以“师徒传承为唯一延续武术生命方式”[2]的中国武术开拓出新的文化空间，它以强化人们对师徒传承的客观理论认知为依托，明晰面对面传承、无媒介传承、肢体化语言等人际传播方式，凸显中国武术师徒化、谱系化、家族化发展的传承特质；加大政府职能部门对中国武术发展所需的人力、物力、财力、智力支持，诸如2018年“遇见中国”数字媒体艺术特展上，现代化数字多媒体技术合力呈现，使“中国武术展区栩栩如生地还原了十八般武艺刀枪对打，运用幻影成像原理的全息影像形式，将武术影像叠加处理，透过柜体的显像面，观众可观赏到悬浮的影像”[3]，借助科技新力量多方位展现了博大精深的中国武术文化交互智慧效益；此外，还应以“服务全民健身国家战略、满足人民群众日益增长的多元化体育健身需求为出发点和落脚点，发挥好传习武术技艺、传承武术文化、传播武术精神、传递健康生活理念四大作用”[4]为指导思想，对中国武术所蕴含的多元潜力进行深入挖掘与开发，充分释放其内隐的新型能量。也唯有如此，才能有序构筑与时代合拍的中国武术文化创新性发展新型场域。

---

1 国家体委武术研究院. 中国武术史［M］. 北京：人民体育出版社，1997：447.

2 郭玉成. 中国武术传播论［M］. 上海：复旦大学出版社，2008：174-180.

3 刘修兵. 在乌兰巴托“遇见中国”［N］. 中国文化报，2018-02-27（6）.

4 国家体育总局武术运动管理中心. 中国武术发展五年规划（2016-2020年）.［EB/OL］ http://wszx.sport.gov.cn/n5392/c735677/content.html.

三、行为文化层的中国武术多元技术技法特征

从“人类在社会实践中，尤其是人际交往中约定俗成的习惯性定势所构成的‘行为文化层’”[1]视角来看，中国武术的行为文化主要是一种以民风、民俗、礼俗形态出现，并见之于武术技术动作的行为模式。依据行为文化是“人类在社会生产生活交往中形成的以外化行为方式为存在样式的文化形态”[2]的理论内涵认知，中国武术的外化行为应该是通过流行于不同地域、不同民族，以民风民俗形态出现的行为文化的武术技术来实现的。鉴于此，对借助独具中华文化特色的人体运动来展现具有鲜明地域特征和民族特色，并体现个人的、集体的、社会的多元效能的博大精深的中国武术技术来说，它理应以增强中华文化整体性和历史连续性认识为逻辑基点，并对不同拳种的历史渊源、文化特征、技术特点等人文要素进行深度诠释，进而梳理、归纳、提炼彰显多元文化内涵的中国武术的核心理念、传统美德、人文精神等主要内容。

当然，也正是基于对上述主要内容的深入阐发，才使得长期以来借助民风、民俗等形态来展现不同拳种行为文化的技术特征，因受到不同的自然环境、地域文化和风俗习惯等复合因素影响，表现出异样的文化底蕴、风格特点和传承方式。对此，也正如温力所言及的，“有的地区民风可能更加强劲外露，有的地区可能更加柔美含蓄；有的地区民风可能更加善于吸收其他地区的文化，有的地区则可能较为闭塞，这都对在当地流传的武术技术特点和流传的方式产生很大的影响，促进了中国武术多拳种的发展”，中国武术博大精深的技术技法内涵可见一斑。

也正是源于此种多地域、多层次、多因素的交叉合力影响，才使得生发于中华大地不同区域的中国武术拳种呈现出各自独特的技法特征。如“从技法上来说，长拳快速敏捷，南拳劲刚势烈，太极拳轻柔圆活，形意拳整齐简练，八卦掌身灵步活，通背拳放长击远”[3]。而对以典型地域文化为底蕴，凸显不同地区的民风民俗，

1 张金平，昝风华．中国传统文化十六讲［M］．济南：山东人民出版社，2015：2-3.

2 曾繁亮．科学发展的理论基石及其范式转换［M］．成都：四川人民出版社，2008：218-220.

3 邱丕相．武术初阶［M］．上海：上海教育出版社，2012：133-136.

所形成的注重上肢或下肢动作运用的“南拳北腿”来讲，流传于中国南方各地的南拳以拳、掌和前臂为主，其“多手法，少腿法，其拳式结构小巧严密，动作紧凑细腻，步法轻灵稳固，劲力充沛，少腾空跳跃，活动范围较小；‘北腿’主要是指流传于中国北方地区的拳术，其腿法丰富，架式开展，起伏明显，快慢多变，多腾空跳跃动作，活动范围大”[1]。

也正是由于南北方的地理环境差异，人的体质、气质的不同，以及民风习俗的承传方式等诸多因素影响，使得体现在拳式上“多短打小步，以机巧见长；多长拳阔步，以进取胜”的南北拳派的武术技法，以及与武术相关的民风习俗的传承和播布，所催生的武术技术行为文化共同构成了中国武术文化创新性发展的“行为文化层”。因此，我们唯有对作为文化资源的武术拳种的价值理念、传承谱系、技法特点、人文精神等核心内容进行再挖掘、再阐发，才能有序开启依托武术技术行为文化诠释中国武术文化创新性发展的新型路径。

四、心态文化层的中国武术特有思想价值理念

从“人类在社会实践和意识活动中长期絪蕴化育出来的价值观念、审美情趣、思维方式等主体因素构成的‘心态文化层’”[2]视角来看，中国武术作为植根于中华优秀传统文化沃土的典型民族标识，它不仅承载着中华民族最基本的文化基因，而且透显着“大众历史生活中的价值观念、审美情趣、思维方式所构成的‘民族性格’”。正是这种有着深厚中华文化底蕴的民族性格的不断孕育、演化与重建使得以中华优秀传统文化作为动力之源的中国武术文化，唯有以武术技术为核心，以中国传统哲学思想为基础，阐发包括与武技相关的器物、传承形式、民风民俗，集中表达民族“尚武精神”的中国武术心态文化核心内容，才能实现对其自身的深层结构进行精准把握和诠释。

也因此，对于中华民族和中国人民注重和谐的价值观、自强不息的传统美德、

1 彭卫国．中华武术谚语［M］．北京：电子工业出版社，1988：233-234.

2 冯天瑜．中国文化生成史 上册［M］．武汉：武汉大学出版社，2013：88-91.

文以载道的教化思想、武以化人的生活理念、形神兼备的美学追求等中华文化精髓，对中国武术拳学理论文化心态的孕育、解构、建构的影响，对中国武术技术实践返本开新、推陈出新、综合创新的指导，以及对中国武术特有传承方式、风俗习惯、物态式样等文化内涵的深层次挖掘与整理等诸多层面的武术文化内涵阐发来说，这些都是中华优秀传统文化“心态文化层”效益的全方位展现使然。而中华优秀传统文化的此种综合效益，对中国武术的拳理、拳论、拳法影响的广度与深度，也较多体现在中国武术文化的心态文化层之中。这一点，如“内家拳更注重使气、练意，具有内聚性形态；外家拳更注重外，即形体的锻炼，具有外聚性形态，但各家各派都注重形体与精神的统一，把人作为一个整体训练，以外练形体，内练精气神为训练对象。练意、练气、练力，是武术练功的三要素”[1]。

而对于中国武术注重形体与精神统一训练所展现的强大生命力和独立性，以及借助多元武术文化形态所呈现的中华文化延续能力和形成的独立完整的中国武术文化体系，从中国武术文化的深层结构分析来看，它在不同程度上反映着中华文化的基本精神，即“强调‘武以德立’‘德为艺先’，所反映出的以‘仁’为核心注重人际关系和谐的伦理观念；行侠仗义、除暴安良所反映的刚健有为、入世进取、匡扶正义的爱国主义精神；追求个人技艺的纯熟、神韵和意境，所成就的内在人格完美的传统审美情趣；主张‘轻力’‘尚巧’、以巧取胜、顺势借力的技击原则，反映中国人礼让为先、有理有节、刚强而不狂野、功力扎实求内在的竞争特点，以及崇尚自然、体现‘天人合一’思想，重视血缘关系的宗法观念等等”[2]。也正因此，对处于中华文化伟大复兴进程中的中国武术的文化传播来说，它唯有以中华文化精髓为根本旨要，对中国武术的文化理论、技术特征、实践操作等核心内容进行有序挖掘、归纳与总结，才可实现真正意义上的中国武术心态文化的深度诠释与精准阐发。

拓展阅读：武以德立

1 全国体育院校教材委员会. 武术理论基础［M］. 北京：人民体育出版社，1997：43-50.

2 全国体育院校教材委员会. 中国武术教程（上册）［M］. 北京：人民体育出版社，2004：3-4.

第三节　中国武术的文化传播类型

诚如“我们是传播的动物，传播渗透到我们所做的一切事情中”的文化共识那样，长期以来的中国武术文化传播也必然是贯穿在与武术相关的活动全过程中。因此，从传播学角度来看，中国武术的文化传播类型可分为以下五个方面：人内传播、人际传播、群体传播、组织传播和大众传播。

一、个体系统活动的中国武术人内传播

人内传播是指“个人接受外部信息并在人体内部进行信息处理的活动”。因此，如果我们把单个习武人看作中国武术传播系统的个体系统，那么中国武术的人内传播便是单个习武人个体系统内的武术信息传播。

我们知道，人体能够进行信息传播，首先是与人体的生理机制有密切关系。因为，人体“既有信息接收装置（感官系统），又有信息传输装置（神经系统）；既有记忆和处理装置（人的大脑），又有输出装置（发声等表达器官及控制这些器官的肌肉神经）”[1]。而且，人的身体既是一个独立的有机体，又与自然和社会外部环境保持着普遍联系。所以说，当人们受到与中国武术关联的意志层面信息刺激时，如霍元甲战胜俄国大力士，不仅能够让人们在精神层面展现出“以武强身、匡扶正义、保家卫国、抵御外侮”的家国情怀，而且还能促使人们对中国武术的符号化阐释上升到塑造国民君子人格和构建中华民族“和而不同”国家形象的内涵新高度。如拳家四形对习武人提出“坐如钟、站如松、行如风、卧如弓”的武术习练要求，以及不同流派太极拳所传递的“强而不霸”“以柔克刚”“美美与共”等文化多样性积极效能，既是在规约习武人的身体修行，也在展现中国武术文化“多元一体”本真价值的身份认同张力。

此外，习武人德艺研修所面临的外部环境（自然的和社会的）既是它的输入源泉和输出对象，也是习武人技艺精进在社会实践活动中的真实反映。如中国农耕社

1　郭庆光．传播学教程［M］．北京：中国人民大学出版社，2011：62．

会时期习武人“忙时耕田、闲来造拳”的武艺研修传统风俗习惯，使得他们通过拳学技理研究自娱身心并传于后世的同时，也推动了自身所创拳学理论与技术的有效推广与传播。此外，中国武术的人内传播不是对外部环境的消极、被动的反应，而是具有主观能动性的积极反应。中国武术的人内传播是伴随着创造性武术文明成果出现的一种社会实践活动，它是推动中华文明实现有序承传创新的积极能动力量。

与此同时，习武人自身在社会中与他人联系，其便具有了鲜明的社会性和互动性，这也体现了中国武术人内传播的社会性和互动性。所以说，习武人的自我意识对其从事武术实践的行为决策具有重要影响。如武术拳种代表性传承人矢志不渝的武术技理研修，以及直追“拳拳服膺”大成拳学境界的君子品格，既是习武人作为拳种嫡系传人必须具备的核心素养，也是其传承好此种拳术技艺精髓、培养好拳学后备力量、传播好拳术惠民积极效益的自我能动意识反映，更是习武人主动作为以期使此种拳术适应社会需要的一种互动性人内传播过程。

“拳拳服膺”释义

二、拓展新型空间的中国武术人际传播

人际传播是一种典型的社会传播活动，是“社会生活中最直观、最常见、最丰富的传播现象”，能够直接体现人与人之间的社会关系。人际传播“兼具‘信息交流’‘社会协作’‘文化传承’等多元社会功能，可以使建立在自愿、合意基础上的传播活动的效益最大化”[1]。

就中国武术人际传播而言，它依托拳种媒介进行不同层次的武术传播活动，为广大民众提供武术公共文化服务，如各类武术文化节、拳种公开赛等，也为中华文化的海外发展赢得良好世界声誉的同时，提高了海外受众的武术技术参与积极性，如“武术正在为埃及人民打开一条通往中国文化殿堂的大门。武术在埃及是一项具有广泛参与性的运动，仅在开罗就有47家俱乐部开设武术课程，约有1.2万名习武爱好者。在全国范围内，至少有15万人在学习中国武术”“美国《功夫》杂志曾发表文章称，全世界各派武术中，学习人数最多的是咏春拳，当时保守估计是超过

1 李臣. 中国武术海外传播与价值反思［N］. 中国社会科学报，2019-08-01（8）.

100万人。十年来，咏春拳在全球发展更为迅速，全世界学咏春拳的估计已经超过200万人”。作为中国传统文化的一种符号象征，太极拳已经成为对外文化交流的桥梁和纽带。目前，太极拳已传播到150多个国家和地区，全世界练习太极拳者近3亿人，近百个国家和地区建立了太极拳组织。

也因此，以拳种为媒介所开展的武术国际传播活动，在开启海外民众深度认知中华文化智慧殿堂大门的同时，更促使他们由一个本国文化支持者，逐渐转变为一个中华文化传播者，而他们的这种“文化复合体”角色，也更为中国武术的海外发展植入了新生力量。这一点，在中外人文交流合作领域表现得尤为突出。如“来中国的30多年时间里，吕克·本扎创立了自己的武术门派。现在，吕克·本扎任职于国际武术联合会，致力于推广中国武术和中国文化，尤其是中非武术交流”；“近年来，随着中华文化在摩洛哥的进一步传播，武术运动在当地日益普及，成为中摩文化交流的重要平台和中摩人民发展友好关系的强有力纽带。越来越多摩洛哥青少年通过学习武术技艺，深入感知中华文化、了解中国”；菲律宾武术协会主席陈著远说，“中国武术为菲律宾争光，成为国家运动的一部分。不仅在体育界，在民间也传播很快。武术协会有三个分会、20多个会员单位，在马尼拉和外省也有一些武馆，在学校和社区推广武术。菲律宾教育部还将武术列为公立学校体育选修课的一个项目，让更多学生有机会练习这项强身健体和提高国家竞技体育实力的运动项目”。

诚然，诸如此类的武术国际传播利好消息，足以使我们由衷为长期以来武术人际传播取得的成就全力点赞，但是，人际传播的动机较为复杂，也因此造成中国武术的海外推广过程，出现了不尽如人意的尴尬场景。对此，中国武术研究院学者曾做过相关论述，即在武术国际推广过程中，尚存在组织和技术不统一、个人行为不规范、各自划界独自经营的不团结等现象。这些现象也已经成为制约当前中国武术深度国际化发展的最大障碍。

因此，就民间拳师和武术组织对武术国际化传播的效益驱动来说，在移动互联网、智能物联网，以及媒体融合进程不断加深的当今时代，他们在明晰国家层面推动中华文化“走出去”基本方略基础上，凸显中国武术是一种独具中国特色的身体锻炼方案和健康文明生活方式的同时，理应适时转变中国武术的传播理念，并积极探寻使其融入现代生活场景的现代化路径。因为，假如说我们在推动武术海外传播过程中，还把“神秘化”“玄学化”“隔山打牛”“凌空发力”等传统教学观念，继续在孔子学院、海外中国文化中心和驻外领事馆等组织机构大肆宣扬，这势必会造成中国武术的海外市场成为“有价无市”的艺术品市场的尴尬窘境。所以说，在人类命运共同体意识不断汇聚成磅礴力量，倡导健康文明生活方式已经成为时代主题的当下，唯有把中国武术当作一种能够不断满足人民对美好生活文化需求的新型生活方式进行有效宣传，并向国外民众宣传推介其“对自己的挑战、对自身性情的调养，对身心与世界关系的更深层体认”[1]，与时代合拍的健康、教育、时尚等附加价值，也许才能真正赢得海外民众的认可。

三、达成目标共识的中国武术群体传播

群体传播是群体进行的非制度化、中心化，缺乏管理主体的传播行为，更是将共同目标和协作意愿加以连接和实现的过程。因此，虽然相当多武术组织和拳术名家对中国武术的有序传承发展和“走出去”工作作出了巨大贡献，但管理上的松散使得中国武术在世界范围内传播的“公信力”遭受质疑。如在当下“流量”经济“眼球效应”消费利益驱使下，不同传播主体借助各类新媒体平台散播的消解中国武术核心竞争力的不和谐举措，俨然已对中国武术的健康前行造成了难以调和的矛盾。对于此种贡献和质疑，我们应当根据各自具体情况给予理性客观的评价。

正因为如此，依据“武术的国际传播都是随着文化传播而进行的”[2]客观规律，众多民间武术组织和团体本着促进武术运动普及和技术水平提高的目的，以及怀着为人类健康增添积极效益的命运共同体意识，为东方“和合”文化应对西方“快餐”文化所带来的人类多元化生存危机贡献着中国智慧。而近代以来成功将中国武术推向世界的民间武术组织应该首推创建于1910年的精武体育会，“尽管它的性质是一个民间社团组织，但其‘以提倡武术，研究体育，铸造强毅之国民主旨’的办

1 沈彬．太极拳除了“致敬”，还要融入现代场景．[EB/OL][2017-11-03]. http://guancha.gmw.cn/2017-11/03/content_26690936.htm.

2 邱丕相，郭玉成．武术在国际传播的历史、现状与未来[J]．体育学刊，2002，9(6)：59-62.

会章程，对继承和传播中国武术起到了非常重要的作用”[1]。精武体育会以振兴中华为办会宗旨，高扬“爱国、修身、助人、正义”的鲜明旗帜，这无形之中扩大了支持的力量，获得了广大海内外华人的支持。当然，也正是基于精武体育会誉满全球的声誉和威望，使得中国武术成为世界民众了解和认识中华文化的典型标识。与此同时，还有不同影视制作团队与诸多武术影视明星和拳学名家创作而成的功夫影视作品，接连助推中国武术在海内外的传播。基于上述，中国武术在世界范围内多拳种、多渠道的传播格局渐趋形成。

总体来说，中国武术群体传播的优点主要体现在两个方面。一方面，中国武术群体传播借助民间力量所形成的传统武术组织，如民国时期在上海成立的“精武体育会”“中华武术会”“致柔拳社”等，极大促进了中国武术在海外的发展。这为世界范围内迫切需要了解中国武术的人们，提供了组织和人才保障。另一方面，通过多种类型的国外中华武术节和武术活动，中国武术的海外受众群体和文化影响力在不断扩大。比如，“以弘扬中华传统文化，促进中华武术进一步走向世界”为宗旨的欧洲中华武术节，吸引了来自德国、奥地利、波兰、捷克等国家的运动员参加。中国武术已成为海外民众认知中华优秀传统文化的重要途径。

2013—2017年的“中国国家形象全球调查报告”显示，中华文化的载体非常丰富，而国际公认的最能代表中国文化的为中国武术、中餐和中医。中国武术在国外取得的成就，足以使我们为之喝彩。但不可否认的是，正是由于国外受众对中国武术的狂热追求，使中国武术在“走出去”的过程中出现了难以避免的负面现象。

就传播主体而言，鉴于传播者的职业技能和专业知识，以及个人综合实力展现程度，当前中国武术海外传播呈现出各自为政、单打独斗、无序竞争等特征。就传播内容和方法而言，虽然“以竞技武术为主导，太极拳和传统武术为坚强支撑，并沿用了武术赛事、舞台表演和培训推广等形式”进行传播，使中国武术不断走向世界，但在武术技术传授过程中“精、气、神”的缺失，致使中国武术沦为空洞的套路和把式，且使国外武术受众的习武热情产生了一定程度的消退。除此之外，权威性武术组织的缺失，以及为抢夺武术生源所导致的诋毁对手的行为时有发生，为国

1 王岗. 民族传统体育与文化自尊［M］. 北京：北京体育大学出版社，2007：90.

外习练中国武术的受众蒙上了无法分清武术传播者“孰真孰假”的阴影。这些负面因素，不仅使中国武术的公信力、影响力和核心竞争力有所下降，而且对未来中国武术在海外的离散式良性传承产生不良影响。

就政府部门主导的有组织的武术国际化传播而言，必须坚定文化自信，以新时代中国特色社会主义文化强国战略为重要理论遵循，从文化学视野出发，对作为多元文化资源的中国武术进行重新考量，探寻其对于“一带一路”建设、人类命运共同体构建和加强中外人文交流的贡献率，进而“把其视作一个文化事项所透显的文化、健康、教育、产业等多元势力，对当前社会存在的问题所产生的理论和实践效益进行深入挖掘与阐发。除此之外，还应把其看作一种承载中华身体文化基因的特有文明”[1]，在对中国武术内隐的资源势力进行全方位、宽领域、多层次阐释之外，更应该重视中国武术对于这个“思想大活跃、观念大碰撞、文化大交融的时代”[2]所产生的思想、观念和文化等方面出现偏差问题的精神引领作用，真正凸显其作为中华文化“走出去”典型载体的使命和责任担当意识。

四、高度分工协作的中国武术组织传播

就传播学角度来说，组织传播指的是相关组织机构所从事的信息传播活动。具体到中国武术组织传播，就是以中国武术为资源的组织所开展的武术文化生产和传播活动。众所周知，武术竞赛是武术国内外传播的重要途径，借助文化传播的媒介力量，能够把中国武术传播到世界范围内各个地方。因此，通过武术竞赛推动武术传播已成为不同武术组织经常采用的一种重要手段。

新中国成立以来，伴随着中国武术“竞技化”之路的开启，以及“入奥”战略意识的不断强化，“高、难、美、新”的追求目标，使得中国武术在追逐竞技体育的过程中，逐步构建起了具有中国特色的武术“标准化”话语体系。国家体育总局武术运动管理中心以中国武术的承传、发展、传播为核心要义，通过综合办公室、

1 金涛，李臣. 互联网时代中国武术“走出去”的路径审视与思考［J］. 沈阳体育学院学报，2018，37（4）：139-144.

2 中共中央文献研究室. 习近平关于社会主义文化建设论述摘编［M］. 北京：中央文献出版社，2017：8.

武术套路部、武术搏击部、社会活动部、国际推广部、会员服务和活动监管部、青少年武术部、武术研究部、传统武术和产业发展部等组织机构设置，使得与中国武术相关的信息传达和工作情况反馈，都能够借助各部门的通力协作完成，从而使中国武术的传承发展始终走在良性发展轨道上。

总的来说，竞技武术的出现，可谓是国家意志的中国武术组织传播的时代产物。由于竞技武术的标准化工作是围绕国家体育总局的“奥运争光”计划展开的，所以说，它也唯有以竞技体育为参照，对中国武术进行体育范畴的“标准化”改造，才能推动中国武术一步一步接近奥运会的即设目标。此项工作的有序推进，不仅需要国家、省级、市级乃至县级武术组织的通力合作，将中国武术的“标准化”工作具体任务有序传达、实施、监督、检查和总结，而且更需要中国武术组织传播主体（即国家体育总局武术运动管理中心）对中国武术“标准化”工作开展过程中出现的新问题、新情况具有决策应变能力，从而在全国范围内形成中国武术的竞技化发展的普遍性共识，有利于弘扬中国武术以及向全世界广泛推广。

也因此，在推进中国武术“入奥”的标准化工作任务，追逐其“更美、更巧、更雅”的身体技艺的同时，更是推动了不同组织以中国武术为载体所从事的武术赛事资源的产业转化探索工作。如中国武术“散打王”争霸赛、世界“功夫王”争霸赛、河南电视台打造的“武林风”赛事节目，以及“勇士的荣耀”和“昆仑决”。此类赛事有官方主办的、电视台主办的以及政府和企业合办的，还有企业独办的等类型。其共同特点是以中国武术的格斗属性为效益增长点，并通过电视、互联网、微信、微博等媒介资源，以及新媒体平台的赛事转播，达到传播推广中国武术的社会效益和经济效益。

如中国武术“散打王”争霸赛，它属于官方和企业合办的赛事。该项赛事把“中国优秀传统文化、竞技体育竞赛规则、产业化运作手段和灯光舞美擂台设计”融为一体，不仅把中国武术散打竞技的血脉偾张和音乐视听有效结合起来，而且还增强了广大观众的观赛吸引力和愉悦感。“武林风”赛事节目，融竞技、趣味和实践于一体，以电视媒介和移动APP数字客户端为主要传播手段，充分展示了强烈的观赛视觉冲击和拼搏进取的尚武精神，成为中华民众乃至世界民众深入了解和感知中国武术的一个有效沟通交流平台。

此外，以期打造自主知识产权的“康龙武林大会”赛事节目，采用传统武术擂台赛形式，植入“无拳套、无级别、无演绎”运作理念，以“还原真实武林，传承功夫精髓”为宗旨，通过拳台对决的方式搏出最终的强者。在一定程度上增强了广大民众借助大众传播媒介了解中国武术各拳种流派特点的机会，更使得各拳种传承人有了展示自身拳学技艺的交流平台。再者，借助体育产业新政横空出世的“昆仑决”赛事，不仅“有效确立了其‘励志、尚武、激情’的武术赛事品牌个性，并有效打造了中国原创IP搏击赛事品牌”[1]，而且经过多年发展，它有效开辟了涵盖赛事运营、版权、广告、影视节目制作、场馆运营、运动服装、格斗游戏、线上格斗教育平台、线下搏击健身俱乐部等内容的体育产业生态链。

概言之，高度分工协作的中国武术组织传播，使得以中国武术为媒介资源的武术传播活动能够有效开展的同时，更彰显了高度规范化的武术传播组织对中国武术承传发展的助推效应。然而，武术赛事作为促进和推动中国武术有效传承发展的重要途径，仅凭收视率尚无法对其文化价值作出整体评判。所以说，中国武术组织传播主体在进行武术赛事运作时，不能只注重经济效益，而更应注重社会效益，注重文化传播价值，弘扬、传播中国武术蕴含的审美价值、艺术品位和文化精神，通过赛事把中国武术的正能量有效传递出去，并深层次惠及普罗大众。

五、彰显多维效能的中国武术大众传播

中国武术大众传播就是专业化的媒介组织运用先进的传播技术和产业化手段，以广大民众为对象而进行的大规模的武术信息生产和文化传播活动。长期以来，尽管大众传播方式为中国武术国际化传播贡献了正向效能，但受大众传播的单向性作用机制影响，通过报刊、书籍、电视、电影等媒介传播的中国武术，会因认知偏差而产生过度解读，进而消解中国武术国际认同，使其陷入发展困境。

中国武术题材的影视作品向世界传播了中国武术、中国文化和民族精神，成为海内外民众认识中国武术、了解中国文化的典型载体，成为中西方人文交流的桥梁，并为中国武术走向世界增添了强大助推力。中国武术题材影视作品广受世界人

1 李臣．我国武术赛事品牌建设研究［D］．武汉：华中师范大学，2016：126-127.

们的关注，除了演员对武术功夫出神入化的演绎，作品中的故事情节、价值立场、文化认同，其所传递的家国情怀与使命担当，对于个人修为的提升、社会矛盾的消解、民族精神的提振和“美美与共”和谐世界的营建具有独特的作用。

大众传播对现代人的意识和行为产生重要影响，因其“公开性、权威性、显著性和直达性”特点，它对中国武术传统的传播方式如血缘传承、师徒传承、代际传承带来了巨大冲击。20世纪30年代以来，中国武术借助期刊、报纸、书籍、影视作品等形式进行全方位、多层次、宽领域的宣传与推广过程中，肩负起彰显“尚武救国”“强种强国”精神动力的民族文化符号载体使命。此种效能，不仅是通过大众传播媒介如《武术》《精武》《国术周刊》等期刊对武术界进行良性策动如摈弃门户偏见，联络感情，促进习武人之间的交流与沟通，提升武术界的凝聚力；更是以强健国民体质、增强民众爱国意识为目的，借助武术社会化进程，实现对广大民众的思想文化教育，使人人都有自卫能力，都有强健的身体和敏捷的拳脚，谋求人类和谐的大同世界。

大众传播效能具有双刃剑效应，一方面宣传、推广中国武术中所蕴含的正向的处世之道、价值导向、生存理念等，因此获得海内外民众的赞许；而另一方面遭遇着“失真”的尴尬处境。比如，近年来借助计算机图像技术完成并发行的中国武术题材影视作品，由于受到大众传媒“单向度”传播模式的影响，使得很多有情感和心性的交流回应走向缺失，这种无回应、少互动的传播使大众传媒成为“为了沟通”的“不沟通系统”。

影视作品使中国武术的国际传播速度加快、传播范围不断拓展。然而，根据影视文化的特征与需求，影视作品向人们传递着“另类”的“舞化”的中国武术。因为“解读上的‘偏颇’，认知上的‘误读’，使得中国武术被曲解，导致其很难得到较为全面的传播”。影视作品承载了传播中国功夫的重要功能，要使影视作品继续肩负中国武术国际化传播的使命，创造新的辉煌，“在文化价值观上应与当今时代紧密相连，其核心应在艺术创新和文化提炼上有新突破，在艺术创作中融入中国传统文化、中国哲学与价值观”[1]，以此提升武术影视作品的思想内涵和审美价值，树

---

1 牛梦笛．功夫电影应该在何处下“功夫”［N］．光明日报，2017-03-26（5）．

立正确的传播文化理念，找准中国武术精神与全球受众价值需求的契合点。

影视作品为中国武术“走出去”不断增添助推力，但若一味地追求打斗场景、柔情蜜意、唯美意境等内容，忽略对作品文化力量、时代价值、精神提振等思想理念的深度阐发，将会使影视作品丧失核心竞争力。因此，在互联网高速发展的时代，我们应顺应时代潮流，系统梳理中国武术文化资源，让收藏在中国武术博物馆里的文物、陈列在中华大地上的武术文化遗产、书写在古籍里的武术故事都活起来，通过拍摄武术纪录片，开展武术文化惠民工程等方式，使海内外民众真正了解武术，使“文化的武术”植根于人们心中。也基于此，把“立足正义、公平公道等文化内核，以及尊师重道、有为有守、互通有无的民族文化精髓”，呈献给世界人民，彰显中华民族崇尚和平、厚德载物和自强不息的风范。

思考题

1. 概述中国武术的文化属性。
2. 简述中国武术文化传播的价值意义。
3. 试述中国武术的文化传播形态。
4. 试述中国武术的文化传播类型。

参考文献

[1] 王岗，侯连奎，姜丽敏．中国武术：一门“成人”的学问［J］．武汉体育学院学报，2019，53（11）：57-63，100.

[2] 司马法［M］．陈曦，陈铮铮，译注．北京：中华书局，2017.

[3] 凌扬藻．蠡勺编［M］．北京：中华书局，1985.

[4] 徐哲东．国技论略［M］．上海：商务印书馆，1930.

[5] 孟宪超．峨眉拳全书［M］．北京：中国广播电视出版社，2007.

[6]（明）戚继光．纪效新书［M］．盛冬铃，点校．北京：中华书局，1996.

[7] 谭华．体育史［M］．北京：高等教育出版社，2009.

[8] 汪涌豪，陈广豪．侠的人格与世界［M］．上海：复旦大学出版社，2005.

[9] 邱丕相．中国武术文化散论［M］．上海：上海人民出版社，2007.

[10] 周长久．中国传统武术社会功能的嬗变［J］．搏击（武术科学），2010，7（6）：39-40，46.

[11] 温搏．双循环经济格局下武术产业高质量发展构想［J］．武术研究，2021，6（4）：1-5.

[12] 黄伟，卢鹰．中国古代体育习俗［M］．西安：陕西人民出版社，2004.

[13] 北京武术院．海峡两岸武术家访谈录（二）［M］．北京：北京体育大学出版社，2018.

[14] 王岗．解密与发现：中国武术的核心竞争力研究［M］．北京：北京体育大学出版社，2017.

[15] 卢元镇．中国武术竞技化的迷途与困境［J］．搏击（武术科学），2010，7（3）：1-2.

[16] 邱丕相. 武术初阶 [M]. 上海：上海教育出版社，2012.
[17] 蔡仲林，周之华. 武术 [M]. 3版. 北京：高等教育出版社，2015.
[18] 司红玉，韩爱芳. 武术 [M]. 重庆：重庆大学出版社，2017.
[19] 张岱年. 中国古典哲学概念范畴要论 [M]. 北京：中国社会科学出版社，1989.
[20] 张岱年，方克立. 中国文化概论 [M]. 北京：北京师范大学出版社，2004.
[21] 权麟春. 论中华民族优秀传统的伦理精神及其新时代价值 [J]. 马克思主义与中华文化研究，2019 (2)：123-155.
[22] 温力. 中国武术概论 [M]. 北京：人民体育出版社，2005.
[23] 冯友兰. 中国哲学简史 [M]. 赵复三，译. 北京：中华书局，2019.
[24] 周伟良. 中国武术史 [M]. 北京：高等教育出版社，2003.
[25] 邱丕相. 中国武术史 [M]. 北京：高等教育出版社，2008.
[26] 曾于久，刘星亮. 民族传统体育概论 [M]. 北京：人民体育出版社，2000.
[27] 刘树军，李通国. 论武术套路的表现性技击 [J]. 上海体育学院学报，2005 (5)：70-73.
[28] 戴国斌. 武术对手的文化研究 [J]. 上海体育学院学报，2006 (5)：65-70.
[29] 邱丕相. 武术套路运动的美学特征与艺术性 [J]. 上海体育学院学报，2004 (2)：39-43.
[30] 杨新. 论竞技武术套路演练的节奏 [J]. 北京体育大学学报，2005 (12)：1728-1729.
[31] 雷礼锡. 艺术美学原理 [M]. 武汉：华中师范大学出版社，2007.
[32] 王岗. 中国武术技术要义 [M]. 太原：山西科学技术出版社，2009.
[33] 吴松，王岗，朱益兰. 武术意境——中国武术艺术理论初探 [J]. 体育学刊，2013，20 (2)：99-102.
[34] 王岗，陈保学. 中国武术美学精神论略 [J]. 上海体育学院学报，2019，43 (2)：103-110.
[35] 中共中央文献研究室. 习近平关于社会主义文化建设论述摘编 [M]. 北京：中央文献出版社，2017.
[36] 王岗. 中国武术“博大精深”之诠释 [J]. 上海体育学院学报，2010，34

(2)：57-61.

[37] 金玉柱，董刚，张再林. 慎独：中国武术“练”之核心要义 [J]. 成都体育学院学报，2020，46(1)：67-71，106.

[38] 郑旭旭. 中国武术导论 [M]. 北京：高等教育出版社，2010.

[39] 周伟良，杨建营. 论武德的历史发展与当代价值 [J]. 中华武术(研究)，2014，3(2)：6-19.

[40] 彭南京，张羽佳. 传统武德文化中的伦理观念及其现代回响 [J]. 体育与科学，2017，38(2)：72-77.

[41] 徐岱. 侠士道：金庸小说与中国精神 [M]. 北京：北京大学出版社，2009.

[42] 李厚芝，邱丕相. 论古代武术与古代军事技术的异同关系 [J]. 西安体育学院学报，2004(1)：41-43，61.

[43] 蔡宝忠. 中国武术史专论 [M]. 北京：人民体育出版社，2003.

[44] 张峰. 克敌制胜：武术变易不居的源动力 [J]. 北京体育大学学报，2017，40(8)：126-132.

[45] 高亮，王岗，张道鑫. 太极拳健康智慧论绎 [J]. 上海体育学院学报，2020，44(7)：77-84.

[46] 江百龙，黄治武. 我国民办武术学校兴起的社会学原因探微 [J]. 武汉体育学院学报，2005(2)：70-73.

[47] 周伟良. 论非物质文化遗产保护中的传统武术 [J]. 北京体育大学学报，2008(7)：868-870.

[48] 李臣，郭桂村，张帆. 新时代中国武术传承发展的困境与消解 [J]. 武汉体育学院学报，2019，53(7)：65-70.

[49] 李建中. 中国文化概论 [M]. 武汉：武汉大学出版社，2005.

[50] (宋)辛弃疾. 辛弃疾词集 [M]. 上海：上海古籍出版社，2014.

[51] 郭玉成. 中国武术传播论 [M]. 上海：复旦大学出版社，2008.

[52] 邱丕相，郭玉成. 武术在国际传播的历史、现状与未来 [J]. 体育学刊，2002(6)：59-62.

[53] 王岗. 民族传统体育与文化自尊 [M]. 北京：北京体育大学出版社，2007.

[54] 金涛，李臣. 互联网时代中国武术“走出去”的路径审视与思考 [J]. 沈阳体育学院学报，2018，37(4)：139-144.

读者意见反馈

为收集对教材的意见建议，进一步完善教材编写并做好服务工作，读者可将对本教材的意见建议通过如下渠道反馈至我社。

咨询电话 400-810-0598

反馈邮箱 gjdzfwb@pub.hep.cn

通信地址 北京市朝阳区惠新东街4号富盛大厦1座
高等教育出版社总编辑办公室

邮政编码 100029

防伪查询说明

用户购书后刮开封底防伪涂层，使用手机微信等软件扫描二维码，会跳转至防伪查询网页，获得所购图书详细信息。

防伪客服电话 （010）58582300

图书在版编目（CIP）数据

中国武术导论 / 国家体育总局科教司组编 ；王岗主编. -- 北京 ：高等教育出版社，2023.10
ISBN 978-7-04-060650-8

Ⅰ. ①中… Ⅱ. ①国… ②王… Ⅲ. ①武术–中国–高等学校–教材 Ⅳ. ①G852

中国国家版本馆CIP数据核字(2023)第110670号

中国武术导论
Zhongguo Wushu Daolun

策划编辑　易星辛
责任编辑　汪　鹂
封面设计　王凌波
版式设计　马　云
责任校对　张　然
责任印制　刘思涵

出版发行　高等教育出版社
社　　址　北京市西城区德外大街4号
邮政编码　100120
印　　刷　高教社（天津）印务有限公司
开　　本　787mm × 1092mm　1/16
印　　张　16
字　　数　260 千字
购书热线　010–58581118
咨询电话　400–810–0598
网　　址　http://www.hep.edu.cn
　　　　　http://www.hep.com.cn
网上订购　http://www.hepmall.com.cn
　　　　　http://www.hepmall.com
　　　　　http://www.hepmall.cn
版　　次　2023 年 10 月第 1 版
印　　次　2023 年 10 月第 1 次印刷
定　　价　33.20 元

本书如有缺页、倒页、脱页等质量问题，
请到所购图书销售部门联系调换

物 料 号　60650–00